Sizilien – Übersichtskarte

Mare Tirreno (Tyrrhenisches Meer)

Äolische bzw. Liparische Inseln

Nordost-Sizilien
Seiten 198–231

- Cefalù
- Milianni
- Castelbuono
- Sant'Agata di Militello
- Golfo di Patti
- Milazzo
- Tindari
- Messina
- Monti Peloritani
- Reggio di Calabria
- Ali Terme
- Monti Madonie
- Monti Nebrodi
- Randazzo
- Taormina
- Bronte
- Monte Etna (Ätna)
- Fiumefreddo di Sicilia
- Nicosia
- Adrano
- Acireale
- Leonforte
- Paternò
- Aci Castello
- Enna
- Catania
- Caltanissetta
- Gerbini

Südsizilien
Seiten 168–197

- Barrafranca
- Piazza Armerina
- Golfo di Catania
- Caltagirone
- Lentini
- Augusta
- Monti Iblei
- Golfo di Augusta
- Gela
- Palazzolo Acreide
- Siracusa
- Golfo di Gela
- Val di Noto
- Comiso
- Ragusa
- Noto
- Modica
- Golfo di Noto
- Marina di Ragusa
- Scicli
- Ispica
- Pozzallo
- Pachino

Mare Mediterraneo (Mittelmeer)

0 Kilometer 25

N

INSPIRIEREN / PLANEN / ENTDECKEN / ERLEBEN

SIZILIEN

SIZILIEN

DK Vis-à-Vis

INHALT

SIZILIEN ENTDECKEN 6

Willkommen auf Sizilien **8**
Liebenswertes Sizilien **10**
Sizilien auf der Karte **14**
Die Regionen Siziliens **16**
Erkundungstouren **20**
Sizilianische Themen **30**
Das Jahr auf Sizilien **50**
Kurze Geschichte **52**

PALERMO ERLEBEN 58

Ostpalermo **64**

Westpalermo **80**

Abstecher **96**

SIZILIEN ERLEBEN 106

Nordwest-Sizilien **108**

Südwest-Sizilien **142**

Südsizilien **168**

Nordost-Sizilien **198**

REISE-INFOS 232

Reiseplanung **234**
Auf Sizilien unterwegs **236**
Praktische Hinweise **240**
Register **242**
Sprachführer **251**
Danksagung, Bildnachweis und Impressum **254**

Links: *Dekorative Keramik aus Sizilien* (siehe S. 41)
Vorhergehende Doppelseite: *Blick über Taormina* (siehe S. 206–209)
Umschlag: *Das antike Theater von Taormina* (siehe S. 206) *mit dem majestätischen Ätna am Horizont*

SIZILIEN
ENTDECKEN

Cefalù an der Nordküste Siziliens

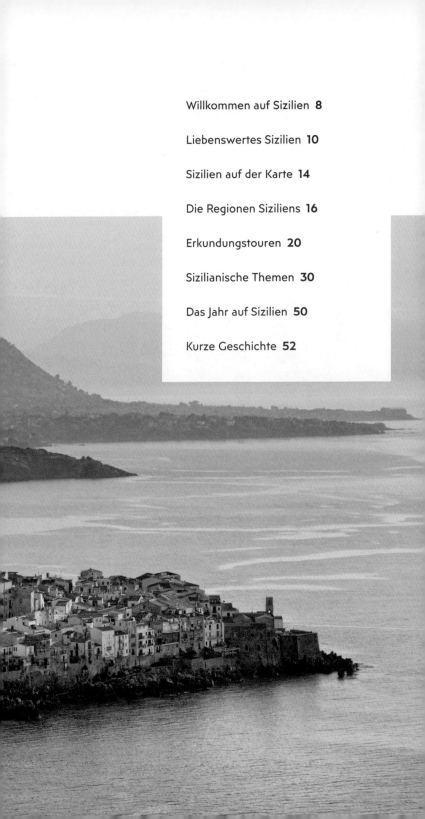

Willkommen auf Sizilien **8**

Liebenswertes Sizilien **10**

Sizilien auf der Karte **14**

Die Regionen Siziliens **16**

Erkundungstouren **20**

Sizilianische Themen **30**

Das Jahr auf Sizilien **50**

Kurze Geschichte **52**

WILLKOMMEN AUF SIZILIEN

Atemberaubende Naturwunder und eine endlose traumhafte Küste. Fantastische Architektur und legendäre Relikte aus griechischer und römischer Zeit. Rauchende Vulkane und malerische Bilderbuchdörfer. Dies alles hat Sizilien zu bieten – und noch viel mehr. Stellen Sie sich einfach Ihre ganz persönliche Traumreise zusammen!

1 Bunt bemaltes Rad eines traditionellen Karren

2 Blick über die spektakulär gelegene Stadt Ragusa

3 Frisch zubereitete sizilianische Mahlzeit

4 Badespaß zwischen Felsen nahe dem Dorf Scopello

In der azurblauen See gelegen und von der Sonne verwöhnt – Sizilien gehört zu den schönsten Zielen im Mittelmeer. Die Insel vor der Westspitze des italienischen Stiefels ist seit der Antike von verschiedensten Kulturen geprägt worden und besitzt einen ganz eigenen Charakter. Hinter den Buchten, Sandstränden und Klippen ihrer schier endlosen Küste erstrecken sich hügeliges Agrarland, windumtoste Berge und auf fruchtbarem Vulkanboden angelegte Weingärten. Im Osten ragt mit dem Feuer spuckenden Ätna Europas höchster aktiver Vulkan auf.

Die Insel ist übersät mit hübschen Dörfern und hinreißenden Städten. Die Hauptstadt Palermo ebesticht durch ihre vielfältige Architektur, zu der auch antike griechische, arabische und normannische Bauwerke gehören. Weitere Höhepunkte sind Ragusa im Bergland, Cefalù an der Küste, die Barockschönheit Noto und das uralte Siracusa, wo man sich im Labyrinth der Straßen und Piazze verlieren kann. Zudem ist die sizilianische Küche ein wahrer Hochgenuss – vom fangfrischen Fisch über süße *cannoli* bis zum köstlichen *gelato*.

Wo fängt man also am besten an? Um Ihnen die Planung zu erleichtern, stellen wir die Regionen Siziliens in einzelnen Kapiteln samt Expertentipps vor. Zur Orientierung dienen detaillierte Karten und genau beschriebene Touren. Ob für einen Wochenendtrip oder eine lange Reise: Viel Spaß auf Sizilien und seinen Nachbarinseln!

LIEBENSWERTES SIZILIEN

Großartige Küche und edle Weine, legendäre archäologische Stätten, abgeschiedene Strände und malerische Fischerdörfer – es gibt unzählige Gründe, Sizilien zu lieben. Einige unserer Favoriten stellen wir Ihnen hier vor.

1 Spannende Städte
Palermo *(siehe S. 62–105)*, Catania *(siehe S. 202–205)* und Messina *(siehe S. 214–217)* lohnen wegen ihrer Kunst-, Musik- und Gastroszene einen Besuch.

Feste und Festivals 2
Historienspiele zu geschichtlichen Ereignissen, Freiluftkonzerte auf Stadtplätzen, *sagre* (Feste mit lokalen Spezialitäten) – auf Sizilien weiß man zu feiern.

3 Gastfreundliche Bars
Machen Sie es wie die Sizilianer und gehen zum Frühstücken in eine der allgegenwärtigen Bars. Dort genießen Sie *brioscia*, Espresso oder Cappuccino.

Traumhafte Küste 4

An Siziliens langen, abwechslungsreichen Küsten kann man in einsamen Buchten abtauchen, an Familienstränden relaxen und in den Sonnenuntergang segeln.

Die Welt der Antike 5

Siziliens antike Geschichte entdeckt man u. a. in Segesta *(siehe S. 122f)*, Selinunte *(siehe S. 126f)* und in dem vor allem am Abend spektakulären Valle dei Templi *(siehe S. 150f)*.

Sizilianische Spezialitäten 6

Auf Sizilien genießt man z. B. mit Safran gewürzte *arancine* oder auch Couscous, der von den nordafrikanischen Nachbarstaaten auf der Insel eingeführt wurde.

Insel- abenteuer 7

Im Meer tauchen und durch die Luft schweben, auf Berge steigen und in Höhlen klettern – für Outdoor-Fans ist Sizilien ein riesiger Abenteuerspielplatz.

Vulkan- landschaften 8

Siziliens feurig schöne und unberechenbare aktive Vulkane Ätna *(siehe S. 210f)* und Stromboli *(siehe S. 221)* führen einem die ungeheuren Kräfte der Natur vor Augen.

9 Verführerische Cannoli

Sizilien ist berühmt für seine süßen Köstlichkeiten, allen voran für seine mit Ricotta gefüllten *cannoli*. Die besten gibt's beim Cannolo Festival *(siehe S. 51)* in Palermo.

10 Bezaubernde Dörfer

Siziliens Fischerdörfer, mittelalterliche *borghi* und Bergstädtchen sind perfekt, um schier endlos zu bummeln. Besonders hübsch ist Erice *(siehe S. 118–121)*.

Teatro dei Pupi 11

Das sizilianische Marionettentheater, die Opera dei Pupi, ist großartige Volkskunst. In Palermo treten die Puppen täglich auf *(siehe S. 71)*.

Sizilianischer Wein 12

Winzer in den Weinbaugebieten bei Noto *(siehe S. 178–183)*, am Ätna *(siehe S. 210f)* und in Marsala *(siehe S. 130)* keltern Weine, die Genießer und Kenner beeindrucken.

SIZILIEN
AUF DER KARTE

Für diesen Reiseführer wurde die Insel Sizilien in fünf Städte und Regionen gegliedert: Palermo, der Nordwesten, Südwesten, Süden und Nordosten Siziliens. Jede Region hat eine eigene Farbe, in der sie auf der Karte eingezeichnet ist.

DIE REGIONEN
SIZILIENS

Die Autonome Region Sizilien umfasst die Hauptinsel Sizilien und einige ihr vorgelagerte kleine Inseln und Inselgruppen. Im tiefblauen Mittelmeer bieten die von der Sonne verwöhnten Inseln abwechslungsreiche Landschaften mit Hügeln, Bergen und Vulkanen, Wein- und Obstgärten, kulturell bedeutenden historischen Städten und malerischen Ortschaften.

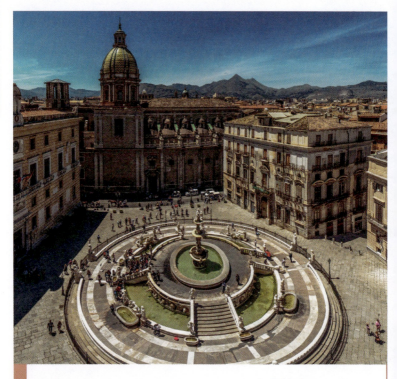

Palermo

Seiten 58–105

Siziliens Hauptstadt liegt in der *Conca d'Oro* (goldenes Becken) zwischen Monte Pellegrino und dem Tyrrhenischen Meer. Die Straßen der farbenfrohen, dynamischen Hafenstadt führen zu barocken und gotischen Kirchen sowie zu Jugendstil-Palazzi, deren Schönheit nur von der prachtvollen Kathedrale und der golden schimmernden Cappella Palatina übertroffen wird. Beim Bummel durch Palermo spaziert man unter Wäscheleinen durch baufällig wirkende Viertel, entdeckt quirlige Plätze, lebhafte Märkte, aber auch schicke Restaurants und Cafés.

Entdecken
Arabisch-normannische Architektur, Märkte und köstliche *cannoli*

Sehenswert
Palazzo Abatellis, Kathedrale, Cappella Palatina, Duomo di Monreale

Genießen
Große Oper im Teatro Massimo

Nordwest-Sizilien

Seiten 108–141

Im Nordwesten Siziliens haben verschiedenste Kulturen ihre Spuren hinterlassen. Heute liegen antike Siedlungen wie Segesta, Selinunte und Solunto in direkter Nachbarschaft zu so bilderbuchschönen Städten wie Cefalù und Bagheria. An der zerklüfteten Küste der Region entdeckt man kleine Fischerdörfer, schöne Strände und kann die Riserva dello Zingaro erkunden, weiter im Landesinneren wird die Landschaft gebirgig. Zu den vielen der Küste vorgelagerten Inseln gehören u. a. das winzige Ustica und die felsigen Ägadischen Inseln.

Entdecken
Mittelalterliche Fischerdörfer und normannische Burgen

Sehenswert
Cefalù, Riserva dello Zingaro, Erice, Segesta, Ägadische Inseln, Selinunte

Genießen
Eine Fahrt entlang der Salzstraße

Südwest-Sizilien

Seiten 142–167

Unvergesslich ist die Skyline im Tal der Tempel nahe dem hoch gelegenen Agrigento: Wo einst olympische Götter verehrt wurden, zieht sich heute eine Kette aus verfallenen Kolonnaden über einen Höhenzug. Weiter östlich bieten die Mosaiken der Villa del Casale in Piazza Armerina einmalige Einblicke in den römischen Alltag. Im schönen Kontrast zum hügeligen Landesinneren mit seinen Weingärten und Olivenhainen stehen die rauen Klippen am sanften Mittelmeer, in dem weit draußen die Pelagischen Inseln liegen.

Entdecken
Griechische Tempel und römische Ruinen

Sehenswert
Agrigento, Piazza Armerina, Villa Romana del Casale

Genießen
Traditionelle Gerichte wie *pollo alla marsala* mit Kapern aus Pantelleria

Südsizilien

Von den Kalksteinschluchten, die eine mit Wildblumen bedeckte Landschaft durchschneiden, bis zu den Klippen, die über den Sandstränden am Meer aufragen, charakterisieren diese Ecke Siziliens eindrucksvolle Kontraste. In der Region liegen darüber hinaus einige historische Städte, die UNESCO-Welterbestätten bewahren. Hierzu gehören das barocke Noto, das griechisch geprägte Siracusa und das wie aus einem Märchenbuch entsprungene Ragusa. Richtung Osten entdeckt man hingegen malerische Dörfer.

Entdecken
Amphitheater, barocke Kirchen und Keramikläden

Sehenswert
Siracusa, Ortygia, Noto, Ragusa, Caltagirone

Genießen
Die fantastische Akustik im »Ohr des Dionysios«

Nordost-Sizilien

Der Nordosten Siziliens bietet Reisenden ein breites Spektrum an Erlebnissen und Erfahrungen. In dieser Region entdeckt man schattige Kiefernwälder oben im Hochland, einen auch aus der Ferne eindrucksvollen vulkanischen Archipel unten im Meer, eine schöne Küste mit verträumten Ferienorten, laute, geschäftige Städte und hübsche, ruhige Fischerdörfer. Die majestätische Kulisse des Nordostens bildet der Ehrfurcht gebietende, launische Vulkan Ätna.

Entdecken
Frischen Fisch und Meeresfrüchte, Vulkankrater

Sehenswert
Catania, Taormina, Ätna, Messina, Äolische Inseln

Genießen
Eine erfrischende halbgefrorene *granita* auf der Insel Salina

←

1 *Blick über Palermo*

2 *In der Chiesa del Gesù*

3 *Kreuzgang des Duomo di Monreale*

4 *Schnecken an einem Stand auf einem Bauernmarkt*

Vom Wochenendtrip nach Palermo bis zum wochenlangen Inselhopping – Sizilien hat viel Spannendes zu bieten. Wir haben Ihnen Routen zusammengestellt, auf denen Sie in kurzer Zeit möglichst viel sehen und erleben können.

2 TAGE
in Palermo

Tag 1

Vormittags Nach dem Frühstück mit Cappuccino und *granita con brioscia* in einer Bar geht es zum Mercato di Ballarò *(siehe S. 93)*, dem ältesten Markt in der Stadt. Dann spazieren Sie Richtung Westen auf der Via Casa Professa zur Chiesa del Gesù *(siehe S. 90f)*, einem barocken Marmor-Stuck-Juwel aus dem 16. Jahrhundert. Lassen Sie sich in der Trattoria Bersagliere (Via S. Nicolò All'Albergheria, 38) ein traditionelles Mittagessen in der Nähe des mittelalterlichen Torre di San Nicolò di Bari schmecken.

Nachmittags Nach dem Essen nehmen Sie Kurs auf den Palazzo dei Normanni *(siehe S. 88)*, der von Arabern erbaut und einem Normannenkönig erweitert wurde. In der Cappella Palatina *(siehe S. 86f)* bewundern Sie die fantastischen Mosaiken. Danach spazieren Sie an der Villa Bonanno *(siehe S. 89)* vorbei zur mächtigen Kathedrale *(siehe S. 84f)*, einer wahren Bastion mit geometrischen Verzierungen an der Fassade und klassizistischem Innenraum. Anschließend bummeln Sie durch die Läden in der Via Maqueda und entspannen bei einem *aperitivo*.

Abends Genießen Sie im Ristorante Pizzeria Italia (www.ristorantepizzeriaitalia.it) ein unkompliziertes Essen mit knuspriger Pizza aus dem Holzofen. Nicht weit von der mit Palmen bestandenen Piazza Castelnuovo können Sie im hippen Club Bolazzi (Piazzetta Francesco Bagnasco 1) zu Livemusik von italienischen Künstlern tanzen.

Tag 2

Vormittags Mit dem Bus fahren Sie von der Piazza Indipendenza in einer Stunde zur Kathedrale von Monreale *(siehe S. 98f)*, wo Sie die romanischen Türme und Mosaiken aus dem 12. und 13. Jahrhundert mit Szenen aus dem Alten Testament bewundern. Nach einem Espresso in einer Bar an der Piazza Guglielmo fahren Sie mit dem Bus zurück in die Stadt zum Palazzo Reale. Dort spazieren Sie auf der Via Vittorio Emanuele, biegen links auf die Via Roma ab und erreichen den Mercato della Vucciria *(siehe S. 76)*, wo Sie an den Imbissständen ein leckeres Mittagessen bekommen.

Nachmittags Gut gestärkt erkunden Sie die Viertel in den alten und »neuen« Teilen der Stadt. Bummeln Sie zur Kirche San Francesco d'Assisi *(siehe S. 72)*, einem strengen Bauwerk mit schöner Fensterrosette und gotischem Portal. Schließen Sie sich im Palazzo Mirto *(siehe S. 70f)*, einem original möblierten Adelspalais aus dem 18. Jahrhundert, einer Führung an. Schlendern Sie am Wasser entlang zum Castello a Mare, der alten Festung am Hafen, und schließlich zur autofreien Via Principe di Belmonte im Viertel Borgo Vecchio, wo Sie eine wohlverdiente Pause einlegen können.

Abends Lassen Sie den Tag zunächst mit einem entspannten Abendessen in einer der vielen freundlichen Trattorien im Borgo Vecchio und danach mit einer abendlichen *passeggiata* (Spaziergang) ausklingen.

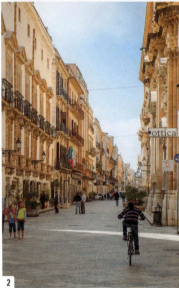

→

1 *Vertäute Boote in Trapani*
2 *Straßenszene auf dem Corso Vittorio Emanuele in Trapani*
3 *Weinberg bei Marsala*
4 *Antike Fundstücke im Museo Archeologico Baglio Anselmi*

5 TAGE
im Westen Siziliens

Tag 1
Die Hafenstadt Trapani *(siehe S. 128f)* ist der Startpunkt für eine Weintour. Checken Sie als Erstes im La Gancia (www.lagancia.com) ein, und bummeln Sie dann durch Trapanis Straßenlabyrinth, das unzählige Kirchen beherbergt, u. a. die barocke Kathedrale San Lorenzo. Nachmittags kehren Sie in einer der Weinbars an der Via Torrearsa ein und genießen einen Tropfen aus der Region – natürlich im Freien. Abends essen Sie im Hof des Ai Lumi (Corso Vittorio Emanuele 75/77).

Tag 2
Nach dem Frühstück fahren Sie auf der Salzstraße (SP21) zum Museo del Sale *(siehe S. 129)*. Dort folgt man bei einer faszinierenden Führung den einzelnen Schritten der jahrhundertealten Technik der Salzgewinnung. Nach einem Mittagessen im Museum bleibt reichlich Zeit für einen Blick auf die Salzpfannen, bevor Sie weiter Richtung Süden nach Marsala *(siehe S. 130)* fahren. Im Baglio Cudia Resort (Contrada Spagnola 381) gehen Sie schwimmen, genießen die Spätnachmittagssonne und im Restaurant das Abendessen. Beschließen Sie den Tag mit einem Spaziergang an der Lagune.

Tag 3
Mit dem Boot geht es über die Isole dello Stagnone *(siehe S. 129)* zur einstigen phönizischen Kolonie Mothya auf der Isola San Pantaleo. Erkunden Sie die schöne archäologische Stätte und anschließend das Museo di Mozia, das eine wunderbare griechische Statue eines Jungen aus dem 5. Jahrhundert v. Chr. besitzt. Wieder zurück auf dem Festland, nehmen Sie in den Cantine Florio (Via Vincenzo Florio 1), den Produzenten des süßen Marsala-Weins, an einer Tour mit Verkostung teil. Entspannen Sie auf der Terrasse bei einem Glas Wein und der unvergesslichen Aussicht. Gegen Abend checken Sie im Agriturismo Donnafranca (www.donnafranca.it) ein. Das Weingut keltert rote und weiße Bioweine.

Tag 4
Vormittags erkunden Sie die spannende Geschichte von Marsala. Beginnen Sie mit dem Museo Archeologico Baglio Anselmi, das die rekonstruierten Reste eines punischen Kriegsschiffs birgt. Nach einem Meeresfrüchte-Mittagessen fahren Sie in den Bosco della Risinata bei Sambuca di Sicilia, wo Reste eines Gebäudes aus dem 4. Jahrhundert v. Chr. vermuten lassen, dass es schon damals auf Sizilien Weinbau gab. Zurück in Marsala, genießen Sie einen Sundowner und ein schickes Abendessen in der Osteria Il Gallo e L'innamorata (Via S. Bilardello 18), nicht einmal zehn Gehminuten vom Hotel Carmine (www.hotelcarmine.it) entfernt.

Tag 5
Schon früh fahren Sie zum Resort Baglio Soria (www.bagliosoria.it). Dort organisieren Sie sich eine Sonnenliege am Panoramapool und bestellen einen Snack von der Bar. Nachmittags lernen Sie in einem Kurs mit Verkostung alles über die Weinproduktion von der Rebe bis zum edlen Tropfen. Das Gelernte setzen Sie an der Weinbar in der spektakulären Sky Lounge mit weitem Blick auf die Küste anschließend gleich um – der perfekte Abschluss Ihrer Reise.

7 TAGE
auf den Äolischen Inseln

Tag 1
Von Milazzo *(siehe S. 230f)* fahren Sie mit dem Tragflügelboot zur kleinen Insel Vulcano *(siehe S. 220)*. Dort steigen Sie hinauf zum Gran Cratere und genießen den Panoramablick. Wer den Schwefelgeruch nicht mag, nimmt ein Bad in den blubbernden *acque calde* (warme Wasser) und macht dann ein Picknick am Strand. Danach gönnen Sie sich ein Schlammbad bei Porto di Levante und fahren mit dem Tragflügelboot von Vulcanos Haupthafen nach Lipari *(siehe S. 219)*, der Hauptinsel des Archipels. Dort genießen Sie Seafood im schön gelegenen E Pulera (www.epulera.it) und dazu den berühmten Inselwein Malvasia delle Lipari.

Tag 2
Mit einem Leihrad fahren Sie zur Spiaggia Bianca, dort ist das Wasser durch den früher in der Nähe abgebauten Bimsstein smaragdgrün. In der Marina Corta essen Sie mit Blick auf den hübschen Fischereihafen gemütlich zu Mittag, danach bewundern Sie im Museo Archeologico Eoliano *(siehe S. 219)* die großartigen neolithischen, griechischen und römischen Artefakte. Nach dem Abendessen machen Sie es den Einheimischen gleich, die in aller Ruhe durch die Straßen bummeln.

Tag 3
Mit dem Tragflügelboot fahren Sie von Lipari nach Santa Maria auf der Insel Salina *(siehe S. 220)* mit dem Zwillingsvulkan. Nach dem Mittagessen in der Küstenstadt Lingua schmeckt eine erfrischende *granita* in der Bar Da Alfredo (Via Marina Garibaldi) an der Ufer-Piazza. Fahren Sie dann mit dem Bus nach Pollara. Dort spazieren Sie an der Küstenstraße nach Perciato di Pollara, wo Sie in der Bucht schnorcheln können. Abends zurück in Lipari, genehmigen Sie sich einen Absacker in einer der Bars am Corso Vittorio Emanuele und schauen den vorwiegend italienischen Urlaubern beim Bummeln zu.

Tag 4
Ein Bootsausflug mit Aeolian Islands (www.eoliana.net) bringt Sie von der Marina Corta zur exklusiven Insel Panarea *(siehe S. 220f)*,

1 *Hafen von Lipari*
2 *Vor der idyllischen Insel Panarea*
3 *Frische Lebensmittel in Lipari*
4 *Aussicht auf Vulcano*
5 *Klares blaues Meer bei Salina*

Treffpunkt der Reichen und Berühmten. Nach Besichtigung der Ruinen in der Cala Junco treffen Sie im Hafen des autofreien San Pietro ein, wo Sie in den hübschen Straßen in einer Trattoria zu einem späten Mittagessen einkehren. Mit der Fähre geht es zurück nach Lipari.

Tag 5
Mit dem Boot fahren Sie nach Stromboli *(siehe S. 221)*. Dort verbringen Sie den Vormittag am Strand, mittags essen Sie im La Lampara (Via Vittorio Emanuele) unter der schattigen Pergola. Mit einem Bergführer wandern Sie nachmittags auf den Gipfel des Vulkans. Am besten erreicht man ihn kurz vor Sonnenuntergang, dann ist der Blick auf die glühende Lava fantastisch. Abends essen Sie in der Trattoria Ai Gechi (Via Salina 12) und übernachten im luxuriösen La Sirenetta Park Hotel (www.lasirenetta.it).

Tag 6
Eine Bootsfahrt nach Filicudi *(siehe S. 221)* ist perfekt, um den Basaltfelsen Faraglione della Canna und das Naturreservat zu erkunden – und um den Tag zu beginnen. Weiter geht es ins Hotel La Sirena *(siehe S. 219)* zu einem Gourmet-Mittagessen mit Blick auf den Strand und dann zur abgelegenen Insel Alicudi *(siehe S. 219)*. Dort gibt es keine Teerstraßen, sondern nur Muliwege, auf denen man wandern kann. Wieder zurück auf Stromboli, trinken Sie erst einen Kaffee in einer der Bars am Hafen, bevor Sie mit dem Tragflügelboot wieder nach Lipari fahren – und sich bei Da Filippino *(siehe S. 220)* den Fang des Tages schmecken lassen.

Tag 7
Nach dem Frühstück im Hotel stöbern Sie bei Fratelli Laise (Via Vittorio Emanuele 188) nach Souvenirs, z. B. nach regionalen Produkten oder einer Flasche Malvasia delle Lipari. Nach dem Mittagessen in einem Straßencafé bummeln Sie noch einmal durch die Straßen, unterwegs lassen Sie sich ein *gelato* schmecken. Mit dem Tragflügelboot oder der Fähre fahren Sie zurück nach Milazzo, dem Start- und Endpunkt Ihrer Inselreise.

SIZILIEN ENTDECKEN **Erkundungstouren**

1

2

2 WOCHEN
Rundreise auf Sizilien

Tag 1
Startpunkt ist Taormina *(siehe S. 206–209)*, das man von Catania mit dem Zug erreicht. Dort besichtigen Sie den Palazzo Corvaja *(siehe S. 206)*, schwimmen am Strand der Isola Bella und stärken sich dort mit einem Mittagessen. Nach einem Bummel durch die Boutiquen am Corso Umberto I *(siehe S. 207)* besichtigen Sie das Griechische Theater *(siehe S. 206)* mit Blick auf den Ätna. Später genießen Sie an der Piazza IX Aprile *(siehe S. 207)* einen Sundowner, dann fahren Sie mit dem Zug zurück nach Catania.

Tag 2
Mit dem Frühbus fahren Sie vom Bahnhof in Catania zum Rifugio Sapienza (www.rifugio sapienza.com) am Ätna. Dort bringt Sie die Seilbahn hinauf auf den Vulkan, wo Sie zu den Lavaströmen rund um den Krater und durch eine Mondlandschaft hinunter zum Rifugio wandern. Zurück in Catania, warten auf Sie Burger im Fud Bottega Sicula (Via Santa Filomena 35) und ein Absacker im Bohème (Via Montesano 27–29).

Tag 3
Der Vormittag gehört bei einer Besichtigung im Teatro Bellini *(siehe S. 203)* Leben und Werk des in Catania geborenen Komponisten Vincenzo Bellini. Nach dem Mittagessen in einem Café an der Via Etnea *(siehe S. 204)* lassen Sie sich vom sizilianischen Marionettentheater in der Marionettistica Fratelli Napoli *(siehe S. 41)* unterhalten. Abends kehren Sie für ein Konzert zurück ins Teatro Bellini, genießen aber davor noch einen *aperitivo* an der Piazza Bellini. Danach schmeckt saisonale Küche im Me Cumpari (www.mecum parituriddu.it).

Tag 4
Mit einem Mietwagen fahren Sie in das antike Siracusa *(siehe S. 172–175)*. Dort besichtigen Sie im Parco Archeologico Neapolis die Ruinen des Römischen und des Griechischen Theaters und spazieren zum »Ohr des Dionysios«, dem Steinbruch Latomia del Paradiso. Nach dem Mittagessen in einem Restaurant besichtigen Sie im Museo Archeologico Regionale Paolo Orsi *(siehe S. 173)* an-

1 Taverna La Cialoma in Marzamemi
2 Taorminas Palazzo Corvaja
3 Im Zentrum von Ortygia
4 Traditionelle sizilianische Puppen
5 Catanias Stadtzentrum

tike Fundstücke aus Südsizilien. Abends essen Sie in Ortygia *(siehe S. 176f)* auf der Terrasse des Restaurants im Hotel Gutkowski (www.guthotel.it), wo Sie auch übernachten.

Tag 5
Beginnen Sie den Tag auf Ortygias geschäftigem Morgenmarkt, um sich mit Proviant einzudecken. Dann spazieren Sie vom Duomo zur gefassten Quelle Fonte Aretusa und zum Lungomare Alfeo. Direkt am Wasser machen Sie ein Picknick mit den Spezialitäten vom Markt. Danach bummeln Sie durch die Boutiquen am Corso Matteotti und machen Rast in der Weinbar a Putia (www.aputiadellecosebuone.it) bei der Via Roma. Nach *aperitivo* und Abendessen in einem Lokal an der Seemauer beim Castello Maniace entdecken Sie an der Piazzetta San Rocca Ortygias buntes Nachtleben.

Tag 6
Weiter geht es nach Noto *(siehe S. 178–183)*. Unterwegs gehen Sie im malerischen Avola, das für seinen kräftigen Rotwein bekannt ist, zum Mittagessen. In Noto angekommen, nehmen Sie sich Zeit für die barocke Architektur und das Stadtleben, besonders lohnend ist der Corso Vittorio Emanuele. Treppen führen in die Oberstadt Noto Antica, in der Ruinen aus der Zeit vor dem Erdbeben stehen. Abends genießen Sie im Michelin-Restaurant Crocifisso (www.ristorante crocifisso.it) *nouvelle cuisine* und zum Dessert *gelato* im Caffè Sicilia *(siehe S. 179)*.

Tag 7
Nächste Station ist das Fischerdorf Marzamemi *(siehe S. 196)*. Essen Sie am Hauptplatz im La Cialoma (Piazza Regina Margherita 23) zu Mittag. Weiter geht es in die Schokoladenstadt Modica *(siehe S. 194)*. Dort besichtigen Sie die Antica Dolceria Bonajuto *(siehe S. 41)*, die älteste Schokoladenfabrik Siziliens. Im Museo del Cioccolato di Modica (Corso Umberto I 149) erfahren Sie alles Wissenswerte über die Geschichte der Schokolade. Nach einem sizilianischen Abendessen in der Taverna Nicastro *(siehe S. 195)* übernachten Sie im B&B L'Orangerie (www.lorangerie.it).

Tag 8
Heute steht Ragusa *(siehe S. 184 –187)* auf dem Programm. Dort starten Sie am Hauptplatz der Unterstadt Ragusa Ibla und dem Duomo *(siehe S. 186)*. Beim Souvenirshopping holen Sie sich Appetit fürs Mittagessen to go aus einer der Bars. Auf einer schattigen Bank lassen Sie es sich schmecken. Gestärkt spazieren Sie zur Kirche Santa Maria delle Scale *(siehe S. 185)* an der Treppe, die Ragusas Unter- und Oberstadt verbindet. Wenn die Zeit reicht, fahren Sie über die Talbrücke mit Blick auf die Oberstadt, bevor Sie sich im Zwei-Sterne-Restaurant Ciccio Sultano Duomo *(siehe S. 187)* verwöhnen lassen.

Tag 9
Nach dem Frühstück im Caffè Italia (Piazza S. Giovanni 29) fahren Sie nach Caltagirone *(siehe S. 188f)*. Bei einem Abstecher nach Vittoria *(siehe S. 195)* erstehen Sie in der Altstadt den bekannten Wein Cerasuolo di Vittoria. In Chiaramonte Gulfi *(siehe S. 195)* essen Sie gemütlich zu Mittag und spazieren anschließend zum Aussichtspunkt Balcone di Sicilia (Corso Europa, 1). In Caltagirone suchen Sie sich ein Hotel in der Altstadt.

Tag 10
Schon vor dem großen Ansturm besuchen Sie früh das beliebte Keramikmuseum (Via Giardini Pubblici). Danach suchen Sie in den Läden schöne handgefertigte Keramiken aus, die Sie verschicken lassen können. Nach dem Mittagessen in einer schlichten Trattoria in einer Seitenstraße steigen Sie die mit Majolikafliesen verzierte Treppe hinauf zur Kirche Santa Maria del Monte *(siehe S. 189)*. Die Aussicht dort oben ist die Mühe wert, danach belohnen Sie sich noch mit feinem Gebäck in der Dolceria Scivoli (Viale Mario Milazzo 121) und abends mit Seafood im Il Locandiere (Via Luigi Sturzo 59).

Tag 11
Weiter geht es nach Piazza Amerina, wo Sie die UNESCO-Welterbestätte Villa Romana del Casale *(siehe S. 152f)* besichtigen. Dann fahren Sie nach Agrigento *(siehe S. 146 –151)* mit einem Abstecher zur einstigen griechisch-

1 *Santa Maria delle Scale, Ragusa*
2 *Kirche in Caltagirone*
3 *Keramikkunst in Caltagirone*
4 *Im Valle dei Templi*
5 *An der Scala dei Turchi*

römischen Siedlung Morgantina *(siehe S. 155)*. Nach der Besichtigung fahren Sie zum Mittagessen nach Enna *(siehe S. 154f)*. In Agrigento angekommen, stärken Sie sich zunächst mit einem Espresso im Caffè Concordia Famiglia Saito (Piazza Luigi Pirandello 36/37) und bummeln dann rund um die Piazza Vittorio Emanuele *(siehe S. 148)*. Zum Abendessen speisen Sie in der Accademia del Buon Gusto (www.accademiadelbuongusto.it). Fragen Sie nach einem Tisch auf der Terrasse, von dort hat man den wohl schönsten Blick auf den Concordia-Tempel *(siehe S. 151)* im Valle dei Templi.

Tag 12
Erkunden Sie das Valle dei Templi *(siehe S. 150f)* schon morgens vor der Mittagshitze und danach das Archäologische Museum *(siehe S. 151)*. Dort essen Sie in der Cafeteria zu Mittag, anschließend fahren Sie zur Küste zur bizarren Felsformation Scala dei Turchi. Abends essen Sie im Zentrum von Agrigento und stürzen sich anschließend in das Nachtleben im Viertel San Leone.

Tag 13
In Selinunte *(siehe S. 126f)* besichtigen Sie die Akropolis und acht einstige Tempelstätten. Im nahen Castelvetrano parken Sie in einer Seitenstraße und spazieren zum Hauptplatz, wo Sie zu Mittag essen. Danach fahren Sie auf der Küstenstraßen in die hübsche Bergstadt Erice *(siehe S. 118–121)* hoch über Trapani. Dort besichtigen Sie das normannische Castello di Venere *(siehe S. 118f)* und die Kyklopenmauer *(siehe S. 118)* am nördlichen Stadtrand. Nachmittags bummeln Sie durch die verwinkelten Straßen. Nach dem Abendessen lassen Sie den Tag bei einem *passito* ausklingen, einem Dessertwein aus dem Umland.

Tag 14
Fahren Sie nach Segesta *(siehe S. 122f)*, wo Sie die herrlichen Tempel und das antike Amphitheater bestaunen. Im verschlafenen Mondello *(siehe S. 101)* gehen Sie schwimmen und essen am Strand zu Mittag. Danach ist es nicht mehr weit nach Palermo *(siehe S. 58–105)*, dem Endpunkt Ihrer Reise.

Naturschutzgebiete

An Siziliens Küste liegen zahlreiche Naturschutzgebiete. Durch die Riserva dello Zingaro *(siehe S. 116f)* und Vendicari *(siehe S. 196)* führen Wanderwege, an denen man großartig Vögel beobachten kann – ein Fernglas ist hier sehr hilfreich. Ein Mekka für Outdoor-Fans sind die bewaldeten Berge der Monti Nebrodi, Peloritani und Madonie. Dort kann man in herrlicher Gebirgslandschaft wandern, campen, Kajak fahren und sogar Ski fahren.

→

Schöner Sandstrand und glasklares Meer in der Bucht Lo Zingaro

SIZILIENS
WUNDER
DER NATUR

Siziliens Landschaften sind von legendärer Schönheit, denn Mutter Natur hat die traumhafte Insel im Mittelmeer reich beschenkt. Hier ragen schneebedeckte Gipfel und feurige Vulkane in den Himmel, erstrecken sich sanfte grüne Hügel, und ringsum reicht das klare saphirblaue Meer bis zum Horizont.

Mächtige Vulkane

In der Region schwelen einige der aktivsten Vulkane Europas. Der Ätna *(siehe S. 210f)* spuckt regelmäßig Asche und Lava aus 3350 Meter Höhe, im Meer ragt der Stromboli *(siehe S. 221)* auf der gleichnamigen Äolischen Insel auf. Bei einer geführten Wanderung mit Il Vulcano a Piedi (www.ilvulcanoapiedi.it) erreicht man bei Sonnenaufgang den Gipfel und spürt den Vulkan unter den Füßen.

←

Auf dem Stromboli führt der Weg durch Rauchwolken zum Gipfel

> ### TOP 5 Nachhaltig reisen
>
> **Der richtige Weg**
> Bleiben Sie auf den ausgewiesenen Wanderwegen.
>
> **Lokaler Artenschutz**
> Pflücken Sie keine Blumen, nehmen Sie keine Steine und Sand mit.
>
> **Keine Spuren**
> Entsorgen Sie Ihren Müll ordnungsgemäß.
>
> **Respekt für Tiere**
> Beobachten Sie die heimische Tierwelt mit ausreichend Abstand.

Felsformationen

Die Alcantara-Schlucht (Gole dell'Alcantara) wurde aus Lava vom Ätna gebildet. An ihrem Grund fließt der Alcantara zwischen den schwarzen Basaltwänden. Eine Treppe führt zum 150 Meter breiten Flussbett, wo man – am besten in Gummistiefeln – Höhlen erkunden kann. Die Höhlen von Levanzo *(siehe S. 124f)* auf den Ägadischen Inseln *(siehe S. 124f)* verzierten alt- und jungsteinzeitliche Künstler mit Felszeichnungen.

←
Basaltklippen und versteckte Höhle (Detail) in der Alcantara-Schlucht

Salinen

Seichtes Meerwasser, flache Becken und dauerhafte Hitze bilden die idealen Bedingungen für die Salinen von Mozia *(siehe S. 131)*. Das Museo del Sale (www.museodelsale.it) bei Trapani *(siehe S. 129)* ist ganz den lokalen Methoden der Salzgewinnung und -aufbereitung gewidmet, die hier seit phönizischer Zeit praktiziert werden. Bei einer Tour zu den Salinen auf dem sonnigen Abschnitt zwischen Trapani und Marsala *(siehe S. 130)* sieht man, wie sich die träge drehenden Salzmühlen aus dem 16. Jahrhundert im Wasser spiegeln.

→
Im Sonnenuntergang erstrahlen die Salzgärten in Pastellfarben

Frisch vom Fass
Nach dem Vorbild ihrer Nachbarn im Norden produzieren auf Sizilien mittlerweile einige *birrifici* (Mikrobrauereien) bestes Craftbeer. In seiner Schänke in Palermo offeriert Ballarak Magione (Via Castrofilippo 20) eine große Auswahl und auch Gutes vom Fass. Die Craftbeer-Sorten der Insel stellt jährlich auch das Festival BeerCatania (www.beercatania.it) vor.

Craftbeer gewinnt auch auf Sizilien immer mehr Anhänger

SIZILIENS
EDLE TROPFEN

Cin cin! In einem Land, in dem der Wein wie Wasser fließt, zelebriert man auch im Alltag gute Tropfen. So ist beispielsweise der *aperitivo* auf Sizilien zu einer wahren Kunstform verfeinert worden. Anstoßen kann man aber auch mit hervorragenden Craftbeers, Weinen und Schnäpsen.

DOC und DOCG
Seit 1962 gibt es in Italien staatlich kontrollierte Herkunfts- und Qualitätsbezeichnungen für Weine. Die höchste Qualitätsstufe ist DOCG (kontrollierte und garantierte Herkunftsbezeichnung), gefolgt von DOC (kontrollierte Herkunftsbezeichnung). Siziliens derzeit einziger DOCG-Wein, der Cerasuolo di Vittoria, wird in Ragusa *(siehe S. 184 – 187)* aus den sizilianischen Rebsorten Frappato und Nero d'Avola gekeltert.

Hochprozentiges
Perfekter Abschluss einer Mahlzeit sind Siziliens *digestivi*. Der Amaro Averna ist ein Bitterlikör aus Kräutern, Wurzeln und ätherischen Ölen nach Benediktinerrezept, der Liquore di fichi d'india (Kaktusfeigenlikör) wird gern über Eis gegossen. Eiskalter Mandarincello aus Mandarinen dämpft als *ammazzacaffè* (Kaffeekiller) nach dem Espresso die Koffeinwirkung.

Schmeckt eiskalt am besten: der Zitronenlikör Limoncello

Sommerlicher Rosé und Snacks bei einer Aperitivo-Party

Kultiger *aperitivo*

Aperitivo – ein heiß geliebtes Ritual auf Sizilien. Was darf es sein? Ein Glas DOC Etna, dazu gegrillte Thunfischscheibchen, mit Blick auf die Reben der Cantina Feudo di Mezzo (www.planeta.it)? Cocktails mit *arancia rossa* (Blutorange) und Knoblauch-Bruschetta im Garten des Timoleone Café (Via Timoleone 6) in Taormina? Ein *aperitivo* ist der perfekte Auftakt für das Abendessen.

> ### TOP 5 Sizilianische Weine
>
> **Marsala**
> Teils gespriteter Likörwein mit Aprikosen- und Tamarindennoten.
>
> **Nero d'Avola**
> Kräftiger dunkler Roter aus einer alten heimischen Traube – ist für Sizilien so wie Malbec für Argentinien.
>
> **Bianco d'Alcamo**
> Frischer Weißwein aus sizilianischen Catarratto- und Grillo-Reben.
>
> **Passito di Pantelleria**
> Für den süßen Dessertwein werden die Reben spät geerntet und auf Rohrmatten getrocknet.
>
> **Novello**
> Der Jungwein ist kurz nach der Lese im Handel und passt eigentlich immer und überall.

Weinstraßen

Zwölf Weinstraßen führen kreuz und quer über Sizilien. Muscat gibt es an der Route im Val di Noto zu verkosten, Nero d'Avola aus hohen Lagen an der Etna-Route. Wer auf der Erice-DOC-Weinstraße durch Weinberge, mittelalterliche Dörfer und zu einem Salzwerk radelt, kann viele Verkostungspausen einlegen und z. B. in der Cantina Sociale Birgi (www.cantinebirgi.it) Cuvées aus einheimischen und gängigen Rebsorten probieren.

Eichenfässer in einer cantina (Weinkeller), reife Trauben (Detail)

In Stein gemeißelt

Siziliens erste Bewohner nutzten jahrtausendelang Höhlen zum Schutz vor Unwetter und Feinden oder als Begräbnisstätten. Menschen der Bronzezeit schlugen zwischen Sortino und Pantalica *(siehe S. 193)* eine Nekropolis in die Kalksteinfelsen. Die dort gefundenen Artefakte zeigt das Museo Archeologico Regionale Paolo Orsi *(siehe S. 173)* in Siracusa. Sehenswert sind auch die 10 000 Jahre alten tanzenden Figuren in den Höhlen von Favignana *(siehe S. 124)* und die byzantinischen Fresken in der Cava d'Ispica *(siehe S. 197)*.

→

Nicht leicht zu finden: Eingang zu den bewohnten Höhlen der Cava d'Ispica

SIZILIENS
ANTIKES ERBE

Bei Interesse für die Vergangenheit kann man auf Sizilien eine faszinierende Zeitreise durch die Jahrtausende unternehmen. Wer die Augen offen hält, stößt auf der Insel an jeder Ecke auf Zeugnisse ihrer langen, wechselvollen Geschichte. Das Spektrum reicht von prähistorischen Grabstätten zu frühchristlichen Siedlungen, von Relikten der griechischen und römischen Antike bis zu Burgen, Schlössern und Festungen, die unter den Normannen, Aragoniern und Bourbonen erbaut wurden.

Legendärer Ätna

In der griechischen Mythologie war der Ätna *(siehe S. 210f)* der Sitz Hephaistos', des Gottes des Feuers und der Schmiede. Er wurde von den Römern als Vulcanus verehrt, dessen Schmiede auf der Äolischen Insel Vulcano *(siehe S. 220)* lag. In der griechischen Überlieferung heißt es, dass Typhon, der Sohn der Göttin Gaia, nach seinem gescheiterten Kampf gegen Zeus unter dem Ätna gefangen war. In seiner Wut darüber ließ er den Vulkan erbeben und Feuer spucken.

Antike Bauten

Sizilien ist übersät mit antiken griechischen und römischen Stätten. Im Valle dei Templi *(siehe S. 150f)* beeindrucken der fantastische Concordia-Tempel (5. Jh. v. Chr.) und die Telamonen, die einst das Gebälk des Tempels des Olympischen Zeus trugen. Olympisch gibt sich – zumindest nach heutiger Interpretation – auch die Villa Romana del Casale *(siehe S. 152f)*. Dort zeigt einer der herrlichen Mosaikböden eine seltene Darstellung von Athletinnen.

TOP 5 Historische Kulturen

Griechen
Sie besiedelten ab dem 8. Jahrhundert v. Chr. Sizilien und hinterließen fantastische Bauten.

Karthager
Die Seemacht Karthago gründete ab 580 v. Chr. Kolonien auf Sizilien.

Römer
Sie bauten an Siziliens Hängen Wein an.

Byzantiner
Unter ihnen war Siracusa Inselhauptstadt.

Araber und Normannen
Sie prägten im Mittelalter das muslimische und christliche Sizilien.

← *Byzantinisches Fresko der Muttergottes in der Grotta di San Nicola in der Schlucht Cava d'Ispica*

Burgen und Schlösser
Siziliens Geschichte erzählt das Museum im normannischen Castello Ursino *(siehe S. 204)* und Geistergeschichten das Castello di Carini (www.comune.carini.pa.it), in dessen exzellenter Kunstsammlung eine ermordete Baronessa spukt. Bodenständiger ist das Castello di Donnafugata (www.castellodonnafugata.org), eine Hauptstation auf *Montalbano*-Krimitouren.

↑ *Die mächtigen Mauern des Castello Ursino boten Schutz*

↑ *Säulen eines antiken griechischen Tempels in Selinunte*

Filmfestivals

Filmfestivals – viele davon im Freien – sind seit den 1950er Jahren ein wichtiger Bestandteil des sizilianischen Sommers. Das Taormina Film Fest (letzte Woche im Juni) ist das prestigeträchtigste und bietet Premieren großer Filme mit internationalen Stars. Die wichtigsten Veranstaltungen finden im spektakulären Griechischen Theater statt *(siehe S. 206)*. Das Ortigia Film Festival (Mitte Juli) zeigt unkommerzielle Kurzfilme an malerischen Plätzen, oft unter Einbeziehung des Publikums. Beim SalinaDocFest (September) auf der Äolischen Insel Salina *(siehe S. 220)* werden zeitgenössische Dokumentarfilme gezeigt.

Ein Sommerabend in prächtiger Kulisse auf dem Taormina Film Fest

SIZILIEN FÜR FILMFANS

Mit beeindruckender Architektur, türkisfarbenem Meer und aktiven Vulkanen dient Sizilien als Drehort für viele bemerkenswerte Filme und Fernsehsendungen. Hier wirft man einen Blick hinter die Kulissen, tritt in die Fußstapfen von Leinwandlieblingen oder entdeckt neue Kultklassiker auf einem Filmfestival.

TOP 4 Filmdreh auf Sizilien

Trilogie Der Pate **(1972, 1974 und 1990)**
Francis Ford Coppolas sizilianische Mafia-Trilogie mit Marlon Brando und Al Pacino.

Il Postino **(1994)**
Massimo Troisi als Postbote, der sich mit einem im Exil lebenden Dichter anfreundet.

Terraferma **(2021)**
Mutige Darstellung der Flüchtlingskrise auf der Insel Linosa.

Cyrano **(2021)**
Romantisches Musical nach dem Theaterstück *Cyrano de Bergerac* aus dem 19. Jahrhundert.

Der The White Lotus-Effekt

Durch die beliebte HBO-Serie *The White Lotus*, die in und um Taormina gedreht wurde, sind die Besucherzahlen auf Sizilien sprunghaft angestiegen. Als Kulisse dient das Hotel San Domenico Palace in einem Kloster aus dem 14. Jahrhundert in Taormina. Weitere Szenen wurden an einem Strand in Cefalù gedreht. Einige der gezeigten Villen wie die Villa Elena in der Nähe von Noto und die Villa Tasca in Palermo können gemietet werden.

Jennifer Coolidge in der zweiten Staffel der HBO-Serie The White Lotus

Giuseppe Tornatore

Giuseppe Tornatore wurde 1956 in der kleinen Küstenstadt Bagheria geboren. Bereits als Schüler begann er, Theaterstücke zu inszenieren. Nach dem Abitur arbeitete er als freiberuflicher Fotograf. International bekannt ist er für seinen nostalgischen Film *Cinema Paradiso* (1988). Der Film hat autobiografische Bezüge und ist eine Hommage an den Fotografen und Filmvorführer Mimmo Pintacuda (1927–2013), der dem jungen Tornatore den Umgang mit einem Filmprojektor beibrachte und ihm eine Kamera schenkte.

← Al Pacino (rechts) *in seiner Rolle als Michael Corleone in* Der Pate

↑ *Die charmante Bar Vitelli ist Schauplatz in* Der Pate II

Berühmte Kulissen

Aus verschiedenen sizilianischen Schauplätzen schaffen Regisseure die perfekte Kulisse für Filme und Fernsehsendungen. Giuseppe Tornatores *Cinema Paradiso* (1988) wurde in Cefalù *(siehe S. 112)*, in seiner Heimatstadt Bagheria *(siehe S. 140)* sowie im Palazzo Adriano *(siehe S. 164)* bei Palermo gedreht. Im Dorf Savoca entstanden Schlüsselszenen für *Der Pate II* (1975), darunter in der Bar, in der Michael um die Hand von Apollonia bittet. Roberto Rossellinis *Stromboli* (1950) mit Ingrid Bergman wurde auf der Äolischen Insel Stromboli gedreht *(siehe S. 221)*, während die Fernsehserie Inspector Montalbano (1999–2021) eine Montage aus den Barockstädten im Südosten Siziliens ist.

Für alle Budgets

Siziliens Strände bieten alles, was man für einen schönen Tag am Meer braucht. Preiswert entspannt man sich an den öffentlichen Lidos (Badestränden). Weichen Sand und Snackbars bietet z. B. Cala Modello bei Palermo *(siehe S. 62)*. Wer sich etwas besonderes gönnen möchte, verwöhnt sich in einem *stabilimento* (privaten Strandclub) wie dem hyperschicken Isola Bella in Taormina *(siehe S. 206 – 209)* mit bequemen Liegen, Sonnenschirmen und Duschen.

Schon gewusst?

Die Küste Siziliens hat eine Gesamtlänge von 1484 Kilometern.

→

Der schöne Kiesstrand auf der Insel Isola Bella abends und bei Ebbe (Detail)

SIZILIENS
STRANDLEBEN

Auf Sizilien haben Sonnenhungrige die Wahl zwischen feinem weißen Sand oder schwarzem Vulkansand, Kies in Buchten und felsigen Kaps. An der atemberaubenden, Hunderte Kilometer langen Küste und auf den vielen vorgelagerten Inseln findet jeder sicher genau den einen Traumstrand für sich.

Familienstrände

Zu nahezu endlosem Spaß am Wasser laden zahlreiche schöne Strände ein, deren feiner weicher Sand perfekt zum Burgenbauen ist. In Badeorten wie San Leone bei Agrigento *(siehe S. 147)* haben Kinder auf breiten goldenen Sandstränden Platz zum Toben, findet man Snackbars und weitere Angebote. In Sampieri bei Scicli *(siehe S. 197)* kann man sich auf Liegen unter Sonnenschirmen (ein Geschenk in der Hitze) auf einen herrlichen Tag einstellen.

←

Mit der Blauen Flagge ausgezeichnet: der Familienstrand von Sampieri

↑ *Yachten schaukeln im ruhigen Meer rund um Lampedusa*

Östlich von Afrika
Die pelagischen Inseln sind afrikanisch geprägt. Schlendern Sie durch Linosa *(siehe S. 167)* mit seinen pastellfarbenen Häusern. Entdecken Sie Fior di Tigre-Kakteen und Meeresschildkröten auf Lampedusa *(siehe S. 166)*. Die »Porta di Lampedusa« erinnert an die Migranten, die beim Versuch, auf dem Seeweg nach Europa zu gelangen, ums Leben kamen.

Meeresmythen
Siziliens Mythen und Legenden sind mit dem Meer verbunden. So sollen die Felsen vom Ätna, die der einäugige Kyklop in der *Odyssee* nach Odysseus warf, vor der Ionischen Küste als Kyklopeninseln im Meer gelandet sein.

Legendär ist auch die Erklärung für die raue See in der Straße von Messina *(siehe S. 214 – 217)* zwischen Sizilien und dem Festland: Hier verwandelte Zeus die schöne Charybdis in ein Ungeheuer, das das Wasser einsaugt und wieder ausstößt. Charybdis gegenüber sitzt die monströse Skylla, die wütend Seefahrer frisst, die ihr zu nahe kommen.

↑ *Ein abgeschiedener, felsiger Strand in der Bucht von Panarea*

Raus in die Natur!
Wer kann, fährt auf Sizilien an heißen, schwülen Tagen raus aus den stickigen Städten ans Meer. Besonders schön sind die abgeschiedenen Stellen in unberührter Landschaft. Im Naturschutzgebiet Vendicari *(siehe S. 196)* hat man die Wahl zwischen einsamen Dünen und kleinen Buchten. Oder man fährt mit dem Tragflügelboot von Liberty Lines (www.libertylines.it) hinaus zur Äolischen Insel Salina und taucht dort am Perciato di Pollara im azurblauen Wasser.

Live und in Farbe
Überall auf der Insel heißen Kunsthandwerker in ihren Werkstätten Besucher willkommen. Bei Antichi Intrecci kann man *tessitori* (Webern) zusehen, wie sie komplexeste Muster schaffen. Im Museo del Papiro (www.museodelpapiro.it) in Ortygia lernt man – einmalig außerhalb Ägyptens – in Workshops, wie man Papyrus herstellt.

←

Typisches hübsches Atelier eines Keramikers in Caltagirone

SIZILIENS
KUNST UND KUNSTHANDWERK

Witzige Marionetten, feiner Schmuck, glänzend bemalte Keramiken – Sizilien ist bekannt für sein schönes, geschmackvolles Kunsthandwerk. Besuchen Sie eine Werkstatt, und tauchen Sie ein in diese traditionellen sizilianischen Fertigkeiten.

Ateliers

Opera dei Pupi Vaccaro

In diesem Atelier erwecken die *burattinai* (Puppenspieler) ihre Kreationen zum Leben.

🅰 G6 🏠 Via Giudecca 5, Siracusa 🕒 So 🌐 pupari.com

Antichi Intrecci

Das Atelier der Kunstweber fertigt Teppiche und Taschen mit bunten Zickzackmustern.

🅰 A3 🏠 Via Pianoneve 31, Buseto Palizzolo, Trapani 🌐 antichintrecci.it

Streetart
In sizilianischen Städten entdeckt man überall Streetart wie zum Beispiel Ema Jons' Wandbilder an Palermos Mercato della Vucciria *(siehe S. 76)*. In Catanias Hafen hat Vhils (Alexandre Farto) mit seinen Graffiti an den Silos eines der größten Streetart-Kunstwerke der Welt geschaffen.

Puppentradition

Die Ursprünge der Opera dei Pupi liegen bei den *cantastorie* (Bänkelsängern) des 13. Jahrhunderts. Die typisch sizilianische Tradition, mit *burattini* (Puppen und Marionetten), Musik und kunstvollen Kulissen Ritterepen aufzuführen, gehört seit 2008 zur UNESCO-Liste des Immateriellen Kulturerbes. Heute spielen die Puppenspielerfamilien zu einem großen Teil für Touristen.

→

Traditionelles Marionettentheater im Teatro dell' Opera dei Pupi in Palermo

L'Opera dei Pupi

Wer Drama liebt, sollte auf Sizilien die Möglichkeit wahrnehmen, eine Aufführung der beliebten Opera dei Pupi (Puppentheater) zu sehen, z. B. bei Marionettistica Fratelli Napoli (www.fratellinapoli.it) in Catania. In Palermo ist das Museo delle Marionette (www.museodellemarionette.it) sehenswert.

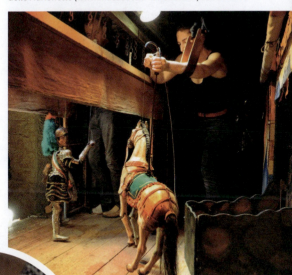

Keramik in Caltagirone

Siziliens Keramikhauptstadt Caltagirone *(siehe S. 188f)* verdankt ihren Beinamen »Stadt der 1000 Gesichter« den *testa di moro* genannten Vasen, die hier produziert werden. Durch barocke Gassen gelangt man zum Atelier von Giacomo Alessi (www.giacomoalessi.com), wo Unikate auf Käufer warten.

←

Ein Töpfer in Caltagirone beim Bemalen einer Tasse

Schokolade in Modica

Modicas *(siehe S. 194)* älteste Chocolaterie, die Antica Dolceria Bonajuto (www.bonajuto.it), ist seit 1880 in Betrieb. Auf Führungen lernt man die alten aztekischen Xocoàtl-Verfahren kennen und darf kosten. Cioccolato Quetzal (Corso Umberto I, 223A) unterrichtet in Workshops die hohe Kunst der Schokoladenherstellung.

→

Schokolade zum Probieren in der Antica Dolceria Bonajuto

↑ *Christian Guémys Porträt des Paten aus dem Kultfilm* Der Pate *in Palermo*

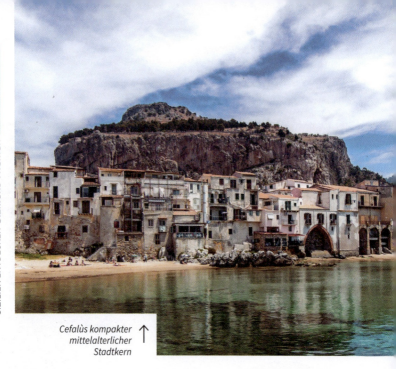

Cefalùs kompakter mittelalterlicher Stadtkern

SIZILIENS
ZAUBERHAFTE DÖRFER

Sizilien ist die Insel der hübschen Fischerdörfer, mit Geranien geschmückter Weiler und mächtiger Festungen, die direkt einem Märchenbuch entsprungen sein könnten. Doch die kleinen Ortschaften bieten auch einen Einblick in den sizilianischen Alltag – sie bilden wahrhaftig Herz und Seele der Insel.

In den Bergen

Siziliens Bergstädtchen bezaubern mit Mittelalterflair. In Erice *(siehe S. 118–121)* bummelt man zum Castello di Venere aus dem 12. Jahrhundert, um den Blick aufs Meer zu genießen. Danach schmecken *ericine* (süßes Gebäck) und dazu ein Glas Spumante aus der Region. In Modica *(siehe S. 194)* wird die Mittelaltertour durch Schokolade versüßt. In Randazzo *(siehe S. 226f)* feiert man im Juli mit Narren und Rittern das Mittelalterfest.

Kunstvoll arrangiertes Angebot vor einem Antiquitätengeschäft in Taorminas mittelalterlichem Zentrum

Am Meer

An Siziliens Küste reihen sich uralte Fischerdörfer. In Marzamemi, das schon vor den Phöniziern bestand, wird seit etwa 1000 n. Chr. Thunfisch verarbeitet. Am Ufer spaziert man vorbei an zum Trocknen ausgelegten Fischernetzen zum Laden der Familie Adelfio (www.adelfionline.com), um die traditionellen Räucher- und Pökelmethoden kennenzulernen und Häppchen zu kosten. Im Norden ist Cefalù *(siehe S. 112–115)* mit seinen Lokalen, die direkt am Wasser fangfrischen Seafood servieren, bei sizilianischen Familien beliebt. In Mondello *(siehe S. 101)* schaukeln im Hafen zwischen Monte Gallo und Monte Pellegrino bunte Fischerboote.

Restaurants

Ristorante Nassa
Genießen Sie fangfrischen Fisch und Seafood auf der Terrasse am Strand mit Blick auf den Hafen.

🅰 F6 📍 Via Marzamemi, Marzamemi
📞 +39 388 191 5731
€€€€

Monte San Giuliano
Hier schmeckt exzellente Hausmannskost auf der Natursteinterrasse – Spezialitäten: *spaghetti nero* (mit Tintenfischtinte) und Oktopus.

🅰 A3 📍 Vicolo San Rocca 7, Erice 🚫 Mo
🌐 montesangiuliano.it
€€€€

Die großen Acht

Nach einem verheerenden Erdbeben im Jahr 1693 wurden acht Ortschaften im Val di Noto als spätbarocke Meisterwerke wiederaufgebaut. Heute gehören sie zum UNESCO-Welterbe. Ein grandioses Bauwerk in Ragusa *(siehe S. 184–187)* ist der Duomo di San Giorgio, direkt gegenüber genießt man bei Gelati di Vini (www.gelati divini.it) Eis mit Aussicht. Unbedingt sehenswert sind die von Palazzi gesäumte Via Penna in Scicli *(siehe S. 197)* und der Palazzo Nicolaci in Noto *(siehe S. 178–183)*.

↑ *Die Kirche Santa Maria delle Scale* (Detail) *steht oberhalb von Ragusa*

Food-Festivals

Wer den Gaumen mit Streetfood wie *frittula* (schmalzgebratenes Fleisch) und *caponata* (süßsaure Aubergine) kitzeln möchte, geht mit StrEaty (www.streaty.com) auf Tour oder probiert sich begeistert durch die *sagre* (Spezialitätenfeste). Publikumslieblinge sind die größte *sagra*, Cibo Nostrum, und – das Eis! – Brontes Sagra del Pistacchio *(siehe S. 50)*.

Fachsimpeln und Verkosten ist Programm auf der Cibo Nostrum in Catania

SIZILIEN FÜR
FOODIES

Das salzige Aroma knuspriger *panelle*, die süße Cremefüllung von *cannoli*, das tiefe Schwarz von *spaghetti nero*, feine Seeigel-Häppchen und zarte Miesmuscheln – Siziliens Küche ist ein Fest für die Sinne. Feinschmecker lieben das erfinderische Streetfood der Insel ebenso wie die herausragende Sterneküche.

Slow Food

Auch auf Sizilien gewinnen industriell verarbeitete Lebensmittel zunehmend an Bedeutung. Als Gegenbewegung stellt Slow Food Sicilia (www.slowfoodsicilia.it) saisonale Produkte der Region in den kulinarischen Mittelpunkt und bewahrt zudem »gefährdete« Spezialitäten wie das *pane nero* (Schwarzbrot) aus Castelvetrano *(siehe S. 130)* oder Cartucciaro-Melonen. Geplant sind auch Geschmacksworkshops und Seminare, um die Vielfalt und den Geschmack der ursprünglichen landwirtschaftlichen Produkte der Regionen zu erhalten.

Fein speisen

Feinste Genüsse bietet Siziliens kulinarische Neue Welle, z. B. Gnocchi aus lila Kartoffeln und schwarze Cavatelli mit Seeigel in Patrizia di Benedettos Sternerestaurant Bye Bye Blues (www.byebyeblues.it). In Licata serviert das schicke La Madia (www.ristorantelamadia.it) neu interpretierte sizilianische Klassiker mit einer Prise Nostalgie.

Exquisite Meeresfrüchte im Sternerestaurant Bye Bye Blues in Palermo

Kochkurse

Damit geht der Urlaub zumindest kulinarisch zu Hause weiter: Mit dem Veranstalter Zuleima (www.zuleima.org) lernt man die geheimen, über Generationen weitergereichten Rezepte für Ravioli mit Kräuterricotta oder *Pasta con le sarde* (Pasta mit Sardinen und Safran) kennen. In der Kochschule Anna Tasca Lanza (www.annatascalanza.com) werden Workshops unter der Leitung des mit Preisen ausgezeichneten Chefs James Beard angeboten. Er zeigt, wie man *strattù* (Tomatenmark), *focaccia* und andere sizilianische Basics zubereitet.

← *Für die Ravioli wird Kräuterricotta auf den Teig gehäuft*

TOP 5 Klassische Snacks

pane cunzato
Für das würzige Brot mit Belag kennt jedes Dorf »das beste« Rezept.

arancina
Die frittierten, mit Hack oder Caciocavallo-Käse gefüllten Reisbällchen bestellt man am besten *da portare via* (zum Mitnehmen).

panelle
Die frittierten Schnittchen aus Kichererbsenmehl schmecken auch zusammen mit *cazzilli* (Kartoffelkroketten) im Brötchen.

granita con brioscia
Leicht süße Brioche und eiskalte Espresso-*granita* – Siziliens perfektes Sommerfrühstück.

pani ca' meusa
Die in Schmalz gebratenen Kalbsinnereien isst man im Brötchen mit Pfeffer und Zitrone.

La Dolce Vita

Mit ihrer zitronig-süßen Ricottafüllung sind *cannoli* das ursizilianische *dolce* (Süßspeise). In Palermo kann man auf dem alljährlichen Cannolo Festival *(siehe S. 51)* alle erdenklichen Varianten probieren. Sehr typisch ist auch die in Maraschino getränkte Biskuit-Schichttorte *cassata siciliana* mit kandierten Früchten. Ein süßer Genuss für unterwegs ist *gelato* in der Waffel.

↑ *Knusprige cannoli mit Cremefüllung und gehackten Pistazien*

Theater
In Siracusas griechischem Theater *(siehe S. 174f)* werden im Sommer vor fantastischer Kulisse jahrtausendealte Stücke von Aischylos und Euripides aufgeführt. In Taorminas gut erhaltenem griechisch-römischen Amphitheater *(siehe S. 206)* finden neben Theater- und Opernaufführungen auch Konzerte und Kulturveranstaltungen statt.

Aufführung von Aristophanes' Die Vögel in Siracusas Theater

SIZILIEN
AL FRESCO

Sizilien ist mit 250 Sonnentagen im Jahr gesegnet, deshalb findet ein großer Teil des Lebens im Freien statt. Hier trifft man sich auf lebhaften Plätzen, entspannt in Straßencafés, isst auf luftigen Terrassen, unternimmt eine *passeggiata* (Spaziergang), genießt Kunst und schläft unter dem Sternenhimmel.

> **Entdeckertipp**
> **Mückenalarm**
>
> Nicht nur beim *aperitivo* im Straßencafé können Mücken im Sommer eine echte Plage darstellen. Lassen Sie sich davon nicht die Laune verderben, und sparen Sie deshalb besser nicht mit Mückenschutzmittel.

Feste und Festivals
Auf Sizilien startet die Open-Air-Saison mit dem Taormina Film Fest (www.taorminafilmfestival.com). Film- (und Promi-)Fans strömen in das antike griechische Theater *(siehe S. 206)* zu Premieren und Aufführungen von Klassikern. Liparis *festività* Un Mare di Cinema (www.centrostudieolie.it/un-mare-di-cinema-3) ist ein fröhliches Fest der Kunst samt Imbissständen und Aktivitäten für alle Altersgruppen. Eine Besonderheit ist die *Infiorata* in Noto. Bei diesem alljährlichen Blumenfest legen internationale Künstler in den Straßen kunstvolle Mosaikteppiche aus Blüten aus.

Kunst

Auf den sizilianischen Inseln stößt man immer wieder an unerwarteter Stelle auf Kunst im Freien. In Gibellina *(siehe S. 135)* gehört zum Museo Civico d'Arte Contemporanea (www.gibellina.siciliana.it) auch Alberto Burris *Cretto*, ein überwältigendes Denkmal für die Opfer des Erdbebens von 1968. Im unbedingt sehenswerten Naturpark Fiumara d'Arte (www.ateliersulmare.com) stehen teils riesige Installationen u. a. von Hidetoshi Nagasawa und Tano Festa. Das Zusammenspiel von Kunst und Natur an der wilden Nordküste bei Messina *(siehe S. 214–217)* ist faszinierend.

↑ *Tano Festas Denkmal für einen toten Dichter im Fiumara d'Arte*

Übernachten

Siziliens reges Nachtleben kann man an vielen Orten im Licht der Sterne entdecken: in einem Zelt am Ufer eines Sees im Parco dei Monti Nebrodi *(siehe S. 231)*, im Wohnwagen unter Olivenbäumen auf einem Campingplatz an der Riserva dello Zingaro *(siehe S. 116f)* oder in einem *rifugio* (Hütte) am Ätna *(siehe S. 210f)*.

← *Gemütlich zelten mit Blick auf den Ätna bei Sonnenuntergang*

↑ *Farbenfroh geschmückte Straße in Noto beim jährlichen Blumenfest*

Essen

Am besten macht man es den Sizilianern nach und genießt *al fresco*, z. B. einen *aperitivo* im Il Re di Girgenti *(siehe S. 147)* mit Blick auf das Valle dei Templi – oder in Palermo eine *sfincione* (dicke Pizza mit Tomaten und Sardellen) an einem der Plastiktische bei Francu U Vastiddaru (Via Vittorio Emanuele 102).

↑ *Blick von einer Restaurantterrasse auf Palermo*

Hoch in die Luft
Hoch in die Berge, abheben und über Sizilien schweben – ein Paragliderflug mit Etna Fly (www.etnafly.com) verspricht Adrenalin pur und eine tolle Aussicht. Oder man fliegt noch höher und springt aus dem Flugzeug. Möglich ist das mit einem Tandemfallschirmsprung mit Skydive Sicilia (www.skydivesicilia.it).

→

Ein Paraglider schwebt hoch über der schönen Küste von Cefalù

SIZILIEN FÜR
OUTDOOR-FANS

Ein echter Abenteuerspielplatz für Outdoor-Fans: Siziliens Landschaften bieten reichlich Gelegenheit, das Adrenalin in die Höhe zu treiben und den Puls zum Rasen zu bringen. Hier kann man an steilen Klippen klettern, über sonnenverbrannten Bergen schweben, in kühle Tiefen abtauchen …

Ab in die Tiefe
Die Gewässer um die sizilianischen Inseln sind ein Spielplatz für Taucher. Auf Fahrten mit dem Cetaria Diving Centre (www.cetariasea.com) taucht man bei Scopello in der Riserva dello Zingaro *(siehe S. 116f)* zum Wrack eines britischen Frachtschiffs aus dem Zweiten Weltkrieg. Im klaren Wasser bei Lampedusa *(siehe S. 166)* liegen römische Ruinen.

←

Blick in die Unterwasserwelt im klaren Wasser vor Lampedusa

> **Entdeckertipp**
> **Radlspaß**
>
> Entdecken Sie Sizilien auf geführten Touren mit Trekkingrad, Mountain- oder E-Bike. Alle Informationen finden Sie online (www.on-sicily.com/cycling-in-sicily).

In der Vertikalen

Wer es steil mag, ist auf Sizilien genau richtig. Zum Seil- und Freiklettern perfekt sind die zerklüfteten Klippen von San Vito Lo Capo *(siehe S. 134)*. Mit dem Meer im Rücken bezwingt man Kalkstein, Marmor und Tuff. Oder man unternimmt einen mehrtägigen Trek hinauf auf den Filo dell'Arpa, mit 610 Metern der höchste Berg auf Filicudi.

TOP 3 Radtouren auf Sizilien

Sicilia Dag 7
Die 53 Kilometer lange Rundstrecke führt von Cefalù durch mittelalterliche Städtchen am glitzernden Meer, hinauf auf 868 Meter und wieder zurück.

Ortigia-Siracusa-Loop
Die 85 Kilometer lange Route führt meist auf Asphalt durch traumhafte Landschaften, erfordert jedoch eine gewisse Fitness und Erfahrung.

Magna Via Francigena
Die 180 Kilometer lange schwere Route durch die Monti Sicani folgt einem historischen Weg und ist nichts für schwache Nerven.

→ *Beim Klettern an der rostroten Klippe bei Vito Lo Capo*

Mit gehissten Segeln

Vom Segeln zum Kitesurfen – für Wassersportler bietet Sizilien fantastische Möglichkeiten. Die starken Winde vor den Äolischen *(siehe S. 218–221)* und Ägadischen *(siehe S. 124f)* Inseln schaffen ideale Segelbedingungen, und in den Häfen stehen Liegeplätze zur Verfügung. Sail Utopia (www.sailutopia.com) organisiert Segelkurse und Törns mit Skipper und achtet dabei auf Umwelt- und Meeresschutz.

↑ *Auf Segeltörn im windverwöhnten Meer vor den Äolischen Inseln*

DAS JAHR AUF SIZILIEN

Januar

La Befana *(6. Jan)*. In Italien bringt am Dreikönigstag die Hexe Befana den Kindern Geschenke und Süßigkeiten.

△ **San Sebastiano** *(20. Jan)*. Auf ganz Sizilien finden farbenfrohe Prozessionen statt.

Februar

△ **Sant'Agata** *(3. – 5. Feb)*. Catania feiert seine Stadtheilige mit Prozessionen, Feuerwerk und feinem Essen.

Karneval *(Woche bis Faschingsdienstag)*. Sizilien feiert mit Karnevalsumzügen.

Mai

Festival degli Aquiloni *(Mitte Mai)*. Beeindruckendes Drachenfestival in San Vito Lo Capo.

△ **Infiorata di Noto** *(2. oder 3. Wochenende im Mai)*. Für das Festival in Noto werden in den Straßen kunstvolle Blumenteppiche arrangiert.

Juni

△ **Griechisches Theaterfestival in Siracusa** *(Mai – Juli)*. Griechische Tragödien unter dem Sternenhimmel in Siracusas Amphitheater.

Taormina Arte *(Juni – Sep)*. Sommerfestival in Taormina mit Musik, Tanz, Theater und Spezialitäten unter freiem Himmel.

September

△ **Couscous Festival** *(Mitte Sep)*. San Vito Lo Capo feiert das beliebte mediterrane Gericht mit Wettbewerben und Essständen.

Le Vie dei Tesori *(Sep – Nov)*. Am Tag der offenen Tür entdeckt man Paläste und Schätze, die sonst nicht öffentlich zugänglich sind.

Oktober

Sagra del Pistacchio *(Ende Sep/Anfang Okt)*. In Bronte dreht sich alles um die heimischen Pistazien.

△ **Ibla Buskers** *(Anfang Juli)*. Festival der Straßenkünstler in Ragusa.

März

Festa di San Leoluca *(1. März).* Corleone feiert seinen Heiligen mit einer Prozession im Licht von kleinen Feuern.
△ **Ballo dei Diavoli** *(März/Apr).* In Prizzi symbolisiert der »Tanz der Teufel« den Kampf zwischen Gut und Böse.

April

△ **Cannolo Festival** *(Ende Apr).* Siziliens *Cannoli*-Bäcker präsentieren sich in Palermo.
Settimana Santa *(Karwoche).* In der Karwoche finden überall auf Sizilien Prozessionen und andere religiöse Festlichkeiten statt.

Juli

△ **Santa Rosalia** *(15. Juli).* In einer Prozession werden die Reliquien der Heiligen, die Palermo von der Pest rettete, durch die Stadt getragen.
Ortigia Film Festival *(Anfang – Mitte Juli).* In Siracusa werden in einer Freiluftarena italienische und internationale Filme vorgeführt.

August

Palio dei Normanni *(12.–14. Aug).* Bei dem beeindruckenden Historienspiel in Piazza Armerina wird die 1087 erfolgte Befreiung der Stadt von den Mauren dargestellt.
△ **I Giganti** *(15. Aug).* Messina gedenkt der mythischen Gründer der Stadt mit Festzugwagen und Veranstaltungen.

November

△ **Festival di Morgana** *(Anfang Nov).* Palermos internationales Puppentheaterfestival unterhält mit traditionellen Marionetten.
Festa di San Martino *(11. Nov).* Ganz Sizilien feiert und verkostet den neuen Wein des Jahres.

Dezember

△ **Festa dell'Immacolata** *(8. Dez).* Der Beginn der Weihnachtszeit wird mit Prozessionen, heimischen Spezialitäten und Musik gefeiert.
I Presepi di Palermo *(Dez).* Palermos berühmteste Weihnachtskrippen werden in den Straßen der Stadt präsentiert.

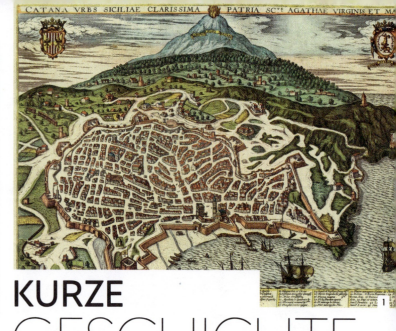

KURZE GESCHICHTE

Aufgrund seiner strategisch bedeutenden Lage im Zentrum des Mittelmeers war Sizilien schon immer ein Schmelztiegel der Kulturen und erlebte glanzvolle Zeiten unter den Griechen, Arabern und Normannen. Siziliens Kunst und Kultur zeugen von der bewegten Geschichte der Insel.

Frühe Bewohner
Spuren menschlicher Besiedlung reichen auf Sizilien bis in die Steinzeit zurück, die ersten dokumentierten Bewohner waren jedoch um 1000 v. Chr. die Elymer, Sikaner und Sikeler. Als die Griechen im 8. Jahrhundert v. Chr. die Insel erreichten, siedelten dort Sikeler, die sie schnell in ihre Kolonien integrierten, und Phönizier, die sie 480 v. Chr. von Sizilien vertrieben.

Griechische und römische Ära
Unter den Griechen erlebte Sizilien ein erstes Goldenes Zeitalter. Die großen Städte in der Ära von Magna Graecia, Catania,

1 *Alte Karte von Catania*
2 *Triumphaler Einzug der Griechen in Siracusa im Jahr 480 v. Chr.*
3 *Römisches Mosaik in Piazza Armerina*
4 *Arabische Belagerung von Messina im Jahr 1040*

Chronik

7000–650 v. Chr.
Aufstieg und Untergang der Sikeler

8. Jahrhundert v. Chr.
Griechen kolonisieren Ostsizilien, Palermo wird gegründet

480 v. Chr.
Griechen gewinnen nach der Schlacht von Himera größere Kontrolle über Sizilien

212 v. Chr.
Rom erobert Sizilien, Ende der griechischen Kultur von Magna Graecia auf der Insel

Siracusa, Gela, Agrigento, Messina, Taormina und Selinunte, bewahren bis heute Relikte aus der griechischen Zeit. Sizilien war auch ein Zentrum der Wissenschaften. Der berühmteste Mathematiker jener Epoche, der um 287 v. Chr. in Siracusa geborene Archimedes, konstruierte geniale Wurfmaschinen, mit deren Hilfe die Stadt zwei Jahre der römischen Belagerung trotzte. Mit der Eroberung Siracusas 212 v. Chr., bei der Archimedes getötet wurde, nahm Siziliens griechische Ära ihr Ende.

In den folgenden sechs Jahrhunderten war die Insel die Hauptbezugsquelle Roms für Getreide. Auf der Insel entstanden riesige Latifundien und wurden Steuern erhoben. Ab dem 3./4. Jahrhundert verbreitete sich das Christentum.

Sizilien im Mittelalter

Nach dem Untergang Roms überstand Sizilien mehrere germanische Invasionen und fiel schließlich an Byzanz (535–826). Zwischen 827 und 902 wurde die Insel von Arabern erobert. Unter deren Herrschaft stieg Sizilien wieder zu einem Zentrum des Mittelmeerhandels auf und erlebte eine wirtschaftliche, kulturelle und künstlerische Renaissance.

↑ *Eine antike griechische Kore, die auf Sizilien gefunden wurde*

300–400 n. Chr.
Das römische Sizilien wird christianisiert

476
Zerfall des Römischen Reichs

827
Araber erobern bis 902 ganz Sizilien

1091
Der normannische Adelige Roger I. erobert Sizilien nach einem 30 Jahre langen Krieg

Normannisches Königreich und Friedrich II.

Skandinavische Normannen eroberten 1091 Sizilien und christianisierten die Insel erneut. Das normannische Königreich Sizilien erlebte seine Blüte unter Friedrich II. Er amtierte von 1220 bis 1250 als Kaiser und versammelte am Hof auch einen Kreis von Dichtern. Nach seinem Tod brach die Macht der Staufer zusammen. 1268 erlitten sie gegen die Ritter Karls von Anjou eine entscheidende Niederlage.

Herrschaften bis zum vereinten Italien

Ab Anfang des 15. Jahrhunderts wurde Sizilien als aragonesische Provinz von einem Vizekönig regiert. Den Niedergang seiner Wirtschaft besiegelte die Vertreibung der Juden aus spanischen Gebieten 1492. Eine leichte Erholung bewirkte der Wiederaufbau nach dem Erdbeben von 1693. Sizilien gehörte kurz zu Savoyen und Österreich und fiel 1735 unter bourbonische Herrschaft. 1816 bildete es zusammen mit dem Königreich Neapel das Königreich beider Sizilien. Nachdem Garibaldis Truppen 1860 die Insel eingenommen hatten, wurde sie 1861 mit dem neu gegründeten Königreich Italien vereint.

Das Erdbeben von 1693

Am 9. Januar 1693 erwachte der Ätna *(siehe S. 210f)* nachts zum Leben. Zwei Tage später erschütterte ein verheerendes Erdbeben Teile Süditaliens, dabei kamen 60 000 Menschen ums Leben. Auf Sizilien machten die Erdstöße 23 Städte dem Erdboden gleich – auch Catania, Noto und Lentini, die im barocken Stil wieder aufgebaut wurden.

Chronik

1216–25
Friedrich II. wird Kaiser des Heiligen Römischen Reichs, dann König von Sizilien; der Hof zieht nach Palermo

1693
Ein Ausbruch des Ätna gefolgt von einem Erdbeben zerstört den östlichen Teil der Insel mit Noto, Catania und Lentini

1735
Karl III. von Spanien übernimmt Sizilien von Österreich

1816
Ferdinand vereint die Königreiche Neapel und Sizilien

1860
Garibaldis Rothemden erobern Sizilien; Volksabstimmung für ein vereintes Königreich Italien

Sizilien im 20. Jahrhundert

Im späten 19. Jahrhundert prägten Banditentum und Armut das ländliche Sizilien. Das 20. Jahrhundert begann mit dem Erdbeben von Messina im Jahr 1908 katastrophal. Auf Sizilien, das vom Modernisierungsprozess im restlichen Italien weitgehend ausgeschlossen war, stand das Kulturleben im Widerspruch zu Armut und Rückständigkeit, was stark zum Aufstieg der Mafia beitrug. Ab den 1980er Jahren setzten viele Gerichte alles daran, die kriminelle Organisation zu stürzen. In Palermo wurden 1987 Hunderte von Mafiosi zu 2600 Jahren Gefängnis verurteilt. 1992 wurden die Richter Giovanni Falcone und Paolo Borsellino im Abstand von wenigen Monaten ermordet.

Sizilien heute

Der Kampf gegen die Mafia, die auch dank eines veränderten öffentlichen Bewusstseins an Macht verloren hat, dauert an. 2014 brachte die Rettungsaktion Mare Nostrum 4000 Flüchtende aus Afrika und dem Nahen Osten nach Sizilien, heute erreichen täglich nordafrikanische Migranten die Insel. Die Auswirkungen dieser Migration betreffen die gesamte EU.

1 *Mosaiken aus normannischer Zeit im Dom von Monreale*

2 *Verwüstungen durch das Erdbeben von 1693*

3 *Radfahrerin im heutigen Palermo*

Schon gewusst?

Friedrich II. unterhielt einen Zoo in seinem Garten und schrieb ein Buch über die Falkenjagd.

1943 — Im Zweiten Weltkrieg befreien die Alliierten nach ihrer Landung auf Sizilien Italien von deutschen Truppen

1992 — Die Mafia ermordet die Richter Borsellino und Falcone

1908 — Ein Erdbeben mit Tsunami verwüstet Messina und tötet 100 000 Menschen

ab 2014 — Flüchtlinge aus Afrika und dem Nahen Osten auf Sizilien

2023 — Zum 80. Jahrestag der alliierten Landungen gedenkt Sizilien mit Konzerten und einem Gedenkspaziergang

Die Mafia in Sizilien

Die Mafia überschattet als brutale kriminelle Organisation seit Langem das Leben auf Sizilien. Die Existenz der »Schwarzen Hand« ist auch heute noch auf der ganzen Insel zu spüren. Allerdings lockert sich ihr eiserner Griff langsam und stetig auch dank der Maxi-Prozesse der 1980er Jahre, der politischen Willenskraft und der zunehmenden staatlichen Präsenz. Verschiedene Anti-Mafia-Initiativen tragen ebenfalls zu dauerhaften positiven Veränderungen bei.

Schon gewusst?

Der Begriff Mafia leitet sich wohl von *mahias* ab, dem arabischen Wort für Angeber.

Die Ursprünge der sizilianischen Mafia

Die Wurzeln der Mafia reichen bis in die 1860er Jahre zurück, als der Sturz der Bourbonen-Monarchie und der *risorgimento* (Italiens Vereinigung) ein Vakuum hinterließen. Das Misstrauen in die neue Regierung wuchs und die Wirtschaft verschlechterte sich. Die weltweite Nachfrage nach Zitrusfrüchten im 19. Jahrhundert half nur den reichen Großgrundbesitzern, insbesondere auf dem fruchtbaren Land um Palermo. Die Bäume waren leicht zu sabotieren, ähnlich verhielt es sich bei den Schwefelminen und Weizenfeldern. Schutzgelderpressung wurde zu einem lukrativen Geschäft der *cosa nostra*, die Land- und Minenbesitzer sahen dadurch nicht nur ihre Investitionen geschützt, sondern auch die Rebellionen der Arbeiter unterdrückt. Was die Stärke der sizilianischen Mafia ausmachte, ist die *omertà* (Mafia-Gesetz des Schweigens).

Bis zum frühen 20. Jahrhundert war die Mafia in die Politik involviert, unterstützte oder blockierte Kandidaten und kontrollierte Stimmzettel. Die Macht des Mafia-Netzwerks ging so weit, dass die US-Regierung während des Zweiten Weltkriegs den Einfluss des in Sizilien geborenen Mafioso Charles »Lucky« Luciano genutzt haben soll, um an Kontakte und Informationen zu kommen, die die Landung der Alliierten in Westsizilien erleichtern sollten. Luciano wurde im Gegenzug vorzeitig aus dem Gefängnis entlassen und richtete später einen Betäubungsmittelring ein. Diesen übernahm nach seinem Tod 1962 Luciano Leggio, der danach Chef der wachsenden Mafia-Gruppe im Dorf Corleone wurde.

TOP 3 Mafia im Film

Trilogie Der Pate (1972, 1974 und 1990)
Francis Ford Coppola drehte für jeden der drei *Der Pate*-Filme Szenen in Sizilien.

La siciliana ribelle (2010)
Die wahre Geschichte von Rita Atria, die aussagte, nachdem ihr Vater und ihr Bruder von der *cosa nostra* getötet wurden.

Shooting the Mafia (2019)
Dokumentarfilm über die Fotografin Letizia Battaglia, die die Mafia-Kriege festhielt.

Rückeroberung der Staatsmacht

In den 1980er Jahren ordnete Carabinieri-Chef General Dalla Chiesa eine Volkszählung an, die ergab, dass jede Familie in Corleone einen Verwandten in der *cosa nostra* hatte. Er war kurz davor, korrupte hochrangige Politiker zu entlarven, als er und seine Frau im September 1982 getötet wurden. Um Gerüchte über Verschleierungen zugunsten der Mafia zum Schweigen zu bringen, wurden die Maxi-Prozesse gegen *pentiti* (Büßer) geführt. Der größte davon fand im Ucciardone-Gefängnis in Palermo statt. Insgesamt wurden rund 360 Mafiosi verurteilt, doch erst 2006 gelang es der Staatsanwaltschaft, Salvatore Riina, das Oberhaupt der Corleonesi, zu Fall zu bringen.

↑ *Sorgfältige Dokumentation über die* cosa nostra *im Anti-Mafia-Museum*

Sizilien heute

Die Ermordung der Richter Giovanni Falcone und Paolo Borsellino im Jahr 1992 veranlasste den Staat zu handeln. Der Bürgermeister von Palermo, Leoluca Orlando, wurde 1990 von seiner eigenen christlich-demokratischen Partei aus dem Amt gedrängt, gründete eine unabhängige Partei und wurde 1993 wiedergewählt. Seit der Jahrtausendwende hat der Einfluss der Mafia nachgelassen, dennoch wird jedes Mal, wenn ein Mafia-Boss verhaftet wird – Bernardo Provenzano im Jahr 2006 und Matteo Messina Denaro im Jahr 2023 – in der Presse berichtet. Anti-Mafia-Unterricht ist in allen sizilianischen Schulen Standard. Corleone beherbergt heute ein Anti-Mafia-Museum (www.cidmacorleone.it).

Anti-Mafia-Bewegung

Wer einen Beitrag im Kampf gegen die Mafia leisten möchte, kauft Wein und Olivenöl mit dem Label *Libera Terra* (www.liberaterra.it). Mit diesen Produkten von staatlich konfiszierten Anbauflächen hilft man den Bauern gegen die Mafia. Addiopizzo Travel (www.addiopizzotravel.it) bietet Führungen an, die die kriminelle Organisation verantwortungsvoll und sensibel darstellen.

↑ *Die Straßen von Corleone, einst Heimat des Mafia-Chefs Luciano Leggio*

PALERMO
ERLEBEN

Piazza Pretoria mit Brunnen

Ostpalermo **64**

Westpalermo **80**

Abstecher **96**

PALERMO
AUF DER KARTE

Für diesen Reiseführer wurde die Stadt Palermo in West- und Ostpalermo gegliedert. Sehenswürdigkeiten außerhalb des Stadtzentrums finden Sie im Kapitel *Abstecher (S. 96–105)*.

DIE STADTTEILE PALERMOS

Siziliens Hauptstadt präsentiert sich grell und spannend, aber auch zurückhaltend und geheimnisvoll. Palermo bietet eine Fülle an Reichtümern und erlaubt zahllose Blicke auf die einstige aristokratische Pracht. In den dicht gedrängten Vierteln entlang der Bucht unterhalb des Monte Pellegrino liegen die wertvollsten Schätze nahe zusammen.

Ostpalermo

Seiten 64–79

Palermos internationales Flair ist besonders intensiv im hippen Viertel La Kalsa, wo die arabische Zitadelle stand. Handwerker gehen hier ihren traditionsreichen Berufen nach, auf dem Mercato della Vucciria verkaufen die Händler ihre Waren, und im Oratorio del Rosario di Santa Zita – einem Traum aus weißem Stuck und Gold – beten Gläubige den Rosenkranz. Das grüne Herz des Stadtteils bildet die Piazza Marina, Palermos größter Platz.

Entdecken
Kunstmuseen, Märkte und Handwerk

Sehenswert
Palazzo Abatellis

Genießen
Coole Streetart beim Bummel durch die Straßen

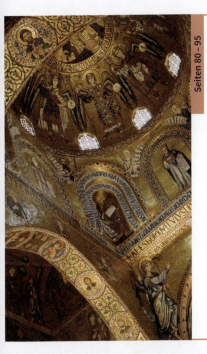

Seiten 80–95

Westpalermo

Palermos Westen ist der älteste und geschäftigste Teil der Stadt. Die Straßen, die sich am Quattro Canti kreuzen, führen zum Palazzo dei Normanni bzw. zur Cappella Palatina mit den meisterhaften byzantinischen Mosaiken. Jenseits der Piazza steht die herrliche Kathedrale. Unterhaltung auf höchstem Niveau bieten hier der Ballarò-Markt im Viertel Albergheria ebenso wie die hochklassigen Aufführungen im Teatro Massimo, Italiens größtem Opernhaus.

Entdecken
Arabisch-normannische Architektur, Oper und traditionelles Puppentheater

Sehenswert
Cattedrale di Palermo, Cappella Palatina

Genießen
Klassisches, köstliches sizilianisches Streetfood

Seiten 96–105

Abstecher

Palermo bietet auch außerhalb der Innenstadt viele Attraktionen. Wo die Vororte rund um das historische Stadtzentrum von Sommerhäusern abgelöst werden, liegt in einer Bucht zwischen zwei Bergen Mondello mit seinem breiten Sandstrand und vielen Lokalen. Weiter westlich präsentiert der Duomo di Monreale mit glitzernden Goldmosaiken und arabisch inspiriertem Kreuzgang königlichen Reichtum und göttliche Macht.

Entdecken
Strände und Kathedralen

Sehenswert
Duomo di Monreale

Genießen
Gepflegten Grusel in den Katakomben des Convento dei Cappuccini

Obst- und Gemüsestand auf dem Mercato della Vucciria (siehe S. 76)

Ostpalermo

Zwischen der Via Maqueda und dem Meer erstreckt sich Palermos arabische Altstadt, ein pittoreskes Labyrinth von schmalen Gassen. Sie umfasst das Viertel Kalsa, das die Araber in der ersten Hälfte des 10. Jahrhunderts als Sitz von Emirat, Verwaltung und Militär anlegten. Kalsa war unter den Normannen das Quartier von Matrosen und Fischern.

Das Viertel beherbergt die meisten der von den Aragoniern im späten Mittelalter und in der Renaissance errichteten Bauten. Im Zentrum liegt die Piazza Marina, die jahrhundertelang das Herz des Stadtlebens mit Sitz des aragonischen Hofs und des Inquisitionsgerichts bildete.

Die Via Maqueda führt zur Piazza Pretoria, Palermos Verwaltungszentrum. Der massive ellipsenförmige Brunnen in der Mitte des Platzes wurde über drei Ebenen angelegt, auf denen sich Treppen und Statuen im klassischen Stil abwechseln. Nördlich des Corso Vittorio Emanuele befindet sich Kalsas berühmter Mercato della Vucciria und das Hafenviertel Loggia, in dem früher Katalanen, Pisaner und Genuesen lebten.

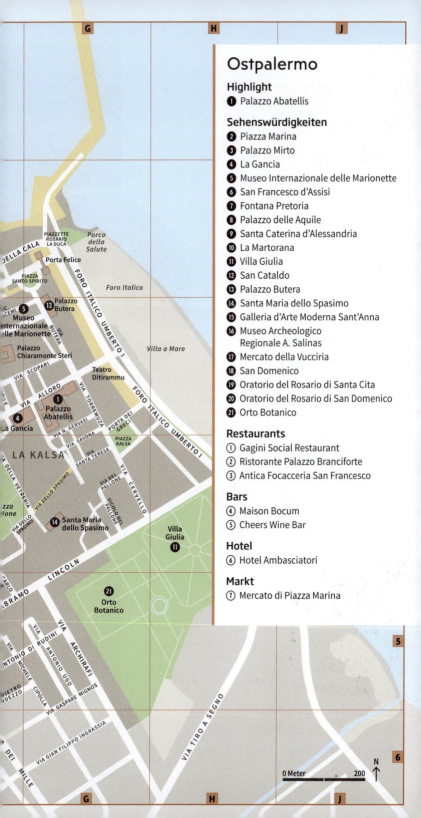

Palazzo Abatellis

G3 Via Alloro 4 +39 331 658 1788
Di–Sa 9–18:30, So, Feiertage 9–13:30
facebook.com/abatellis/

Die schlichte Fassade des Palazzo Abatellis lässt die dahinter verborgenen kulturellen Schätze nur erahnen. Hier findet man einige der imposantesten Kunstwerke aus dem Mittelalter und der Renaissance auf ganz Sizilien.

Der Bau im Stil der katalanischen Spätgotik beherbergt die Galleria Regionale della Sicilia. Das elegante Eingangstor leitet in den weiten Hof mit einem Portikus zur Rechten und einer zu den Obergeschossen aufsteigenden Treppe. Im Erdgeschoss ist eine erlesene Sammlung von Statuen Antonello Gaginis und Francesco Lauranas zu sehen, in der früheren Kapelle ein Prunkstück der Galerie: das Fresko *Triumph des Todes*. Der erste Stock präsentiert filigrane spätmittelalterliche Kruzifixe, darunter eines von Pietro Ruzzolone (16. Jh.), sowie Gemälde von Antonello da Messina. Unter den ausländischen Kunstwerken ragt das *Malvagna-Triptychon* von Jan Gossaert, genannt Mabuse, hervor.

Geschichte des Palazzo

Den Palazzo ließ Francesco Abatellis, Hafenmeister und Friedensrichter von Palermo, 1490–95 nach Plänen von Matteo Carnalivari erbauen. Da Abatellis keine Erben hinterließ, fiel der Bau nach seinem Tod an den Benediktinerorden, später an die Region Sizilien. Der Architekt Carlo Scarpa hat das 1943 ausgebombte Haus nach dem Krieg restauriert, seit 1954 ist es für Besucher zugänglich.

↑ Triumph des Todes – *Fresko im Erdgeschoss des Palasts*

> **Entdeckertipp**
> **Gargoylen**
>
> Ein bemerkenswertes Element am Palast ist eine Gruppe grotesk-figürlicher steinerner Wasserspeier. Diese als Gargoylen bekannten, oft mit fledermausähnlichen Schwingen versehenen Fantasiegestalten sind ein typisches Phänomen gotischer Architektur, auf Sizilien aber eher selten. Den besten Blick auf die Gruppe hat man von der Via Alloro.

Highlight

Schon gewusst?

Der unbekannte Maler des Freskos *Triumph des Todes* wird »Maestro del Trionfo della Morte« genannt.

↑ *Blick in den Innenhof des Palazzo; hölzernes Kruzifix (Detail) – kunsthistorischer Schatz im Inneren*

SEHENSWÜRDIGKEITEN

❷ Piazza Marina
📍 F3

Der Platz, einer der größten der Stadt, lag einst am südlichen Ende des Hafens. G. B. Basile gestaltete 1863 den Giardino Garibaldi in der Mitte der Piazza. Die von ihm gepflanzten Großblättrigen Feigen *(Ficus magnolioides)* sind die größten ihrer Art in Europa. Pfeile und Bogen, Vögel und Kaninchen zieren den gusseisernen Gartenzaun, hinter dem man auf einen Brunnen und Büsten von Risorgimento-Helden stößt, darunter auch Benedetto De Lisis Denkmal für Garibaldi.

Manfredi III. Chiaramonte ließ 1307 das prägnanteste Gebäude an der Piazza Marina erbauen, den Palazzo Chiaramonte Steri. Die mächtige Familie Chiaramonte beherrschte im Mittelalter den Großteil Siziliens. Steri leitet sich von *hosterium* für »befestigtes Gebäude« ab, und in der Tat waren in den turbulenten Jahren der Normannen- und Stauferherrschaft die meisten Patrizierhäuser befestigt. Der gotisch gestaltete Palazzo lässt arabische und normannische Einflüsse erkennen. Zwei- und dreigeteilte Lanzettfenster mit farbigen Inkrustationen zieren die strenge Fassade, ein doppelbogiger Sturz aus Hausteinen schmückt das Portal.

1392 ließen die Aragonier, Siziliens neue Herren, vor dem Palazzo Andrea Chiaramonte köpfen. Danach diente der Bau als Residenz der aragonischen Könige, später der Vizekönige, im 17. Jahrhundert als Gerichtssaal des Heiligen Offiziums (des Inquisitionsgerichts), in dem Verdächtige verhört und gefoltert wurden. Später tagte hier das Stadtgericht. Der Innenhof steht Besuchern offen. Bei Führungen können einige Innenräume besichtigt werden.

An der Ecke zur Via Vittorio Emanuele sprudelt die von Paolo Amato entworfene Fontana del Garraffo. Delfinköpfe tragen die drei Becken des Barockbrunnens.

Markt

Mercato di Piazza Marina

Auf diesem Markt – teils Antiquitäten-, teils Flohmarkt – auf der Piazza Marina findet man alles, was man sich nur wünschen kann. Das Angebot reicht von Büchern über Schmuck bis zu wahren Vintage-Schätzen.

📍 F3 🏠 Piazza Marina 🕐 Sa, So vormittags

❸ Palazzo Mirto
📍 F3 🏠 Via Merlo 2 📞 +39 091 616 7541 🕐 derzeit geschlossen

Das Adelspalais wirkt wie aus einem Bilderbuch entsprungen – und wie durch ein Wunder ist seine Origi-

↑ Mächtiger Feigenbaum im Giardino Garibaldi an der Piazza Marina

↑ Die mit viel Marmor ausgestaltete Kapelle der Kirche La Gancia

naleinrichtung erhalten. Das im 18. Jahrhundert über Vorgängerbauten aus dem 15. und 16. Jahrhundert errichtete Palais ging von der Familie De Spuches an die ebenfalls adligen Filangeri über, die es als Wohnsitz behielten, bis der letzte Erbe ihn dem Staat vermachte.

Man betritt den Hof durch ein mit dem Filangeri-Familienwappen geschmücktes Portal (18. Jh.). Von dort führt eine majestätische Marmortreppe zu den Salons des *piano nobile* im ersten Stock.

Zunächst kommt man in die mit mythologischen Malereien – ein Werk (1804) Giuseppe Velascos – verzierte Sala degli Arazzi (»Gobelinsaal«), danach in den Chinesischen Salon und in den Baldachinsaal mit seinen Fresken aus dem späten 18. Jahrhundert. Mobiliar und übriges Inventar stammen aus dem 18. und 19. Jahrhundert.

Einige Räume gehen auf den Hofgarten mit seinem pompösen, von zwei Vogelhäusern flankierten Rokoko-Brunnen.

❹
La Gancia

📍 F3 🏛 Via Alloro 27
📞 +39 091 616 5226
🕐 tägl. 9:30–12:30 (Zeiten für Besichtigungen am Nachmittag tel. erfragen)

Die Kirche von 1485 ist Santa Maria degli Angeli geweiht. Zwei Portale im Stil der spanischen Gotik ziehen den Blick auf sich. Das Langhaus besitzt keine Seitenschiffe, dafür aber 16 Seitenkapellen, einen Boden aus farbigem Marmor, eine gemusterte Holzdecke aus dem späten 16. Jahrhundert und von Giacomo Serpotta hinzu-

> 💬 Expertentipp
> **Puppenfestival**
> Versäumen Sie nicht das jedes Jahr im November stattfindende Festival di Morgana, um Puppentheater aus aller Welt zu erleben. Die schönen Vorführungen werden von Ausstellungen begleitet (www.festivaldimorgana.it).

gefügte barocke Stuckaturen. Die beeindruckende Orgel im separaten Chor am Eingang stammt aus dem späten 16. Jahrhundert. Antonio Grano fertigte 1697 die Holzgemälde mit Abbildungen der Heiligen der Franziskaner.

❺
Museo Internazionale delle Marionette

📍 FG3 🏛 Piazzetta A. Pasqualino 5 📞 +39 091 328 060 🕐 tägl. 10–18 (So, Mo, Feiertage bis 14) 🌐 museodellemarionette.it

Das Museum beherbergt eine der sehenswertesten Sammlungen von Puppen, Marionetten und Schattenspielfiguren.

Der erste Saal ist bedeutenden Puppenspielschulen wie denen von Catania, Neapel, Lüttich und Brüssel gewidmet. Der zweite Saal präsentiert Marionetten von Puppenspielern aus Alcamo, Partinico und Castellammare del Golfo sowie Bühnenbilder.

Die internationale Abteilung umfasst Schattenspielfiguren aus China, thailändische Handpuppen *(hun krabok)*, Figuren aus Vietnam, Marionetten aus Burma und Rajasthan, Wayang-Figuren aus Java sowie bewegliche Figuren aus Ozeanien und Afrika.

↑ Fein gearbeitete Puppen im Museo Internazionale delle Marionette

⓺ San Francesco d'Assisi

📍 E3 🏛 Piazza San Francesco d'Assisi ☎ +39 091 582 370 🕐 Di–Sa 7:45–12, 16–18, So, Feiertage 7:30–13, 16:30–18:30

Trotz zahlreicher Veränderungen haftet dieser Kirche noch ein mittelalterliches Flair an. Sie entstand im frühen 13. Jahrhundert zusammen mit dem Franziskanerkloster. Bald darauf, nach seiner Exkommunikation durch den Papst, ließ Friedrich II. sie zerstören. Der 1255 begonnene und 1277 vollendete Neubau bekam im 15. und vor allem 16. Jahrhundert An- und Umbauten, bei denen u. a. sein Holzdach ersetzt und das Presbyterium vergrößert wurde.

Das im Jahr 1943 bombardierte Gotteshaus wurde in seiner ursprünglichen Gestalt restauriert. Die Fassade ist schlicht mit großer Fensterrosette und gotischem Portal. Das Innere ist mit Skulpturen von Giacomo Serpotta und Antonello Gagini und anderen Kunstschätzen bestückt. Beachtung verdienen besonders das Chorgestühl beim Hochaltar (1520) sowie die Gemälde (17. Jh.) *Christi Auferstehung*, *Himmelfahrt* und der *Missionsbefehl*.

In den Seitenkapellen befinden sich Grabplatten und Sarkophage. Mit dem Portal der vierten Kapelle des linken Seitenschiffs, der Cappella Mastrantonio, schuf Francesco Laurana eines der ersten Renaissance-Kunstwerke Siziliens.

⓻ Fontana Pretoria

📍 D4 🏛 Piazza Pretoria

Der Brunnen wurde 1552–55 vom toskanischen Bildhauer Francesco Camilliani für den Garten einer florentinischen Villa gefertigt und später hierher versetzt. Mythologische Figuren, u. a. Tritonen und Sirenen, sowie Allegorien der vier Flüsse Oreto, Papireto, Gabriele und Maredolce schmücken seine auf drei Ebenen angeordneten konzentrischen Becken.

→

Barocker Innenraum und Fassade mit Renaissance-Treppe (Detail) *von Santa Caterina d'Alessandria*

Wegen der vielen nackten Skulpturen wurde er früher auch als der »Brunnen der Scham« bezeichnet.

⓼ Palazzo delle Aquile

📍 D4 🏛 Piazza Pretoria ☎ +39 091 740 1111 🕐 Mo–Sa 9–19 (So, Feiertage bis 13:30)

Der Palazzo Senatorio bzw. Palazzo Municipio wird wegen seiner vier Adlerfiguren an der Fassade und am Portal als »delle Aquile« bezeichnet. Das heutige Rathaus ist Palermos imposantestes öffentliches Gebäude. Das Original stammt aus dem 16. Jahrhundert, wurde aber im 19. Jahrhundert umgestaltet. Eine Statue von Santa Rosalia von Carlo d'Aprile (1661) befindet sich in einer Fassadennische. Das Treppenhaus mit Kassettendecke führt im Obergeschoss zu mehreren öffentlichen Räumen: Sala delle Lapidi, Sala dei Gonfaloni und Sala Rossa (Bürgermeistersaal).

←

Statuen säumen die Treppe zur Fontana Pretoria an der Piazza Pretoria

9 Santa Caterina d'Alessandria

📍 D4 🏛 Piazza Bellini
🕐 tägl. 10–18

Die Kirche der Dominikanerabtei gilt als Meisterwerk des Sizilianischen Barock. Sie entstand im 14. Jahrhundert, der heutige Bau stammt von 1580–96.

Blickfang der Fassade im Stil der Spätrenaissance sind die Doppeltreppe und die Statue der heiligen Katharina in der Mitte des Portals. Die Kuppel stammt von der Mitte des 18. Jahrhunderts. Das Innere zeigt eine herausragende Dekoration mit Marmorintarsien, Skulpturen, Stuck und Fresken. In der Kapelle rechts des Querschiffs steht eine Statue Antonello Gaginis (1534), die nochmals die heilige Katharina darstellt.

Schon gewusst?

Palermos älteste Straße, die Via Vittorio Emanuele II, wurde auf phönizischen Fundamenten angelegt.

10 La Martorana

📍 D4 🏛 Piazza Bellini 3
📞 +39 091 616 7247
🕐 Mo – Sa 9:45–13; Messe: So 11

Santa Maria dell'Ammiraglio ist auch als La Martorana, nach Eloisa della Martorana, Stifterin des nahen Benediktinerinnenklosters, bekannt. Eloisa schmückte die Kirche mit Marzipanfrüchten – heute sind die Frutti di Martorana Palermos bekannteste Näscherei.

Das Gotteshaus wurde im Jahr 1143 über dem Grundriss eines griechischen Kreuzes errichtet und im Barock vergrößert und zeigt normannische und barocke Stilelemente.

Durch den seit dem Erdbeben von 1726 kuppellosen Glockenturm betritt man den üppig mit wunderschönem Stuck und Emaille verzierten Innenraum. Im Gewölbe beeindrucken Fresken wie Olivio Sozzis *Madonna in den himmlischen Sphären* (1744). Die von der ursprünglichen Kirche erhaltenen Mosaiken (12. Jh.) zeigen in der Kuppel *Christus als Pantokrator im Kreis der Engel*, im Tambour sind *Die Propheten* und *Die vier Evangelisten* zu sehen, an den Bogen Heiligenfiguren, an den Wänden Christi Geburt, der *Auftritt im Tempel* sowie *Mariä Verkündigung*. Am faszinierendsten ist jedoch das Mosaik der Krönung von Roger II.: Es ist das einzige bekannte Porträt des Königs.

Bars

Maison Bocum

Diese gemütliche, im Stil englischer Clubs gehaltene Cocktailbar im Herzen der Altstadt serviert kreative Getränke mit Fokus auf selbst kreierten Cocktails.

📍 E3 🏛 Via dei Cassari 6 🕐 Mo 🌐 bocum.it

Cheers Wine Bar

Die Terrasse auf der Piazza Marina ist der perfekte Ort, um abends einen Drink zu genießen.

📍 F3 🏛 Piazza Marina 10
📞 +39 091 333 594
🕐 Di – So 12–15, 18–23

→ *Villa Giulia: gepflegte Gartenanlage und grüne Oase*

⓫
Villa Giulia
📍 H4 📌 Via Lincoln

Entgegen dem Namen ist die Villa Giulia kein Haus, sondern ein italienisch inspirierter Garten. Die 1778 von Nicolò Palma entworfene, 1866 erweiterte Anlage ist nach Giulia d'Avalos Guevara, der Gattin des Vizekönigs, benannt.

Dies war Palermos erster öffentlich zugänglicher Park. Von zahlreichen interessanten Skulpturen wie dem Marmorbildnis *Der Genius von Palermo* und den Statuen *Sieg der Ehre über den Neid* und *Der Überfluss vertreibt die Not* gesäumte Wege durchschneiden die quadratische Anlage. Giuseppe Damiani Almeyda schuf die vier mit Fresken im pompejischen Stil verzierten Nischen am zentralen Schnittpunkt der Wege, die einen Brunnen umgeben.

⓬
San Cataldo
📍 D4 📌 Piazza Bellini 3
📞 +39 091 271 3837
🕐 tägl. 10–18

Das Gotteshaus entstand ursprünglich als Kapelle eines Palazzo, den Majo von Bari, Großadmiral von Wilhelm I., im 12. Jahrhundert erbauen ließ.

Mit den drei roten Kuppeln, den Spitzbogenfenstern und der Zinnenverzierung hat sich die Kirche ihr bemerkenswertes arabisch-normannisches Gepräge über die Jahrhunderte hinweg bewahrt. Auch Inschriften mit Koranzitaten sind noch erkennbar. Der Innenraum ist – bis auf den gemusterten Mosaikboden – recht schmucklos. In der Mitte stützen antike Säulen maurische Bogen.

⓭
Palazzo Butera
📍 G3 📌 Via Butera 18
🕐 Di–So 10–20
🌐 palazzobutera.it

Der Palazzo Butera befindet sich in einem restaurierten Palast aus dem 18. Jahrhundert im historischen Stadtviertel Kalsa, der direkt am Meer liegt. Auf drei Etagen bietet es eine faszinierende Mischung aus antiker Kunst und zeitgenössischem Design. Im gotischen Saal sind farbige Spiegel zu sehen, die von Gegenwartskünstlern entworfen wurden. Objekte aus der beeindruckenden Kunstsammlung der Besitzer Francesca und Massimo Valsecchi werden im Wechsel gezeigt. Im Februar finden jeden Sonntag um 11 Uhr Führungen statt.

⓮
Santa Maria dello Spasimo
📍 G4 📌 Via dello Spasimo
📞 +39 091 616 6486 ♿ wg.
Renovierung geschlossen
🌐 comune.palermo.it

Mönche aus Santa Maria di Monte Oliveto gründeten im Jahr 1506 das Kloster Santa Maria dello Spasimo. Raffaels *Kreuztragung Christi* mit

↑ *Die im arabisch-normannischen Stil erbaute Kirche San Cataldo*

der trauernden Maria von 1516 war der Blickfang des Kirchenraums. Das Bild hängt mittlerweile in dem weltberühmten Prado in Madrid. Die von Klosterzellen umgebene Kirche nahm als Palermos letztes Bauwerk im katalanisch-spätgotischen Stil eine besondere Stellung ein.

1536 wurde der vor den Stadtmauern gelegene Komplex in einen Schutzwall integriert, was die Kirche wie einen Wachturm erscheinen lässt. Nach dem Aufkauf durch die Stadt im 16. Jahrhundert diente der Bau zeitweise als Lager, Armenhaus und Krankenhaus. Nach langer Zeit des Verfalls, u. a. durch Flut und Erdbeben, wurde er saniert und dient seit 1998 als Kulturzentrum und Veranstaltungssaal. In dem teils unüberdachten Inneren finden Ausstellungen und Konzerte statt.

⑮
Galleria d'Arte Moderna Sant'Anna
- 📍 E4 🏠 Via Sant'Anna 21
- 🕒 Di – So 11–17
- 🌐 gampalermo.it

Die überaus sehenswerte Sammlung im Kloster Sant'Anna (15. Jh.) präsentiert Werke der vergangenen rund 150 Jahre.

Einige der hier vertretenen Künstler aus Italien und anderen Ländern haben bereits bei der Biennale in Venedig ausgestellt.

> **Fotomotiv**
> **Streetart und Wandbilder**
>
> Palermo erlebt seit einigen Jahren eine künstlerische Aufwertung. Halten Sie deshalb Ihre Kamera jederzeit griffbereit, um an jeder Ecke der Stadt einzigartige Kunstwerke aus nächster Nähe festzuhalten.

⑯
Museo Archeologico Regionale A. Salinas
- 📍 D2 🏠 Piazza Olivella 24
- 📞 +39 091 611 6805
- 🕒 Di – Sa 9 –18 (So, Feiertage bis 13:30)

Das Archäologische Museum in einem Kloster (17. Jh.) hütet Funde aus allen Teilen der Insel. Zu den Objekten in den ehemaligen Mönchszellen zählen phönizische Sarkophage in Menschengestalt (6. – 5. Jh. v. Chr.) und die *Pietra di Palermo* (2900 v. Chr.), ein Stein mit hieroglyphischer Inschrift.

Der erste Stock zeigt punische Inschriften sowie Skulpturen, Mosaike und Fresken aus Ausgrabungen in Palermo, Soluntro und Marsala. Römische Statuen und Steintafeln stehen im Klosterhof, an dessen Ende Schätze aus den Tempeln von Selinunte zu sehen sind, u. a. ein Löwenkopf aus dem Siegestempel. Darstellungen auf den Metopen von Tempel C sind *Der Wagen des Helios*, *Perseus tötet mit Athenes*

> ### Hotel
>
> **Hotel Ambasciatori**
> Das Hotel bietet lichtdurchflutete Zimmer mit modernem oder klassischem Dekor. Die Dachterrasse ist ein wunderbarer Ort für einen *aperitivo*.
>
> 📍 E4 🏠 Via Roma 111
> 🌐 ambasciatorihotelpalermo.com
> €€€

Hilfe die Gorgo Medusa und *Herakles straft die Kerkopen*. Die Metopen von Tempel E zeigen *Herakles kämpft gegen die Amazonen*, *Hera und Zeus am Berg Ida*, *Hunde greifen Aktaion in Artemis' Beisein an* und *Athene erschlägt den Giganten Enkelados*. Derzeit ist nur der Bereich im Erdgeschoss für Besucher geöffnet.

↑ Antike Exponate im Museo Archeologico Regionale A. Salinas

Farbenfrohe Obst- und Gemüseauslagen auf dem Mercato della Vucciria

Restaurants

Gagini
In der ehemaligen Werkstatt eines Bildhauers (16. Jh.) wird Slow Food mit einem Michelin-Stern gekrönt.
- E3 Via Cassari 35
- gaginirestaurant.com

€€€

Ristorante Palazzo Branciforte
Im Museum des Palazzo sitzt man in einem modernen Raum neben alten Töpferwaren.
- D2 Via Bara all'Olivella 2
- ristorantepalazzobranciforte.it

€€€

Antica Focacceria San Francesco
Seit 1834 ist dieses Restaurant eine Institution. Hier wird feinste italienische Küche serviert.
- E3 Via Alessandro Paternostro 58
- anticafocacceria.it

€€€

17 Mercato della Vucciria
 E3 Piazza Caracciolo und angrenzende Straßen

Mit dem Gemälde *La Vucciria* hat Renato Guttuso Palermos bekanntesten Markt verewigt. Zur Namensgebung des Marktes gibt es zwei Theorien: Für die einen leitet sich *Vucciria* aus dem französischen *boucherie* für »Metzgerei« ab, die anderen übersetzen den Begriff als »Ort der lauten Stimmen«, nach den einstigen Marktschreiern. Heute offeriert der Markt außer Gemüse, Trockenobst und Eingemachtem auch Käse, Fisch, Fleisch und andere Lebensmittel.

Das Potpourri der Farben, Gerüche und Geräusche erinnert an die Basare Nordafrikas. Der Markt fasziniert vor allem bei Sonnenuntergang, wenn Tausende von Lichtern aufflammen. An Ständen können Sie sich mit Oktopus oder Innereien am Spieß stärken. Eine weitere Spezialität ist gekochte Milz, eine Zutat des Brotsnacks *ca' meusa*. Von der Piazza San Domenico erreicht man den Markt über die Via Maccheronai, in der Nudeln im Freien trocknen.

18 San Domenico
- D2 Piazza San Domenico +39 091 774 6442 Mo 17–19, Di–So 9–13, 17–19

Die Dominikanerklosterkirche hat in den vergangenen sechs Jahrhunderten viele Umbauten erlebt, besonders drastisch 1640, als Andrea Cirincione sie auf Kosten von Teilen des Kreuzgangs vergrößerte. 1724 wurde bei der Umgestaltung der Piazza San Domenico auch die Fassade erneuert. Ihr barockes Kleid wirkt durch die geschwungene Linienführung, vorspringende Säulen, Statuen, Nischen und die Zwillingsglockentürme dynamisch.

Der Innenraum zeigt den klassischen Grundriss des lateinischen Kreuzes mit zwei Seitenschiffen und niedriger halbrunder Kuppel.

Imposante Fassade und prachtvoller Innenraum (Detail) von San Domenico

Der Verzicht auf Ornamentik unterstreicht die Eleganz der Architektur. Die Kapellen, seit dem 19. Jahrhundert Grablege der berühmtesten Bürger der Stadt, sind reich dekoriert. Die Grabstätte der Familie Oneto di Sperlinga ist mit Stuckaturen und Putten an den Wänden, einer Statue des heiligen Josef und Grabmalen aus Marmor ausgestattet. Bronzefriese und Seitenvoluten zieren den Altar im Querhaus, Halbedelsteine den marmornen Hochaltar (18. Jh.).

⑲ Oratorio del Rosario di Santa Cita

📍 D2 🏛 Via Valverde 3
📞 +39 091 271 3837
🕐 tägl. 10–18

Gestiftet wurde die Kapelle im Jahr 1590 von der Rosenkranzbruderschaft. Einst war sie eines der prächtigsten Oratorien Palermos. Eine Marmortreppe führt zum Hof und weiter zur mit Marmorbüsten bestückten oberen Loggia und zum Vestibül, in dem Porträts der Superioren dieser Bruderschaft hängen. Die Kapelle ist eine barocke Meisterleistung von Giacomo Serpotta: Putten an den Voluten, den Statuen, Stuckgirlanden und -blumen zeigen die Freude am Dekor. Prachtstücke sind die Skulpturengruppe *Seeschlacht bei Lepanto* und das Altarblatt *Madonna vom Rosenkranz* (1695), ein Werk von Carlo Maratta. Statuen der Esther und der Judith schmücken seitlich die Galerie, Perlmuttintarsien die Sitzreihe an den Wänden.

⑳ Oratorio del Rosario di San Domenico

📍 E2 🏛 Via dei Bambinai
📞 +39 091-217 3837
🕐 tägl. 10–18

Ende des 16. Jahrhunderts wurde das Oratorium der Rosenkranzbruderschaft erbaut. Ihr gehörten der Maler Pietro Novelli und der Bildhauer Giacomo Serpotta an, die der eleganten Kapelle ihre originellen Stempel aufgedrückt haben.

Der schwarz-weiße Majolikaboden harmoniert mit edlen Damen, Rittern und Putten. Sie bilden den profanen Rahmen für Serpottas Statuen der christlichen Tugenden sowie die von Novelli und flämischen Malern illustrierten Rosenkranzgeheimnisse. Das Altarbild *Rosenkranzmadonna* (1628) schuf der Flame Anthonis van Dyck. Novellis *Marienkrönung* ist der zentrale Blickfang des Kuppelgewölbes.

> **Schon gewusst?**
>
> Prachtstück des Orto Botanico ist ein rund 150 Jahre alter Feigenbaum *(Ficus magnolioides)*.

㉑ Orto Botanico

📍 G5 🏛 Via Abramo Lincoln 2b 🕐 Mo–Sa 9–19 (So ab 10) 🌐 ortobotanico.unipa.it

Der Botanische Garten wurde 1785 angelegt und hat dank seines Reichtums an Pflanzenarten internationale Berühmtheit erlangt. Am Eingang befinden sich ein neoklassizistisches *gymnasion*, eine Bibliothek und Herbarien, im Zentrum ein Teich mit Seerosen und Papyrus. Treibhäuser säumen die Seiten.

Spaziergang um die Piazza Marina

Länge 1 km **Dauer** 15 Min.
Bus Vittorio Emanuele – Fontana del Garraffo

Die Piazza Marina, Hauptplatz des alten Palermo, liegt am Rand des Viertels Kalsa. Ab dem Mittelalter fanden hier Ritterturniere, Märkte, öffentliche Hinrichtungen und Theatervorführungen statt. Bei königlichen Hochzeiten, etwa bei der Heirat von Karl II. und Maria Luise 1680, wurden in eigens für diesen Anlass erbauten hölzernen Theatern prunkvolle Vorstellungen gegeben. Repräsentative Palazzi säumen die unregelmäßigen Seiten der Piazza Marina. In der Mitte spenden im Giardino Garibaldi gewaltige Feigenbäume willkommenen Schatten.

Eine breite Treppe führt zum dreibogigen Portal von **Santa Maria della Catena**.

Piazza Marina *(siehe S. 70)* ist einer der größten Plätze Palermos. Das frühere Hafenareal wurde einst dem Meer abgerungen und trockengelegt.

Schon gewusst?

Der Name des Viertels Kalsa wurde von dem arabischen Wort *khalis* (»auserwählt«) abgeleitet.

↑ *Kunstgenuss im Palazzo Abatellis*

Santa Maria dei Miracoli

↑ Die monumentale Porta Felice
am Eingang zum Viertel Kalsa

Zur Orientierung
Siehe Karte S. 66f

Porta Felice

Das **Museo Internazionale delle Marionette** *(siehe S. 71)* zeigt über 2000 indonesische und sizilianische Marionetten.

Der **Palazzo Chiaramonte-Steri** war Sitz von Manfredi III. Chiaramonte, einem der mächtigsten Feudalherren Siziliens.

Der ab 1490 erbaute **Palazzo Abatellis** *(siehe S. 68f)* beherbergt die Galleria Regionale di Sicilia.

Die Kirche **La Gancia** *(siehe S. 71)* wurde 1490 im Stil der katalanischen Spätgotik als Teil des Franziskanerklosters errichtet.

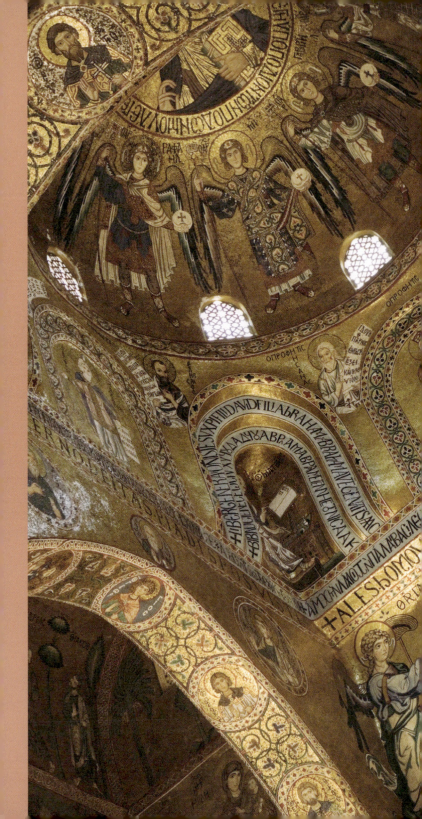

Blick in die Kuppel der Cappella Palatina (siehe S. 86f)

Westpalermo

Die Viertel südlich der Via Roma bedecken die Hänge, an denen sich die ursprünglich phönizische, unter den Römern erweiterte Siedlung ausbreitete. Im 11. Jahrhundert bauten die Araber am Standort des heutigen Palazzo dei Normanni eine Burg. Daher setzte sich der arabische Begriff *Al Qasar*, »die Burg«, als Name für das Viertel und die zur Burg führende Straße durch. Letztere heißt heute Via Vittorio Emanuele und wird im Volksmund »Cassaro« genannt.

In der Gegend stehen viele Profan- und Sakralbauten, darunter die Kathedrale und die Cappella Palatina. Im Viertel Albergheria zwischen Palazzo dei Normanni und Via Maqueda waren im Mittelalter die Händler und Handwerker ansässig. Von ihrem Wohlstand zeugen heute die Oratorien mittelalterlicher Bruderschaften.

In der ersten Hälfte des 20. Jahrhunderts wurden Teile Westpalermos Opfer von Abrissarbeiten, im Jahr 1943 von Luftangriffen. Für Leben sorgt täglich der Mercato di Ballarò. Er ist zwar nicht so bekannt, dafür aber authentischer als der Vucciria-Markt.

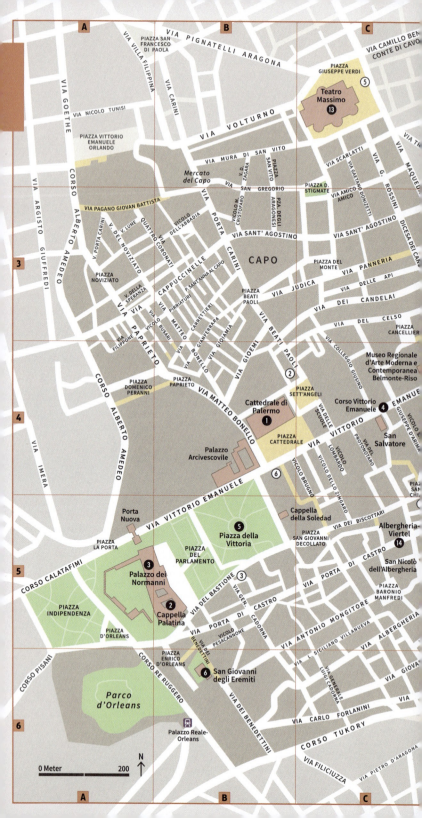

Westpalermo

Highlights
1. Cattedrale di Palermo
2. Cappella Palatina

Sehenswürdigkeiten
3. Palazzo dei Normanni
4. Corso Vittorio Emanuele
5. Piazza della Vittoria
6. San Giovanni degli Eremiti
7. San Giuseppe dei Teatini
8. Museo Regionale d'Arte Moderna e Contemporanea Belmonte-Riso
9. Chiesa del Gesù und Casa Professa
10. Quattro Canti
11. Sant'Orsola
12. Chiesa del Carmine
13. Teatro Massimo
14. Alberghiera-Viertel

Restaurants
1. Moltivolti
2. La Galleria
3. Ai Normanni

Bars
4. Pasticceria Costa
5. Bistrò del Teatro
6. Bar Marocco

Buchladen
7. La Stanza di Carta

Schon gewusst?

In den Boden vor dem Altarraum ist eine Sonnenuhr aus Messing eingelassen.

Reicher Skulpturenschmuck ziert die Cattedrale di Palermo ↑

Cattedrale di Palermo

📍 B4 🏠 Via Vittorio Emanuele 📞 +39 091 334 373
🕐 Mo – Sa 7 –19 (So ab 8) 🚫 während Gottesdiensten
🌐 cattedrale.palermo.it

Die an der Stelle einiger Vorgängerbauten errichtete Kathedrale von Palermo zählt zu den architektonischen Wahrzeichen der sizilianischen Metropole und ist ein Meisterwerk normannischer Baukunst.

An der Stelle der heutigen Kathedrale von Palermo stand zunächst eine frühchristliche Basilika, dann eine Moschee. Wegen der vielen Umbauten ist vom Ursprungsbau (1185) äußerst wenig erhalten. Ende des 18. Jahrhunderts wurde das Langhaus erweitert und die Mittelkuppel aufgesetzt. Vom normannischen Bau zeugen unterhalb der kleinen, mit Majolikafliesen verzierten Kuppeln die gebogenen Zinnenfriese an den Wänden sowie an den Außenmauern der Apsiden die Kreuzbogenfriese und kleinen Säulen. Durch ihre Stilmixtur gleicht die rechte Seite einer in Stein gehauenen Stadtchronik. Gegenüber der Fassade, auf der anderen Straßenseite, ragt der mittelalterliche Glockenturm auf. Die byzantinische Krone von Konstanze von Aragón wird hier aufbewahrt.

Highlight

Innenraum der Kathedrale

Im 18. Jahrhundert erhielt das Innere ein klassizistisches Aussehen. Von den vielen Kapellen sind drei besonders interessant: die Cappella di Santa Rosalia und die zwei ersten auf der rechten Seite des Langhauses. Hier ruhen in Sarkophagen Kaiser Friedrich II. und dessen Vater Heinrich VI.

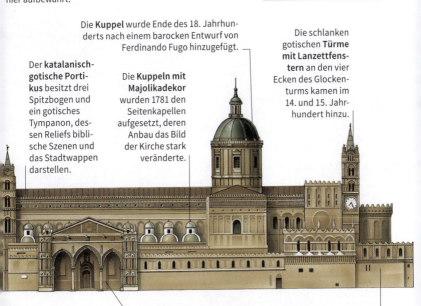

Die **Kuppel** wurde Ende des 18. Jahrhunderts nach einem barocken Entwurf von Ferdinando Fugo hinzugefügt.

Der **katalanisch-gotische Portikus** besitzt drei Spitzbogen und ein gotisches Tympanon, dessen Reliefs biblische Szenen und das Stadtwappen darstellen.

Die **Kuppeln mit Majolikadekor** wurden 1781 den Seitenkapellen aufgesetzt, deren Anbau das Bild der Kirche stark veränderte.

Die schlanken gotischen **Türme mit Lanzettfenstern** an den vier Ecken des Glockenturms kamen im 14. und 15. Jahrhundert hinzu.

Das **Portal** (15. Jh.) besitzt eine aufwendig geschnitzte zweiflügelige Holztür und darüber ein Madonnenmosaik.

Die **Fassaden der Apsiden** sind mit Kreuzbogenfriesen verziert.

↑ *Illustration der wiederholt umgestalteten Kathedrale von Palermo*

Cappella Palatina

B5 **Piazza del Parlamento** **+39 091 705 5611**
Mo – Sa 8:30–16:30 (So, Feiertage bis 12:30)
1. Jan, 25. Dez **federicosecondo.org**

Die im zweiten der drei Stockwerke des Palazzo dei Normanni *(siehe S. 88)* untergebrachte Cappella Palatina soll in Bezug auf die Pracht der Ausstattung nur von der Sixtinischen Kapelle im Vatikan übertroffen werden.

Die im Jahr 1130 von Roger II. gestiftete Cappella Palatina hat die Struktur einer Basilika mit zwei Seitenschiffen und drei Apsiden. Granitsäulen gliedern das Langhaus. Das Mosaikdekor ist ein Juwel der arabisch-normannischen Kunst. Fast jeden Quadratzentimeter der Wände bedecken detailgenau gestaltete Mosaiken. Zu sehen sind biblische Episoden, in der Kuppel der von Engeln umringte Pantokrator. Aus den Kuppelnischen blicken die vier Evangelisten, von den Bogen Könige und Propheten. In der mittleren Apsis segnet Christus die Gläubigen. An den Wänden des Querhauses sind Szenen aus den Evangelien zu sehen. Weitere Glanzlichter sind die Holzdecke, ein Meisterwerk islamischer Kunst, sowie Marmorkanzel und -kandelaber. Die Harmonie und Perfektion der Details machen die Kapelle zu einem einzigartigen Gesamtkunstwerk.

> **Das Mosaikdekor ist ein Juwel der arabisch-normannischen Kunst. Fast jeden Quadratzentimeter der Wände bedecken detailgenau gestaltete Mosaiken.**

Schon gewusst?

Die Kapelle hatte einst 50 Fenster, sodass die komplexen Mosaiken viel Tageslicht bekamen.

Die **Decke** über dem mittleren Abschnitt des Langhauses besteht aus geschnitzten Kassetten.

Die Rückenlehne des **Königsthrons** ist in Quadrate unterteilt, die das aragonische Wappen tragen.

Den **Eingang** bildet ein Portal aus dem 19. Jahrhundert mit einer zweiflügeligen Holztür.

↑ *Im Garten des Palazzo dei Normanni spenden u. a. Palmen Schatten*

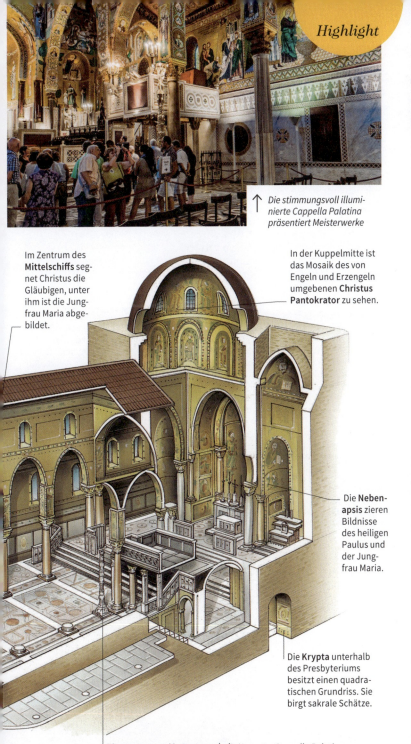

Die stimmungsvoll illuminierte Cappella Palatina präsentiert Meisterwerke

Im Zentrum des **Mittelschiffs** segnet Christus die Gläubigen, unter ihm ist die Jungfrau Maria abgebildet.

In der Kuppelmitte ist das Mosaik des von Engeln und Erzengeln umgebenen **Christus Pantokrator** zu sehen.

Die **Nebenapsis** zieren Bildnisse des heiligen Paulus und der Jungfrau Maria.

Die **Krypta** unterhalb des Presbyteriums besitzt einen quadratischen Grundriss. Sie birgt sakrale Schätze.

Dieser ganz aus Marmor gearbeitete **Kandelaber** ist Siziliens ältestes romanisches Kunstwerk (12. Jh.).

Cappella Palatina – Kapelle der normannischen Könige auf Sizilien

SEHENSWÜRDIGKEITEN

❸
Palazzo dei Normanni
📍 A5 🏛 Piazza Indipendenza 🕐 Mo – Sa 8:30 –16:30, So, Feiertage 8:30 –12:30 🌐 federicosecondo.org

Der Palazzo wurde von den Arabern im 11. Jahrhundert über den Ruinen einer römischen Festung erbaut und im 12. Jahrhundert zur Residenz von König Roger II. vergrößert. Arabische Architekten und Handwerker errichteten die Türme und Pavillons. Aus der normannischen Ära ist nur wenig erhalten, u. a. weil der Palast verlassen wurde, als Friedrich II. seinen Hof in Palermo aufgab. Die spanischen Vizekönige wiederum bevorzugten den moderneren Palazzo Steri. Sein heutiges Aussehen verdankt der Palazzo, nun Sitz des sizilianischen Regionalparlaments, mehreren Umbauten im 16. und 17. Jahrhundert.

Vom Eingang an der Piazza del Parlamento führt ein kurzer Aufstieg zum Maqueda-Hof (1600), der an drei Seiten von Arkaden umrahmt wird. Von dort geht man die Treppe zum ersten Stock und zur Cappella Palatina *(siehe S. 86f)*, einem der wenigen normannischen Relikte, hoch. Die nur in Begleitung von Führern zu besichtigenden ehemaligen königlichen Gemächer befinden sich im zweiten Stock. Sehenswert ist die Sala di Re Ruggero, der König-Roger-Saal. Mosaiken (12. Jh.) bedecken Wände und Bogen. Die Pflanzen- und Tiermotive – Kentauren, Leoparden, Löwen, Pfauen – wirken, als seien sie persisch inspiriert. Geometrische Muster sowie mit Eulen, Hirschen, Kentauren und Löwen ornamentierte Medaillons zieren das Gewölbe. Der Chinesische Saal mit Fresken von Giovanni und Salvatore Patricolo und die Sala Gialla mit Malereien im Gewölbe schließen die Tour ab.

❹
Corso Vittorio Emanuele
📍 C4

Die Hauptstraße im Herzen von Palermo ist eine der ältesten Straßen der Stadt. Sie folgt der phönizischen Straße, die einst die antike Stadt und den Hafen verband. Ihr Rufname »Cassaro« stammt vom arabischen *Al Qasar* ab, der »Burg«, auf die die Straße zulief. Im Mittelalter war der Cassaro der wichtigste Verkehrsweg der Stadt, im 16. Jahrhundert putzte sich die unter den Spaniern Via Toledo genannte Straße fein heraus. Sie wurde in Richtung Küste verlängert und mit zwei Stadttoren versehen, der Porta Felice im Norden und der Porta Nuova im Süden nahe dem Palazzo dei Normanni.

Mehrere schöne Patrizierhäuser säumen den Abschnitt zwischen der Porta Nuova und den Quattro Canti. An der Westseite stechen hervor: das Krankenhaus San Giacomo (heute eine Kaserne), das barocke Collegio Massimo dei Gesuiti (nun Regionalbibliothek), der barocke, später im Stil des Rokoko umgestaltete Palazzo Geraci, Palazzo Risi und Palazzo Tarallo della Miraglia (18. Jh.; nun Hotel Centrale). An der Ostseite stehen zwei Kirchen: San

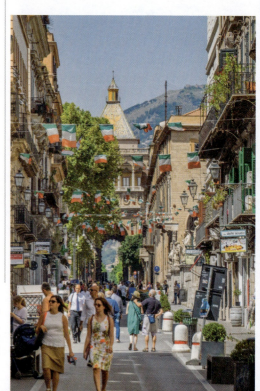

Corso Vittorio Emanuele – eine der Prachtstraßen von Siziliens Hauptstadt

Entdeckertipp
»Geheimraum«

Die Camera delle Meraviglie (Via Porta di Castro 239) südlich der Piazza della Vittoria wurde beim Ausbau einer Wohnung freigelegt. Den Raum zieren goldene und silberne arabische Inschriften.

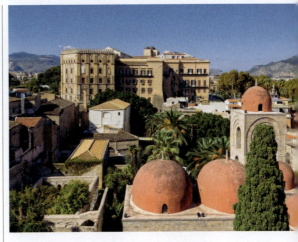

↑ Die roten Kuppeln von San Giovanni degli Eremiti sind ein Blickfang in der Silhouette von Palermo

Salvatore, ein Barockbau mit elliptischem Grundriss, und San Giuseppe dei Teatini. Jenseits des Vicolo Castelbuono umrahmen Barockbauten die Piazza Bologna.

5
Piazza della Vittoria
B5

Der Platz wird ganz vom Garten der Villa Bonanno eingenommen. In der Mitte sprudelt der zu Ehren von Philipp V. aufgestellte Brunnen Teatro Marmoreo. Statuen symbolisieren die Kontinente, die zum Teil Philipps Herrschaftsgebiet angehörten. Archäologen haben hier römische Villen und Mosaiken ausgegraben, die Funde sind im Museo Archeologico Regionale *(siehe S. 75)* und im Pavillon Sala dell'Orfeo ausgestellt.

Auf den Park blicken Palazzi und Kirchen, so die barocke, mit Marmor und Stuck dekorierte Cappella della Soledad und das frühere Krankenhaus San Giacomo, in dem heute die Bonsignore-Kaserne, mit der normannischen Kirche Santa Maria Maddalena untergebracht ist.

6
San Giovanni degli Eremiti
B6 **Via dei Benedettini 18** **+39 091 651 5019**
Mo – Sa 9 –18:30 (So, Feiertage bis 13)

König Roger II. ließ die Kirche 1132 von arabischen und normannischen Handwerkern über einem 581 erbauten Benediktinerkloster errichten. Das Werk beeindruckt mit roten Kuppeln und kubischen Formen.

Prächtige Zitronenbäume, Rosen und Jasmin gedeihen in der Gartenanlage, die zu den Resten des Klosters führt, einem idyllischen Kreuzgang mit Zwillingssäulen und Spitzbogen.

Die Kirche ist kreuzförmig angelegt. Drei Apsiden bilden das Presbyterium am Ende des Langhauses. Über der rechten Apsis erhebt sich eine der roten Kuppeln, über der linken ein Glockenturm mit einer kleinen Kuppel.

Figur im Brunnen Teatro Marmoreo an der Piazza della Vittoria

Bars

Die historischen Bars von Palermo sind nach wie vor beliebte Treffpunkte. Bewundern Sie die Fresken an den Wänden der Pasticceria Costa, trinken Sie im Bistrò del Teatro einen Kaffee mit Blick auf einen palmenbestandenen Garten, oder besuchen Sie die zeitlose Bar Marocco, in der sich seit 1936 kaum etwas geändert hat.

Pasticceria Costa
D3 **Via Maqueda 174** **pasticceriacosta.com**

Bistrò del Teatro
C2 **Piazza G. Verdi** **teatromassimo.it**

Bar Marocco
B4 **Via Vittorio Emanuele 494** **+39 091 651 19 04**

↑ *Innenraum von San Giuseppe dei Teatini mit Marmorsäulen und Deckenfresken*

❼ San Giuseppe dei Teatini

📍 D4 🏛 Piazza Pretoria
📞 +39 091331 239
🕐 Do – Di 9 –13, Mi 11 –13:30

Der Theatinerorden scheute bei der Errichtung der Kirche (1612 – 45) keine Kosten. Trotz der klassizistischen Fassadengestaltung (1844) verströmt sie barockes Flair. Es strahlt von der mit Majolikafliesen bedeckten Kuppel aus, um sich innen zu verdichten: Mächtige monolithische Marmorsäulen flankieren das dreischiffige Langhaus, Fresken überziehen die Gewölbe, bunter Marmor die Wände. Fresken und Stuckaturen schmücken auch die Seitenkapellen, Halbedelsteine den Hochaltar.

❽ Museo Regionale d'Arte Moderna e Contemporanea Belmonte-Riso

📍 C4 🏛 Corso Vittorio Emanuele 365 🕐 Di – Sa 9 –18:30, So, Feiertage 9 –13
🌐 museoarte contemporanea.it

Der sorgfältig restaurierte Palazzo gegenüber der Piazza Bologni wurde 1784 von Venanzio Marvuglia, einem der bekanntesten Architekten seiner Zeit, errichtet. Seit 2008 ist hier das Museum für zeitgenössische Kunst mit Buchladen, Café und Multimedia-Raum untergebracht. Bei einem Rundgang durch die vielfältige Sammlung lassen sich das gesamte Gebäude sowie seine alten Höfe entdecken.

Unter den zahlreichen Werken vorwiegend zeitgenössischer italienischer Künstler finden sich Arbeiten von Pietro Consagra, Andrea Di Marco, Alessandro Bazan und Carla Accardi. Außerdem sind internationale Künstler wie Christian Boltanski und Richard Long vertreten. Das Museum bietet viele Veranstaltungen sowie Workshops und Kurse für Familien an.

❾ Chiesa del Gesù und Casa Professa

📍 D4 🏛 Piazza Casa Professa 📞 +39 091 332 213
🕐 Museum: Mo – Sa 9:30 – 18:30

Einen exzessiveren barocken Überschwang als in dieser Jesuitenkirche findet man in Palermo schwerlich. Die Fassade (spätes 16. Jh.) diente als Kulisse im Film *Il*

> **Fotomotiv**
> **Historisches Zentrum**
>
> Lassen Sie sich durch das Gassengewirr treiben, und achten Sie auch auf Nebensächlichkeiten – etwa die Leinen voller Wäsche zwischen den Hauswänden enger Gassen.

→ *Vier konkave Fassaden geben dem Platz Quattro Canti seinen Namen und seinen Reiz*

Einen exzessiveren barocken Überschwang als in der Chiesa del Gesù findet man in Palermo schwerlich.

Gattopardo (*Der Leopard*). An der Innendekoration wurde von 1597 bis zur Vertreibung der Jesuiten 1860 gearbeitet. Marmorinkrustationen in einer Überfülle von Formen und Farben überziehen Wände, Säulen und Boden. Mit ihnen harmonieren die Stuckaturen von Giacomo Serpotta, die Schein-Flachreliefsäulen und weitere Schmuckelemente. Die Kanzel in der Mitte des Langhauses ist eine Arbeit der Genueser Schule (1646).

Rechts von der Kirche befindet sich der westliche Teil der Casa Professa mit einem Kreuzgang aus dem 18. Jahrhundert. Über den Hof ist der Zugang zur Stadtbibliothek ermöglicht.

❿ Quattro Canti
 D4 Piazza Vigliena

An der Kreuzung des Corso Vittorio Emanuele mit der Via Maqueda liegt der wohl schönste Platz Palermos. Der Quattro Canti entstand, als Palermo 1600 in vier Stadtteile, die *mandamenti*, unterteilt wurde: Kalsa im Südosten, Albergheria im Südwesten, Capo im Nordwesten sowie Castellammare oder Loggia im Nordosten. Durch die konkaven Fassaden der vier Bauten an den *quattro canti*, den »vier Ecken«, erscheint der Platz gerundet.

Die Eckbauten sind mit vorgesetzten dorischen, korinthischen und ionischen Säulen versehen. Jede Fassade ist mit einem bis zum zweiten Stock reichenden Brunnen sowie mit Statuen der Schutzheiligen der *mandamenti*, den Jahreszeiten und spanischen Königen dekoriert.

Buchladen

La Stanza di Carta

In den hoch aufragenden Holzregalen und versteckten Ecken dieser kleinen, gut sortierten Buchhandlung finden sich viele Neuerscheinungen und bewährte Werke. Der Besitzer von La Stanza di Carta (»die Papierstube«) ist ein Buchhändler mit Herzblut. Dementsprechend finden Sie in dieser wunderschönen Umgebung auch Bücher, nach denen Sie nicht einmal gesucht haben.

 D4 Via Giuseppe D'Alessi 1 +39 338 399 1915 Mo – Sa 10 – 13:30, 16:30 – 20

⓫ Sant'Orsola

📍 D5 🏠 Via Maqueda 102
📞 +39 091 616 2321 🕐 Mo–Fr 7:30–11, So 9:30–11

Diese Kirche entstand im 17. Jahrhundert im Auftrag des Ursulinenordens, der – wegen der schwarzen Tracht, die die Nonnen bei Prozessionen trugen – »Dei Negri« genannt wurde.

Die Fassade der Spätrenaissance zeigt Figuren von Seelen im Fegefeuer und Engel, der Architrav drei Schädel. Innen empfängt ein Barockraum mit halbrunden Kapellen, die durch Galerien verbunden sind. Das Fresko *Lobpreisung der heiligen Ursula* sowie zwei Medaillons mit Sinnbildern des Glaubens und der Wohltätigkeit zieren das Langhausgewölbe.

Die zweite Kapelle rechts birgt Pietro Novellis Gemälde *Das Martyrium der heiligen Ursula* und Fresken mit Szenen aus dem Leben der Heiligen, die Sakristei Novellis *Muttergottes mit dem Heiland*. Von dort gelangt man ins Oratorio di Sant'Orsola, das mit Gemälden und Stuckaturen aus dem 17. Jahrhundert geschmückt ist.

⓬ Chiesa del Carmine

📍 D5 🏠 Piazza del Carmine 📞 +39 091 651 2018
🕐 Mo–Sa 8:45–10:45

Die Kirche des Karmeliterordens aus dem 17. Jahrhundert liegt beträchtlich höher als der nahe gelegene Mercato di Ballarò. Vier große Atlanten stützen ihre mit bunten Majolikafliesen verkleidete Kuppel. Innen dominiert der prächtige Altar. Er ruht auf paarigen Spiralsäulen, deren Stuck – ein großartiges Werk von Giuseppe und Giacomo Serpotta (1683) – Szenen aus dem Leben von Maria wiedergibt.

Sehenswert ist auch das ausdrucksstarke Gemälde *Vision des Sant'Andrea Corsini* des italienischen Malers Pietro Novelli.

> **Schon gewusst?**
>
> Rund fünf Millionen Menschen auf Sizilien und in anderen Teilen Süditaliens sprechen Sizilianisch.

⓭ Teatro Massimo

📍 C2 🏠 Piazza Giuseppe Verdi 🕐 für Führungen: tägl. 9:30–17:30 🚫 bei Proben 🌐 teatromassimo.it

Das Teatro Massimo hat sich als Wahrzeichen von Palermos Neugeburt etabliert. Das Opernhaus mit 7700 Quadratmeter Fläche wurde im Jahr 1864 von Giovanni Battista Filippo Basile entworfen und 1897 vollendet. Ihm mussten die Stadtmauern der Porta Maqueda, das aragonische Viertel, der Konvent San Giuliano und die Chiesa delle Stimmate di San Francesco mitsamt Kloster weichen.

Das Vittorio Emanuele II gewidmete Theater ist das größte Opernhaus Italiens und eines der größten Europas. Die neoklassizistische Fassade ist von den griechischen Tempeln in Selinunte und Agrigento inspiriert. Den monumentalen Eingang zieren korinthische Säulen, den Innenraum fünf Logenreihen sowie ein Deckenfresko von Ettore Maria Bergler und Rocco Lentini.

Gruppen ab zehn Personen können an der Cocktail-Tour teilnehmen, einer speziellen Theaterführung, bei der man in der Königsloge einen Cocktail einnimmt.

↑ *Mercato di Ballarò – bunter Markt in Palermos Albergheria-Viertel*

14
Albergheria-Viertel
📍 C5

Reich an Historie, ist Albergheria ein schon merklich in die Jahre gekommenes, aber auch sehr stimmungsvolles Altstadtviertel. Highlight ist der Mercato di Ballarò mit seiner vibrierenden Atmosphäre, seinen Farben und Gerüchen. Hier kann man typisch sizilianische Produkte probieren und erwerben. Die Einheimischen decken sich mit Gemüse, Fleisch, Fisch und auch vielen Haushaltswaren ein. Der Besuch des Markts wäre jedoch nicht vollständig ohne die köstlichen *panelle* (Pfannkuchen aus Kichererbsenmehl), die in einem exzellent gewürzten Brot serviert werden. Ganz in der Nähe des Markts steht die Torre San Nicolò dell'Albergheria aus dem 14. Jahrhundert. Von oben hat man einen fantastischen Rundumblick über das Häusermeer von Palermo.

Restaurants

Moltivolti
Bar, Restaurant und Co-Working-Space zugleich, verbindet das Moltivolti (ital. »viele Gesichter«) Industriedesign mit einladender Atmosphäre und abwechslungsreicher Speisekarte.

📍 C5 🏠 Via G.M. Puglia 21 🌐 moltivolti.org

€€€

La Galleria
Die rustikale, versteckt in einer ruhigen, schmalen Gasse liegende Trattoria serviert sizilianische Meeresfrüchte, Pasta und Fleisch.

📍 B4 🏠 Salita Artale 3 🌐 +39 091 251 5037

€€€

Ai Normanni
Genießen Sie innovative Gerichte wie Spaghetti mit Trüffeln, Garnelen und Seeigeln.

📍 B5 🏠 Piazza della Vittoria 25 🌐 ainormanni.com

€€€

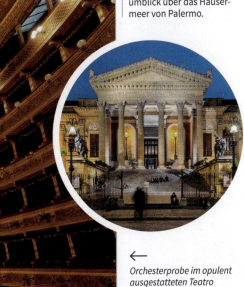

← *Orchesterprobe im opulent ausgestatteten Teatro Massimo und neoklassizistische Fassade (Detail)*

Spaziergang um die Piazza della Vittoria

Länge 1 km **Dauer** 15 Min. **Bus** Re Ruggero

Die Piazza della Vittoria gegenüber dem Palazzo dei Normanni zählt zu den stattlichsten Plätzen Palermos. Seit den Zeiten des römischen *castrum superius* (Militärlager), des arabischen Alkazars und des normannischen Palasts schlug hier Siziliens politisches Herz. Als im 12. Jahrhundert die Kathedrale hinzukam, gewann der Platz auch religiös an Prestige. Im 17. und 18. Jahrhundert war er Schauplatz staatlicher Feierlichkeiten. Erst Anfang des 20. Jahrhunderts verwandelte man ihn in einen Park. Imposante Bauten wie Palazzo Sclafani, Palazzo Arcivescovile und Porta Nuova säumen ihn.

Das ehemalige Krankenhaus San Giacomo

Die **Porta Nuova** wurde 1583 zum Gedenken an einen Besuch Karls V. in Palermo 1535 erbaut.

Im **Palazzo dei Normanni** *(siehe S. 88)* hatten seit alters die Stadtregenten ihre Residenz. Das Äußere lässt noch Spuren der ursprünglichen arabisch-normannischen Architektur erkennen.

Highlight der 1130 vom Normannenkönig Roger II. gestifteten **Cappella Palatina** *(siehe S. 86f)* ist ihr grandioser Mosaikenzyklus.

START

Das **Denkmal für Philipp V.** auf der Piazza della Vittoria wurde 1662 aus Marmor errichtet.

San Giovanni degli Eremiti *(siehe S. 89)* zählt auch wegen der arabisch-normannischen Architektur zu Palermos wichtigsten Baudenkmälern.

↑ *Treppe zum Kreuzgang des Palazzo dei Normanni*

Die **Cattedrale di Palermo** *(siehe S. 84f)* zeigt einen bemerkenswerten Stilmix.

Zur Orientierung
Siehe Karte S. 82f

Palazzo Arcivescovile und **Museo Diocesano**

Villa Bonanno – idyllischer Park auf der Piazza della Vittoria

Der **Palazzo Sclafani** (14. Jh.) zählt zu den ältesten Bauwerken der Stadt.

Die **Piazza della Vittoria** *(siehe S. 88)* prägen mit Palmen bestandene Grünanlagen.

→ *Von Palmen gesäumter Weg der Grünanlage Villa Bonanno*

Abstecher

Ende des 18. Jahrhunderts wurden die alten Schutzwälle aus dem 16. Jahrhundert geschleift, doch erst nach der Einigung Italiens wuchs Palermo im Westen über die Stadtmauern hinaus. Neue Straßen wurden gebaut, alte Viertel abgerissen. Der Stadtkern verlagerte sich Richtung Piazza Verdi und Piazza Castelnuovo, wo das Teatro Massimo und das Teatro Politeama Garibaldi erbaut wurden. Der Expansion fielen bis auf wenige Ausnahmen, darunter das Castello della Zisa, die arabisch-normannischen Gärten zum Opfer, die als eindrucksvolle Erholungs- und Jagdreviere gedient hatten. Es entstand »Groß-Palermo«, das Mondello und die Kathedrale von Monreale einschließt.

Highlight
1. Kathedrale von Monreale

Sehenswürdigkeiten
2. Casina Cinese
3. Parco della Favorita
4. Mondello
5. Museo Etnografico Pitrè
6. Catacombe dei Cappuccini
7. Santo Spirito
8. La Cuba
9. Teatro Politeama Garibaldi
10. Castello della Zisa
11. San Giovanni dei Lebbrosi
12. Ponte dell'Ammiraglio

Kathedrale von Monreale

📍 Piazza Guglielmo II 1 ☎ +39 091 640 4413 🚌 389 ab Piazza Indipendenza 🕐 Mo – Sa 9 –13, 14 –17, So, Feiertage 14 –17:15 (letzter Einlass jeweils 15 Min. vorher) 🌐 monrealeduomo.it

Der hoch über der Conca d'Oro thronende Dom gilt als Juwel der arabisch-normannischen Kunst. Im Kontrast zur streng wirkenden Fassade steht der reich ausgestaltete Innenraum, zu dessen Kunstschätzen ein kunsthistorisch bedeutender Mosaikenzyklus gehört.

Wilhelm II. gab den Bau 1172 in Auftrag, er stiftete auch das benachbarte Benediktinerkloster. Der Innenraum glänzt mit Goldmosaiken sizilianischer und byzantinischer Künstler. Den Kreuzgang umrahmen 228 marmorne Zwillingssäulen. Ihre skulptierten Kapitelle sind mit biblischen, die arabischen Spitzbogen darüber mit geometrischen Motiven verziert. Der Dom dient auch als königliche Grablege für Wilhelm I. und Wilhelm II.

Die **Mosaiken** (12./13. Jh.) zeigen Szenen aus dem Alten und Neuen Testament.

Vergoldete Holzdecke

Mit Blendarkaden und Schmuckmotiven ist die **Fassade** ein Meisterwerk normannischer Ornamentik.

Das **Mosaik** des Christus Pantokrator in der Mittelapsis ist ein Blickfang.

Eingang zur **Cappella del Crocifisso** und zur **Schatzkammer**

Fußboden

Der **Sarkophag Wilhelms II.** steht im Querhaus neben dem Grabmal Wilhelms I.

Die **Bronzetür des Nordportals** (1179) ist ein Werk von Barisano da Trani.

Schon gewusst?
Die Mosaiken haben eine Gesamtfläche von rund 6500 Quadratmeter.

Highlight

↑ Die Fassade der Kathedrale von Monreale weist auch Elemente einer Festung auf

↑ Mosaik des Christus Pantokrator (12./13. Jh.)

Säulen mit markanten Kapitellen umrahmen den **Kreuzgang**.

Ein **Flügel des einstigen Klosters** überlagert den südlichen Portikus.

Handwerker aus Süditalien fertigten die **Säulen** des Kreuzgangs.

Die **Bronzetür des Westportals** zieren 42 Bildfelder.

↑ Kathedrale von Monreale – Meisterwerk arabisch-normannischer Baukunst

← *Die Casina Cinese wurde Ende des 18. Jahrhunderts für Ferdinand I. erbaut*

SEHENSWÜRDIGKEITEN

TOP 3 Ruhige Orte

Parco Piersanti Mattarella
🄰 **Via della Libertà**
Wunderbar ruhiger Ort inmitten des Verkehrs.

Foro Italico
🄰 **Foro Italico Umberto I**
Spazierweg direkt an der Küste der Stadt.

Monreale-Kreuzgang
🄰 **Piazza Guglielmo II 1**
Von Säulen umrahmter arabisch-normannischer Garten.

❷ Casina Cinese
🄰 **Viale Duca degli Abruzzi, Parco della Favorita** 📞 +39 091 639 1111 🕐 **Di, Mi 9–14 (Do–Sa bis 19), So 9–13**

Während ihres sizilianischen Exils nutzten Ferdinand I. und seine Gattin Maria Carolina das »Chinesische Schlösschen« am Rand des Parco della Favorita als Sommerresidenz und empfingen darin illustre Gäste, beispielsweise den britischen Admiral Horatio Nelson und Lady Hamilton.

Die Casina Cinese war das erste Beispiel eklektischer Architektur in Palermo, eine Kombination aus chinesischen Dekorationsmotiven mit gotischen, ägyptischen und arabischen Elementen.

Der Palast wurde 1799 von Venanzio Marvuglia entworfen, anscheinend war auch der König an der asiatisch beeinflussten Architektur des Gebäudes beteiligt. Details wie etwa die pagodenförmigen Glocken an Zaun, Gesims und Dach tragen ihren Teil zum extravaganten Äußeren bei. Das Innere des Schlösschens ist nicht minder ausgefallen: Zu Stuckaturen und Malereien im neoklassizistischen Stil gesellen sich die im 18. Jahrhundert in Adelskreisen überaus beliebten Chinoiserien, beispielsweise dekorative Szenen aus dem chinesischen Leben.

❸ Parco della Favorita
🄰 **Viale d'Ercole, Viale Diana**

Der Park dehnt sich jenseits des Monte Pellegrino knapp drei Kilometer aus. Das einstige Jagdrevier wurde 1799 als öffentlicher Park ausgewiesen, nachdem Napoléons Truppen König Ferdinand I. von Neapel ins Exil nach Palermo vertrieben. Der nach Mondello führende Viale Diana und der ihn kreuzende Viale d'Ercole erschließen ihn. An dessen Ende steht ein Marmorbrunnen mit einer Kopie der Statue des Farnesischen Herkules. Den Park säumen Villen aus dem 18. Jahrhundert, die dem sizilianischen Adel einst als Sommerresidenzen dienten. Zu den schönsten Gebäuden zählen die in ein Krankenhaus verwandelte Villa Sofia, die Villa Castelnuovo, Sitz eines landwirtschaftlichen Instituts, und die auch in Lampedusas *Il Gattopardo* (siehe S. 159) erwähnte Villa Niscemi, die heute repräsentativen Zwecken dient und besichtigt werden kann.

Rosalia-Heiligtum auf dem Monte Pellegrino

Auf dem Monte Pellegrino liegt die Grotte der heiligen Rosalia. In dieser lebte Rosalia, Tochter des Grafen von Sinibaldo, als Einsiedlerin. Sie starb 1166. Fünf Jahrhunderte später fand man ihre Gebeine – und just zu diesem Zeitpunkt endete die in Palermo wütende Pest. Seither ehrt die Stadt zweimal jährlich (Mitte Juli und Anfang September) ihre Schutzpatronin mit Prozessionen durch die Stadt.

4 Mondello

🏠 10 km nördlich von Palermo

Unweit des Stadtzentrums, zwischen den Vorgebirgen Monte Pellegrino und Monte Gallo, liegt Mondello, der Lieblingsstrand der Palermer und seit den 1970er Jahren ein Wohngebiet im Grünen. Einst war Mondello ein Dorf, das vom Thunfischfang lebte und wenig mehr als einen Turm (15. Jh.) vorwies. Um 1900 blühte es auf, als reiche Palermer hier Jugendstil-Villen errichteten und eine Art Gartenstadt entstand. Aus jener Zeit stammt das Badehaus, das ein paar Meter vom Strand entfernt auf Pfeilern im Meer steht. Rudolph Stualket hat es im Jugendstil gestaltet und mit mythologischen Wesen und Meeresungeheuern dekoriert. Palermos Einwohner schätzen Mondello seit Generationen nicht zuletzt als abendliches Ausflugsziel: Hier erholen sie sich von der Hitze des Tages und genießen Gerichte in den Seafood-Lokalen, die im alten Fischerviertel die Straße säumen.

5 Museo Etnografico Pitrè

🏠 Viale Duca degli Abruzzi
📞 +39 091 740 9010
🕐 tägl. 9–18:30 (1. So im Monat Eintritt frei)

Das Ethnografische Museum nahe der Palazzina Cinese dokumentiert mit über 4000 Exponaten Leben, Bräuche und Volkskunst der Sizilianer. Den Anfang machen Stick- und Webarbeiten, gefolgt von Trachten und Teppichen, Töpfer- und Glasobjekten sowie einer Sammlung von Öllampen. Eine weitere Abteilung präsentiert traditionelle bemalte Bauernkarren, die noch bis in die 1950er Jahre im Straßenbild zu finden waren, Glasmalerei (spätes 19. Jh.) und der heiligen Rosalia geweihte Festwagen und Karren. In der Sala del Teatrino dell'Opera dei Pupi sind Stabpuppen des traditionellen Puppentheaters zu sehen, in der Sala dei Presepi über 300 weihnachtliche Krippenszenen.

Lokale

Bar Antico Chiosco

Wenn Ihnen in Mondello nach einer köstlichen Erfrischung ist: *Brioscia con gelato e panna* (Eiscreme in einem Brioche) ist sehr zu empfehlen.

🏠 Piazza Mondello 4, Mondello
🕐 tägl. 7–24

€€€

Bye Bye Blues

Gönnen Sie sich dieses kulinarische Highlight mit kreativer Küche und offenem Weinkeller.

🏠 Via del Garofalo 23, Mondello
🕐 Di–So 13–15, 20–22:30
🌐 byebyeblues.it

€€€

← Bei schönem Wetter ist am von Pinien beschatteten Strand von Mondello viel los

Catacombe dei Cappuccini – Gruftanlage unter dem Kapuzinerkloster

❻ Catacombe dei Cappuccini

📍 Piazza Cappuccini 1
📞 +39 091 652 7389
🕐 tägl. 9 –12:30, 15 –17:30
🚫 Okt – März: So nachm.

In den Katakomben ruhen, gruppiert nach Geschlecht, Beruf und Rang, verstorbene geistliche Würdenträger und gut situierte Bürger Palermos. Ihre Überreste – Mumien wie Skelette – sind in teils von Motten zerfressene Sonntagskleidung gehüllt. Man kann auch die Zellen besichtigen, in denen die Leichname getrocknet wurden. 1599 wurde hier der erste Tote bestattet, Fra' Silvestro da Gubbio. Der Mönch hat seine Ruhestatt am Ende der Treppe. 1881 hatten die Katakomben als Grablege ausgedient. In der Cappella dell'Addolorata ruht jedoch ein erst 1920 verstorbenes Mädchen. Es scheint zu schlafen, so perfekt ist es einbalsamiert. Auf dem Friedhof hinter den Katakomben befindet sich das Grab des Schriftstellers Giuseppe Tomasi di Lampedusa.

❼ Santo Spirito

📍 Via Santo Spirito, Cimitero di Sant'Orsola
📞 +39 091 422 691
🕐 tägl. 8 –14 (Mo bis 16)

Die Normannenkirche auf dem Friedhof Sant'Orsola wurde 1178 im Auftrag von Erzbischof Gualtiero Offamilio erbaut. Sie trägt den Beinamen »Chiesa di Vespri«, weil vor ihrer Tür zur Vesperstunde des 31. März 1282 der »Sizilianische Vesper« genannte Aufstand gegen die Anjou-Herrschaft ausbrach.

Inkrustationen aus schwarzem Vulkangestein zieren Südseite und Apsis. Der Innenraum – ein Hauptschiff mit zwei Seitenschiffen und drei Apsiden – wirkt karg, aber luftig. Die Holzdecke ist mit Pflanzenornamenten, der Hochaltar mit einem Holzkreuz geschmückt.

Klassizistische Fassade des Teatro Politeama Garibaldi

Shopping

Boutique Torregrossa
In dieser renommierten Boutique für ganz besondere Ansprüche finden Sie hochwertige Mode von italienischen und internationalen Designern.

🏠 Via della Libertà 5
🕐 Di–Sa 9:45–13, 16–19:45, Mo 16–19:45
🌐 torregrossa boutique.com

La Cuba

🏠 Corso Calatafimi 100
📞 +39 091 590 299 🕐 Di–Do 9–13:30 (Fr, Sa bis 18)

Wilhelm II. ließ diesen normannischen Palast im Fatimidenstil im Jahr 1180 errichten. Das Gebäude lag einst in einem großzügigen Park mit dem Namen Genoardo, war von einem künstlichen Teich umgeben und diente als Zuflucht an heißen Nachmittagen.

La Cuba war in ganz Italien derart berühmt, dass Boccaccio das Gebäude zum Schauplatz einer Novelle seines *Decamerone* erwählte (Tag 5, Nr. 6). Die spitzbogigen Blendarkaden verleihen dem rechteckigen Bau eine reizvolle lebendige Rhythmik und Dynamik. Die Nischen unter den kleinen Türmen spendeten in früherer Zeit Kühlung.

Teatro Politeama Garibaldi

🏠 Piazza Ruggero Settimo
📞 +39 091 607 2532 🕐 Führungen: Di, Fr 14, 15, Sa, So, Feiertage 9, 10, 11, 12

An der Kreuzung der Via Ruggero Settimo mit dem baumbestandenen Viale della Libertà befindet sich das häufig als Palermos »Open-Air-Wohnzimmer« bezeichnete prächtige Theater Politeama. Der italienische Architekt und Ingenieur Giuseppe Damiani Almeyda entwarf den neoklassizistischen Bau (1867–1874) in Form eines Hufeisens mit dorischen und ionischen Säulengängen. Rot-goldene »pompejische« Fresken schmücken das Äußere. Die Fassade ist ein Triumphbogen mit skulpturenverzierter Attika, die ein Streitwagen von Mario Rutelli bekrönt.

Während der Schließung des Teatro Massimo war das Teatro Politeama der Nabel des kulturellen Lebens der sizilianischen Metropole. Klassische Konzerte sowie Opern- und Theateraufführungen gibt es hier in der Heimstatt des Orchestra Sinfonica Siciliana von Oktober bis Juni.

> La Cuba war in ganz Italien derart berühmt, dass Boccaccio das Gebäude zum Schauplatz einer Novelle seines *Decamerone* erwählte (Tag 5, Nr. 6).

Castello della Zisa

🏠 Piazza Zisa 1 📞 +39 091 652 0269 🕐 tägl. 9–18:30 (So, Feiertage bis 13:30)

Einst stand der zwischen 1165 und 1167 entstandene Bau inmitten eines weiten, von Fischteichen und Wasserläufen durchzogenen Parks an einem Teich. Obwohl sich die Umgebung seitdem verändert hat, bleibt er ein beeindruckendes Beispiel maurischer Herrschaft auf Sizilien. Nach einer gründlichen Restaurierung wird er wieder seiner arabischen Bezeichnung gerecht: *aziz*, »glanzvoll«.

Das Gebäude hat das Aussehen einer rechteckigen Festung mit zwei eckigen Türmen an den kurzen Seiten. Blendarkaden, die früher Lanzettfenster einfassten, verleihen ihm Eleganz. Die Sala della Fontana, der mit Wandmosaiken verkleidete »Brunnensaal« im Erdgeschoss, hat einen kreuzförmigen Grundriss mit drei Exedren (nischenartigen Räumen). Typisch arabische *mukarnas*, kleine Stalaktitengewölbe, verbinden ihr zentrales Kreuzgewölbe mit den Seitennischen.

Ein von Brunnen gespeister Wasserlauf plätschert gemächlich durch eine Wandrinne in zwei quadratische Fischbecken am Boden. Dieses System fungierte als eine Art Klimaanlage – vielleicht eine der frühesten in der Geschichte –, indem es die warme Meeresbrise, die über eine ausgeklügelte Luftzirkulation mit Belüftungsrohren in die Sala della Fontana gelangte, abkühlte.

Im zweiten Stock ist das Museo d'Arte Islamica untergebracht, das Sammlungen von Gold- und Silberobjekten zeigt.

⓫ San Giovanni dei Lebbrosi

🏠 Via Cappello 38 📞 +39 091 475 024 🕐 Mo–Sa 10–12, 16–19, So, Feiertage nur vorm.

In einem üppigen Palmengarten stößt man auf San Giovanni dei Lebbrosi. Die Normannenkirche zählt zu den ältesten Siziliens. Sie wurde 1071 auf Geheiß Rogers I. errichtet. Das benachbarte Leprahospital wurde 1119 erbaut – daher der Name. Die doppelt umrahmten Spitzbogenfenster, die auch San Giovanni degli Eremiti *(siehe S. 89)* und San Cataldo *(siehe S. 74)* kennzeichnen, lassen auf arabische Baumeister schließen. Durch die von einem Glockentürmchen gekrönte Vorhalle betritt man den Innenraum. Das Querhaus besitzt drei Apsiden, Tragbalken stützen die Decke. Rechts von der Kirche wurden Reste der Sarazenenfestung Yahia ausgegraben, die einst Palermos Südosten schützte.

Ponte dell'Ammiraglio

🏠 Via dei Mille

Eine Brücke ohne Fluss: Der Ponte dell'Ammiraglio – der

↑ Die prächtige Fassade des festungsartigen Castello della Zisa

auch »Admiralsbrücke« genannt wird – wurde zu Beginn des 12. Jahrhunderts nach Entwürfen von Georg von Antiochia, Großadmiral von Roger II., errichtet. Die mächtig wirkende Brücke überspannte den Oreto, bis man den Fluss umleitete und der Bau buchstäblich auf dem Trockenen stand.

Der Ponte dell'Ammiraglio bietet deshalb einen vielleicht etwas verwunderlichen, aber durchaus sehr lohnenden Anblick. Die grob behauenen Kalksteinblöcke ruhen auf insgesamt zwölf Spitzbogen, fünf davon sind kaum mehr als Mini-Öffnungen über den Tragplatten.

Die Brücke ist ein herausragendes Beispiel mittelalterlicher Ingenieurskunst und unter den Bauwerken aus der normannischen Zeit eines der bemerkenswertesten. Wiederholte Schäden durch Hochwasser wurden beseitigt.

> **Der Ponte dell'Ammiraglio überspannte den Oreto, bis man den Fluss umleitete und der Bau buchstäblich auf dem Trockenen stand.**

Bars

White
Genießen Sie Cocktails im Boot, oder gehen Sie in der stilvollen Bar an Land, um sich am Büfett zu stärken.
🏠 Scalo dell'Arenella 66, Aranella
📞 +39 328 838 0453
🕐 Mo, Mi – Fr 8:30 – 3, Di 17 – 3, Sa, So 8 – 3

Plait Mare
An der Küste von Addaura gibt es wohl kaum einen besseren Platz mit Meerblick.
🏠 Lungomare Cristoforo Colombo 2847, Addaura
📞 +39 375 556 2465

Charleston
Verweilen Sie auf der schicken Terrasse dieses maurischen Palasts mit seinem ganz besonderen Flair.
🏠 Viale Regina Elena 37/39, Mondello
🕐 Mo, Do, Fr 19:30 – 22, Sa, So auch 12:30 –14
🌐 ristorante charleston.com

↑ Der Ponte dell'Ammiraglio ist eine bedeutendes Bauwerk aus der normannischen Zeit

SIZILIEN
ERLEBEN

Buntes Markttreiben in Catania

| Nordwest-Sizilien **108**

| Südwest-Sizilien **142**

| Südsizilien **168**

| Nordost-Sizilien **198**

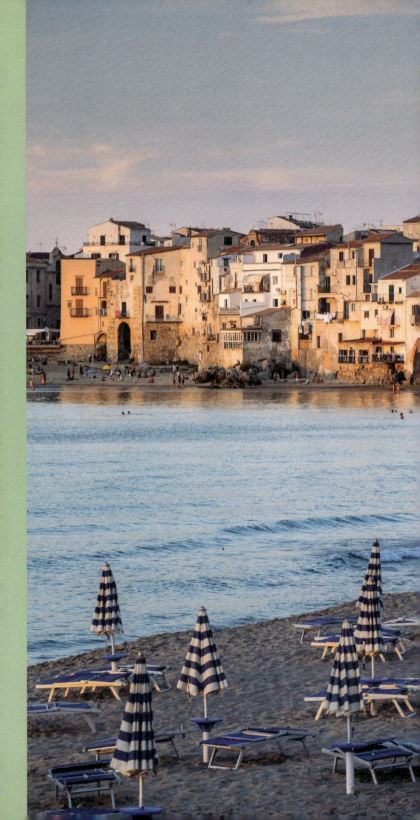

Blick auf Cefalù mit seinem bekannten Strand (siehe S. 112–115)

Nordwest-Sizilien

Nordwest-Sizilien war den kulturellen Einflüssen der Besiedlung im Lauf der Jahrhunderte besonders stark ausgesetzt. Die Phönizier ließen sich in Mozia nieder und gründeten Städte beim heutigen Palermo und Solunto. Ihnen folgten die Griechen und die Araber, die von Marsala aus die Insel eroberten.

An die frühen Kulturen erinnern die Namen von Orten und Sehenswürdigkeiten, die Architektur und die Anlage von Städten wie Marsala und Mazara del Vallo. Leider ist Siziliens Nordwesten besonders stark von den Auswirkungen planloser Bebauung und mangelnden Umweltbewusstseins betroffen. Das gilt beispielsweise für den Landstrich zwischen Palermo und Castellammare, in dem hässliche Häuser einen der reizvollsten Küstenstreifen Siziliens entstellt haben, und die trostlosen, nach dem Erdbeben von 1968 erbärmlich wiederaufgebauten Landstriche im Valle del Belice.

Immerhin bemühen sich andere Orte stärker, ihr historisches Erbe zu bewahren und neu zu beleben. In Erice etwa wurden die mittelalterliche Anlage und Bausubstanz erhalten und viele Kirchen in Kunst- und Kulturzentren umgewandelt, statt sie zu vernachlässigen. Dasselbe trifft auf Cefalù, Nicosia, Sperlinga und die beiden Petralias zu.

Nordwest-Sizilien

Highlights
1. Cefalù
2. Riserva dello Zingaro
3. Erice
4. Segesta
5. Ägadische Inseln (Isole Egadi)
6. Selinunte

Sehenswürdigkeiten
7. Trapani
8. Marsala
9. Castelvetrano
10. Mozia
11. Mazara del Vallo
12. Salemi
13. San Vito Lo Capo
14. Castellammare del Golfo
15. Alcamo
16. Corleone
17. Gibellina
18. Solunto
19. Piana degli Albanesi
20. Polizzi Generosa
21. Gangi
22. Caccamo
23. Petralia Sottana
24. Petralia Soprana
25. Castel di Tusa
26. Sperlinga
27. Bagheria
28. Nicosia
29. Santo Stefano di Camastra
30. Ustica

SIZILIEN ERLEBEN Nordwest-Sizilien

❶
Cefalù

D3 🯱 14 000 ✈ Falcone e Borsellino 🚆 Messina–Palermo ℹ Corso Ruggero 77 (+39 092 142 1050) 🛒 Sa 🎉 Festa di San Salvatore (2.–6. Aug); Vecchia Strina (31. Dez) 🌐 visitsicily.info/en/cefalu

Cefalù, das erstmals 396 v. Chr. erwähnt wurde, ist für seine mittelalterliche Bausubstanz bekannt. Als Ausgangspunkt für einen Rundgang eignet sich die Piazza Garibaldi.

①
Piazza Duomo

Im Schatten der Kathedrale und der steilen Rocca, des Burgbergs, liegt der Domplatz, das Herz der Stadt. Ihn umgrenzen Bauten diverser Stile, so im Süden das Oratorio del Santissimo Sacramento, der Palazzo Maria (wohl die frühere Residenz von Roger II.) sowie der Palazzo Piraino. Das Seminario und der Palazzo Vescovile säumen die Nordseite. Im Westen steht der Palazzo del Municipio, das Rathaus der Stadt, dem das einstige Kloster Santa Caterina eingegliedert ist.

②
Kathedrale
🏛 Piazza Duomo
🕘 tägl. 9–13, 15:30–18
🌐 cattedraledicefalu.com

Roger II. ließ die Kathedrale von Cefalù, eines der großartigsten normannischen Bauwerke Siziliens, ab 1131 errichten. Zwei wuchtige Glockentürme mit ein- und zweiteiligen Lanzettfenstern flankieren die Fassade. Diese besitzt eine dreibogige Vorhalle mit Blendarkaden. Innen unterteilen von Marmorsäulen getragene Bogen das Langhaus. Die Holzdecke mit Balkenbemalung ist islamisch inspiriert, das Presbyterium mit Mosaiken ausgestattet. Sie zeigen in der Apsis Christus Pantokrator, die Muttergottes, die Erzengel und Apostel, an den Chorwänden Heilige und Propheten, im Gewölbe Cherubim und Seraphim.

③
Corso Ruggero

Der Boulevard führt durch die Altstadt. Er beginnt an der Piazza Garibaldi, bei der einst das Stadttor Porta di Terra stand. Etwas weiter links sieht man den derzeit wegen Renovierung geschlossenen Palazzo Osterio Magno (13./14. Jh.). Im Gebäude fast genau gegenüber kann man die Relikte der alten Römerstraße besichtigen. Bummelt man rechts weiter, gelangt man zur Piazzetta Spinola mit der Kirche Santo Stefano, zu deren Barockfassade eine Doppeltreppe führt.

④
Museo Mandralisca
🏛 Via Mandralisca 13
🕘 tägl. 9–19 (Juli, Aug 9:30–22) 🌐 fondazionemandralisca.it

Enrico Piraino, Baron von Mandralisca, gründete das Museum im 19. Jahrhundert. Die zugehörige Bibliothek

---

> 💬 **Expertentipp**
> **Cefalùs Strand**
>
> Cefalùs langer Stadtstrandabschnitt am Fuß eines Felsvorsprungs hat sehr feinen Sand und fällt flach zum kristallklaren Wasser hin ab. Ende Frühling oder Anfang Herbst ist es hier meist recht ruhig und sehr angenehm.

→ *Cefalùs alten Hafen säumen Gebäude aus dem Mittelalter*

hütet über 9000 historische und naturwissenschaftliche Werke, darunter Inkunabeln, Bücher (16. Jh.) und Seekarten. Die Bildergalerie zeigt u. a. Antonello da Messinas *Bildnis eines Mannes*.

Die weiteren Bestände umfassen Muscheln, Münzen und archäologische Funde. Ein kunsthistorischer Schatz ist ein Krater (Weinmischkrug; 4. Jh. v. Chr.). Sehenswert sind auch Spielkarten.

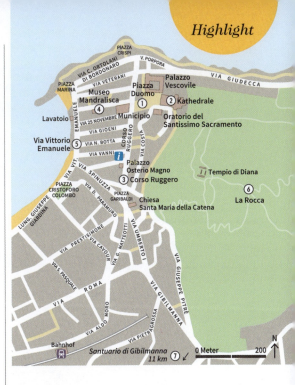

Highlight

⑤
Via Vittorio Emanuele

Die Straße verläuft parallel zum Ufer, eine Zeile mittelalterlicher Bauten trennt sie vom Meer. Dort steht das Lavatoio, jener U Ciumi (»Fluss«) genannte arabische Steinbrunnen, der vom Dichter Boccaccio erwähnt und bis vor wenigen Jahren zum Waschen genutzt wurde.

Eine Treppe führt zum Becken, in das aus Öffnungen an drei Wänden Wasser fließt. Durch die Porta Pescara, das einzige verbliebene von insgesamt vier Stadttoren, gelangt man zum malerischen Fischerviertel, in dem einige Szenen des Films *Cinema Paradiso (siehe S. 164)* gedreht wurden.

⑥
La Rocca

Folgt man dem Pfad auf die Rocca, den Burgberg, erwartet einen auf halber Höhe ein Panoramablick über Altstadt und Meer. Am Weg liegen die Relikte einer byzantinischen Festung und der Tempio di Diana, eine Kultanlage mit einem Portal (9. Jh. v. Chr.). Am Gipfel stehen die Ruinen einer Burg (12./13. Jh.).

⑦
Santuario di Gibilmanna

🏠 Contrada Valle Grande, Frazione di Gibilmanna
📞 +39 092 142 1835
🕐 tägl. 7:45–17:45

An den Hängen des Pizzo Sant'Angelo steht Siziliens beliebteste Wallfahrtskirche. In den ehemaligen Stallungen des Kapuzinerklosters zeigt das Museo dell'Ordine Gemälde, Skulpturen und Gewänder.

Spaziergang durch Cefalù

Länge 1 km **Dauer** 15 Min. **Bahnhof** Cefalù

Cefalù liegt vor einem steilen Felsen auf halbem Weg zwischen Palermo und dem Capo d'Orlando. Im Areal um die von Roger II. gestiftete normannische Kathedrale (12. Jh.) hat es sich ein mittelalterliches Ambiente bewahrt. Häuser mit kunstvollem Bauschmuck flankieren die schmalen Sträßchen im Zentrum. Die vielen Kirchen künden von Cefalùs Rang als Bischofssitz. Im malerischen Fischerviertel drängen sich am Hafen alte Häuser. Der lange Pulversandstrand gilt als einer der schönsten Streifen der Nordküste. An der Pizza Duomo steht eine der imposantesten Kathedralen Siziliens.

Zur Orientierung
Siehe Karte S. 113

Die **Kathedrale** *(siehe S. 112)*, eines der brillantesten Werke der normannischen Kunst, besitzt kostbare Mosaiken.

Befestigungen aus dem 17. Jahrhundert

Cefalùs gitterförmiges **Straßenraster** wird vom Corso Ruggero und der Via Vittorio Emanuele durchschnitten und von mittelalterlichen Gassen durchkreuzt.

Wehrmauer aus dem 16./17. Jahrhundert am Capo Marchiafava

Schon gewusst?
Aus 22 Löwenköpfen fließt Wasser in das Becken des Lavatoio Medievale.

← *Einheimische vor einem bunten Souvenirladen in der Altstadt*

↑ Blick über die leuchtenden Dächer der Küstenstadt Cefalù

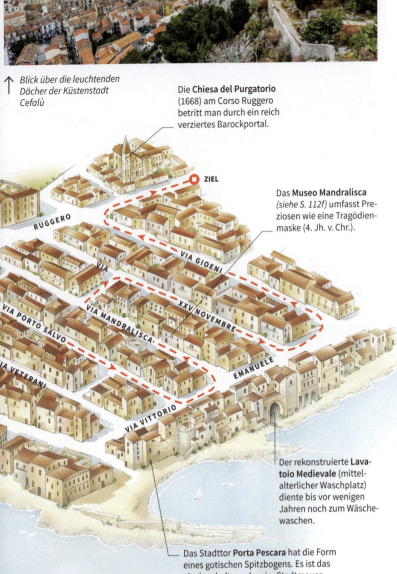

Die **Chiesa del Purgatorio** (1668) am Corso Ruggero betritt man durch ein reich verziertes Barockportal.

Das **Museo Mandralisca** *(siehe S. 112f)* umfasst Preziosen wie eine Tragödienmaske (4. Jh. v. Chr.).

Der rekonstruierte **Lavatoio Medievale** (mittelalterlicher Waschplatz) diente bis vor wenigen Jahren noch zum Wäschewaschen.

Das Stadttor **Porta Pescara** hat die Form eines gotischen Spitzbogens. Es ist das einzig erhaltene der vier Stadtmauertore, die in die Stadt führten.

Blick über einen landschaftlich abwechslungsreichen Küstenabschnitt

❷
Riserva dello Zingaro

🅰 A3 🏠 San Vito Lo Capo 🚌 ab Castellammare del Golfo ℹ️ Via Salvo d'Acquisto 1, Castellammare del Golfo (+39 092 435 108) 🌐 riservazingaro.it

Das an der Küste gelegene, landschaftlich überaus attraktive Reservat ist eine wahre Oase für Naturliebhaber. Ganz besonders schön ist es hier im Frühling, wenn sich auf den Wiesen Blütenmeere in allen Farben entfalten.

Wanderer unterwegs auf einem der gut ausgebauten Wege des Reservats

Die Riserva dello Zingaro erstreckt sich 20 Kilometer von Erice entlang der Küste in Richtung Palermo. In dem 1980 eingerichteten Naturreservat, dem ersten auf Sizilien, steht die bemerkenswerte Felsküstenlandschaft zwischen Scopello und San Vito Lo Capo unter Schutz.

Das Reservat eignet sich mit seinen Bergen, die zu von weißen Kieseln bedeckten Buchten abfallen, sehr gut zum Wandern. Für eine Stärkung vor einer Wanderung kann man in einer der vielen Bars und Cafés entlang der Via Savoia, der lebhaften Hauptstraße von San Vita Lo Capo, einkehren. Im Reservat selbst gibt es kaum Versorgungsmöglichkeiten. Wanderer sollten ausreichend Proviant und Trinkwasser mitnehmen und für felsiges Terrain geeignetes Schuhwerk tragen.

Gut markierte Wanderwege unterschiedlicher Schwierigkeitsgrade verlaufen entlang oder abseits der Küste, führen hinauf zu Klippen oder hinunter ans Meer. Die mit sechs Kilo-

Highlight

Schon gewusst?
In der Riserva dello Zingaro leben insgesamt rund 650 Pflanzenarten.

↑ *Im Reservat steigt das Gelände von der Küste aus meist steil an*

metern kürzeste Route führt von Scopello nach Tonarella und ist in zwei Stunden zu bewältigen. Für den mit 19 Kilometern längsten und herausforderndsten Weg, der auch über die Gipfel Monte Passo del Lupo, Monte Speziale und Monte Scardina verläuft, sollte man neun Stunden einplanen. Man kann das Gebiet auch sehr gut zu Pferd erkunden.

Das Schutzgebiet ist Lebensraum für eine artenreiche Pflanzen- und Tierwelt. Typische Vertreter der Flora sind Orchideen, Johannisbrotbäume, Korkeichen und Zwergpalmen sowie zahlreiche Farnarten. Zu den hier lebenden Vögeln gehören Greifvögel wie Habichtsadler, Steinadler und Wanderfalken, zu den Säugetieren Stachelschweine und Füchse.

TOP 3 Tauchspots vor der Küste

Capua-Wrack vor Scopello
Das im Ersten Weltkrieg gesunkene britische Frachtschiff hatte Waffen für italienische Truppen an Bord. Heute liegt es als Wrack in 38 Metern Tiefe.

Grotta dell'Acqua Dolce, Baia dell'Uzzo
Für die Erkundung dieser Höhle sollte man viel Erfahrung im Tauchen haben. Die Höhle birgt eine rund 60 Meter lange Kammer mit reicher Fischwelt.

Grotta del Camino am Eingang zum Reservat
Diese beeindruckende Höhle zählt zu den beliebtesten Tauchspots des Reservats. Sie hat zwei Eingänge: einen in 18 Metern, den anderen in 35 Metern Tiefe. Taucher entdecken Schwärme von Garnelen.

❸ Erice

A3 �️ 27 000 🚍 Trapani (www.funiviaerice.it)
ℹ️ Piazza Umberto I, 15; (+39 092 354 0993) 🗓 Mo
🎭 Processione dei Misteri (Karfreitag); Estate Ericina
(Juli – Sep) 🌐 visitsicily.info/erice

Der Kult um die Fruchtbarkeitsgöttin Venus Erycina verweist auf Erices antike Ursprünge. Die dreieckig angelegte Stadt thront auf dem gleichnamigen Berg. Sie scheint unmittelbar dem Mittelalter entsprungen, mit ihren Stadtmauern und verwunschenen Pflastersträßchen, den schmucken Eingängen der alten Häuser aus Stein, den kleinen Plätzen und zahlreichen Kirchen – darunter die mittelalterliche Chiesa Madre –, die heutzutage vielfach als Bühne wissenschaftlicher und kultureller Aktivitäten dienen.

Teppiche

Antichi Intrecci
Die Herstellung von Teppichen ist ein für Erice typisches Kunsthandwerk. Frauen weben die Teppiche in ihren Häusern, die Ware wird dann in Geschäften und Boutiquen an der Hauptstraße verkauft.

🏠 Via Pianoneve 31, Buseto Palizzolo 🗓 So
🌐 antichintrecci.it

① Kyklopenmauer

Diese Verteidigungsmauern erstrecken sich an der westlichen Seite der Stadt zwischen der Porta Spada und der Porta Trapani über eine Länge von rund 700 Metern.

Der untere, aus megalithischen Steinblöcken errichtete Abschnitt wurde wohl um 800 v. Chr. von den Phöniziern angelegt. Deren Zeichen *beth* (Haus), *ain* (Auge) und *phe* (Mund) sind in manche Blöcke eingraviert. Man nimmt an, dass dies eine Warnung für etwaige Eindringlinge war. Die oberen Mauern wurden von Normannen erbaut. Der Name Spada (»Schwert«) verweist auf die Massakrierung der Anjou-Herrscher während der »Sizilianischen Vesper«.

In der Nähe sind die Kirchen Sant'Antonio Abate und Sant'Orsola. Letztere hat Bauteile aus Gotik und Renaissance und beherbergt Skulpturen (18. Jh.), die bei der »Mysterienprozession« am Karfreitag zu sehen sind.

② Chiesa Matrice

🏠 Piazza Matrice 📞 +39 092 386 9123 🕐 tägl. 10–13:30, 14:30–18

Die der Assunta geweihte Kirche stammt von 1314. Ihre Fassade ist dezent gestaltet mit einem spitzbogigen Portikus unter einer Fensterrosette.

Gegenüber steht frei ihr Glockenturm, ein 1312 als Wachturm entstandener Bau mit Lanzettfenstern. Das 1865 restaurierte Kircheninnere hat von seinem ursprünglichen Aussehen nur wenig bewahrt.

③ Castello di Venere

🏠 Via Conte Pepoli
🗓 wg. Renovierung vorübergehend geschlossen
🌐 fondazioneericearte.org

Die Burg wurde von Normannen auf einem Felsen über den Ruinen des Tempels der Venus Erycina errichtet. Der Zugang zur Festung erfolgt

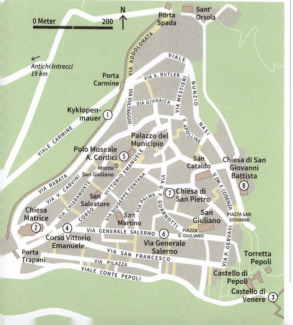

Highlight

Torretta Pepoli – ehemaliges Jagdhaus unterhalb des Castello di Venere

Die phönizischen Zeichen *beth* (Haus), *ain* (Auge) und *phe* (Mund) sind in manche Blöcke eingraviert. Man nimmt an, dass dies eine Warnung für etwaige Eindringlinge war.

über einen Turm, den einzigen erhaltenen Originalteil der Burg, der als Gefängnis und Wachturm diente.

Über dem spitzbogigen Eingang erkennt man eine Tafel mit dem Wappen der spanischen Habsburger, gekrönt von einem zweiteiligen Lanzettfenster (14. Jh.). Im Inneren befinden sich ein Brunnen sowie die Ruinen des Tempels der Venus Erycina, eines phönizischen Hauses und eines römischen Bades. Die Burg ist Ausgangspunkt einer Wehranlage, zu der die Torri del Balio, ehemals Hauptquartier des normannischen Statthalters, gehören.

Auf einem Felsvorsprung oberhalb des Pinienwalds Pineta dei Runzi erhebt sich die 1872–1880 errichtete Torretta Pepoli. Nach einer Zeit des Verfalls erwarb der wohlhabende Gelehrte Graf Agostino Pepoli das Gebäude Ende des 19. Jahrhunderts und baute den fünfeckigen Turm zusammen mit der zinnenbewehrten Ringmauer wieder auf. Am Nordwesthang des Burgfelsens ließ er die »englischen Gärten«, die Giardini del Balio, anlegen. Der Turm diente ihm als Rückzugsort, zur Meditation und um illustre Gäste aus der Welt der Kultur zu empfangen. Heute ist er unter dem Namen »Observatorium des Friedens und Leuchtturm des Mittelmeers« als Museum zugänglich.

↑ *Blick durch die Porta Trapani auf den Corso Vittorio Emanuele*

④
Corso Vittorio Emanuele

Der früher Via Regia genannte Corso Vittorio Emanuele ist Erices Hauptstraße. Er führt von der Porta Trapani, einem der drei Tore der mächtigen Stadtmauer, bergan. Ihn säumen barocke Patrizierhäuser und verführerische Konditoreien. Die Kirche San Salvatore besitzt ein sehenswertes Portal aus dem 15. Jahrhundert.

Der Corso mündet in die im 19. Jahrhundert umgestaltete Piazza Umberto I. Dort beherbergt das Rathaus, der Palazzo del Municipio, den Polo Museale A. Cordici.

⑤
Polo Museale A. Cordici

🏠 Vico San Rocco 1 📞 +39 320 867 2957 🕐 Apr–Okt: tägl. 10–18 (Juli–Sep: bis 19); Nov–März: Sa, Feiertage 10–16, Wochentage nach tel. Voranmeldung 🌐 fondazioneericearte.org

Zu den Attraktionen des in einem früheren Kloster untergebrachten Museums gehört die Skulptur *Mariä Verkündigung* (1525) des Renaissance-Bildhauers Antonello Gagini (1478–1536).

Neben Gemälden, Statuen, Waffen und Vasen ist auch die archäologische Sammlung überaus sehenswert. Sie umfasst u. a. Steingravuren aus punischer, griechischer und römischer Zeit sowie einen Marmorkopf der Aphrodite (4. Jh. v. Chr.).

⑥
Via Generale Salerno

Diese Straße führt, vorbei an noblen Palazzi, vom Corso Vittorio Emanuele zum Burgviertel. Gleich links steht die Normannenkirche San Martino. Bemerkenswert ist ihr Barockportal. Innen verdient das Chorgestühl (17. Jh.) Beachtung. Die Sakristei führt zum Oratorio dei Confrati del Purgatorio, einem beschwingten Rokoko-Bau mit golden stuckiertem Altar. Ein Stück weiter überblickt die Kirche San Giuliano einen Platz, der seine Ausstrahlung nicht zuletzt dem Rosaton ihrer Fassade verdankt. Das Gotteshaus wurde 1080 unter Roger I. gegründet, im 17. Jahrhundert umgestaltet und nach Einsturz des Gewölbes im Langhaus geschlossen. Inzwischen wurde es zu einem Kultur- und Kunstzentrum umfunktioniert.

> **Schon gewusst?**
> Die Form des Gebäcks *genovesi ericine* wurde von Hüten genuesischer Seefahrer inspiriert.

⑦ Chiesa di San Pietro
 Via Filippo Guarnotti

Die im Zentrum von Erice gelegene Kirche geht auf das 14. Jahrhundert zurück. Während des Umbaus von 1745 erhielt sie ein kunstvolles Barockportal.

Im nahen Kloster ist nun auch ein Ausstellungsort des Polo Museale A. Cordici. Das Anfang der 1960er Jahre dort gegründete Zentrum – Centro di Cultura Scientifica Ettore Majorana – wurde nach dem sizilianischen Wissenschaftler Ettore Majorana benannt, der vor Ausbruch des Zweiten Weltkriegs unter höchst mysteriösen Umständen verschwand. Das Zentrum veranstaltet Kurse und Kongresse zu wissenschaftlichen Themen aus Medizin, Seismologie, Mathematik, Physik und Logik.

⑧ Chiesa di San Giovanni Battista
 Piazzale San Giovanni
📞 +39 092 386 9123
🕐 nur zu Veranstaltungen

Die weiß überkuppelte Kirche, die größte und vermutlich älteste der Stadt, wurde immer wieder durch »Schönheitsoperationen« verändert. Der letzte Eingriff, der vollständige Umbau des Langhauses, erfolgte im 17. Jahrhundert.

Obwohl die Kirche nur noch als Auditorium dient, hat sie interessante Kunstwerke vorzuweisen, u. a. eine Statue Johannes' des Täufers von Antonello Gagini. Er schuf als Erster Arbeiten im Stil der Renaissance auf Sizilien. Die Fresken stammen ursprünglich aus der säkularisierten Kirche Maria Maddalena (14. Jh.).

Highlight

Restaurant

Monte San Giuliano
Über alte Stufen und durch einen mittelalterlichen Bogen erreicht man dieses malerische Restaurant, in dem klassische sizilianische Küche serviert wird. Auch im Gastgarten speist man gemütlich.

🏠 Vicolo San Rocco 7, Fulgatore/Erice
🕐 Mo mittags
🌐 montesangiuliano.it
€€€

Die hoch auf einem Felsen thronende Chiesa di San Giovanni Battista ↓

Schon gewusst?

Der Tempel Segestas gehört zu den am besten erhaltenen dorischen Tempeln.

↑ *Der isoliert gelegene dorische Tempel inmitten der sanften Hügellandschaft von Segesta*

Segesta

4 *Highlight*

🅰 B3 📍 32 km von Trapani 📞 +39 092 495 2356 🚆 Trapani 🚌 ab Trapani oder Palermo 🕐 tägl. 9–19:30 (März, Okt: bis 18:30; Nov–Feb: bis 17) 🌐 parcodisegesta.com

Segesta, so die Überlieferung, wurde von Flüchtlingen aus Troja gegründet. Es birgt eine der spektakulärsten Sehenswürdigkeiten der Insel: einen unvollendeten Tempel auf einem abgelegenen Hügel mit Blick auf den Monte Barbaro.

Die antike Hauptstadt der Elymer im Hügelland von Castellammare del Golfo war unversöhnlich zerstritten mit Selinunte und häufig Angriffen ausgesetzt. Wie durch ein Wunder hat der dorische Tempel Plünderungen und Verwitterung getrotzt.

Oberhalb des Tempels, auf der Kuppe des Monte Barbaro, wurde die Stadt Segesta erbaut. Von ihr zeugen einige Ruinen und das Theater (3. Jh. v. Chr.), in dem im Sommer gelegentlich Theateraufführungen stattfinden.

↑ *Die Bühne des Theaters von Segesta ist – wohl der Aussicht auf Hügel und Meer zuliebe – nordwärts ausgerichtet*

Restaurants

Al Capolinea
Ganzjähriger Favorit mit Essbereich im Freien und Kinderspielplatz.

📍 Stazione Ferroviaria, Calatafimi 🌐 meditsegesta capolinea.it

Mirko's
Familienbetriebenes Restaurant, das auch Einheimische schätzen.

📍 Via Discesa Annunziata 1, Castellammare del Golfo 🕐 Di, Mi (Winter) 🌐 mirkosristorante.it
€€€

La Locanda di Nonna Ciccia
Große Portionen, freundlicher Service.

📍 Via Alcide De Gasperi 4, Calatafimi 🕐 Mo 📞 +39 092 452 7370

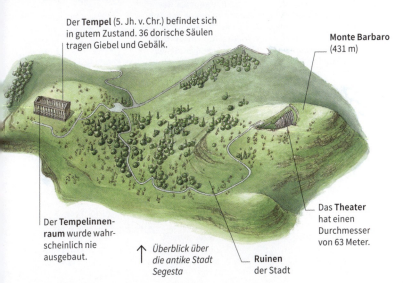

Der **Tempel** (5. Jh. v. Chr.) befindet sich in gutem Zustand. 36 dorische Säulen tragen Giebel und Gebälk.

Monte Barbaro (431 m)

Der **Tempelinnenraum** wurde wahrscheinlich nie ausgebaut.

↑ *Überblick über die antike Stadt Segesta*

Ruinen der Stadt

Das **Theater** hat einen Durchmesser von 63 Meter.

⑤
Ägadische Inseln

🅰 A1–2 🚢 ab Trapani (Siremar: 🌐 carontetourist.it)
ℹ Favignana, Rathaus (+39 092 392 0011) 🌐 isoleegadi.it

Vor rund 600 000 Jahren waren die Inseln Favignana (die größte Insel), Levanzo und Marettimo noch mit der Hauptinsel Sizilien verbunden. Als die Landverbindung mit dem Ansteigen des Meeresspiegels allmählich unterbrochen wurde, blieb am Ende schließlich dieser Archipel zurück. Heute sind die Ägadischen Inseln (Isole Egadi) ein beliebtes Ferien- und Badeziel. Von Trapani aus sind sie bequem mit Booten zu erreichen.

Favignana

Der Osten und der Westen der Insel unterscheiden sich deutlich. Ersterer weist flaches Acker- und Weideland auf, während der andere zerklüftet und karg ist. In der Mitte liegt das Städtchen Favignana, das im 17. Jahrhundert auf mittelalterlichem Raster neu erstand. Einen Besuch lohnen die der Madonna Immaculata geweihte Chiesa Matrice, die Bauten aus der Blütezeit des Thunfischfangs und der zum Rathaus umfunktionierte Palazzo Florio (19. Jh.).

Es gibt einige hübsche Buchten zu entdecken – von Cala Stornello bis zum Inselchen Previto, von Cala Rotonda bis Cala Grande und von Punta Ferro bis Punta Faraglione mit prähistorischen Höhlen mit steinzeitlichen Funden. Der östliche Teil führt von Punta San Nicola bis Cala Rossa mit Tuffsteinhalden von den Steinbrüchen der Insel. Von Cala Rossa bis Bue Marino und von Cala Azzurra bis Punta Lunga bietet die Küste traumhafte Strände aus feinem Tuffstein – und kristallklares Wasser.

Levanzo

Die kleinste der Ägadischen Inseln wirkt wilder und verlassener als Favignana: Es gibt nur ein Dorf, das winzige Cala Dogana. Die Landschaft ist bis auf Fleckchen grüner

> 💬 Expertentipp
> **Abseits der Hektik**
>
> Wenn Sie sich ein wenig dem schönen Brauch des Nichtstuns *(dolce far niente)* hingeben möchten, verbringen Sie am besten einige Zeit auf Levanzo oder auf der autofreien Insel Marettimo. Auf beiden Inseln kann man gut flanieren und faulenzen.

Promenade an der von türkisfarbenem Wasser geprägten Bucht von Levanzo

teils eher schematisch Menschen, Tiere und mythologisch-kultische Motive darstellen.

③ Marettimo

Diese Insel löste sich als erste des Archipels von der Hauptinsel Sizilien. Zerklüftet, gebirgig und abwechslungsreich, ist sie landschaftlich sehr beeindruckend. Es gibt weder Hotels noch Straßen, nur Wanderwege, denen man durch eine Welt von Felsvorsprüngen und Kalksteinhöhlen auf den 686 Meter hohen Monte Falcone folgen kann. Wegen der langen Isolation ist die Insel reich an Pflanzen, die ausschließlich hier gedeihen. An Tieren wurden Wildschafe und Wildschweine eingeführt.

Im Fort Punta Troia hatten die Bourbonen eine Strafkolonie eingerichtet. Dort verbrachte der Risorgimento-Held Guglielmo Pepe drei Jahre in Haft. Bei Marettimo finden sich Römerruinen und eine byzantinische Kirche.

Macchia und ein bewirtschaftetes Plateau oberhalb des hohen Felsufers öde. Auf zahlreichen Fußwegen kann man die Insel erkunden und zur hübschen Bucht Cala Tramontana wandern.

Die Grotta del Genovese nördlich von Cala Dogana erreicht man zu Fuß in zwei Stunden oder mit dem Boot. In die Wände der Höhle sind alt- und jungsteinzeitliche Felszeichnungen geritzt, die teils recht naturalistisch,

Highlight

Restaurants

La Bettola
Nehmen Sie im Innenhof des legeren Restaurants Platz und genießen Sie Köstlichkeiten wie Fisch-Couscous, Pasta mit Thunfischpesto, Sardellen und Tomaten oder auf dem Lavastein gegrillten Fisch.

🏠 Via Nicotera 47, Favignana
🕒 Winter: Mo
📞 +39 0923 921 988
€€€

Osteria Cavallo
In der hübschen Taverne mit begrünter Terrasse östlich von Favignana serviert man ausgezeichnete Fischgerichte nach sizilianischem Rezept mit dem gewissen Etwas.

🏠 Contrada Cavallo 75, Favignana
🕒 Nov – März: Mo
📞 +39 329 899 7900
€€€

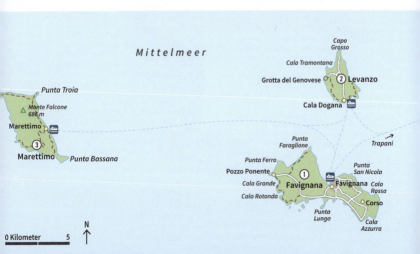

Selinunte

A4 · 80 km von Trapani · +39 092 319 900 30 · Palermo; Trapani · Castelvetrano · ab Castelvetrano · siehe Website · parchiarcheologici.regione.sicilia.it/selinunte-cave-cusa-pantelleria/orari/

Das weitläufige Ausgrabungsfeld von Selinunte zählt zu den aufschlussreichsten, die phönizische und griechische Kultur verschmelzenden Ruinenfeldern im gesamten Mittelmeerraum.

Selinunte wurde 651 v. Chr. gegründet und war eine der größten Städte von Magna Graecia, der Region in Süditalien, die von griechischen Siedlern ab dem 8. Jahrhundert v. Chr. kolonisiert wurde. Es war eine bedeutende Hafenstadt, deren Verteidigungsanlagen rund um die Akropolis immer noch zu sehen sind. Im Jahr 409 v. Chr. machten die Karthager dem Streit der Stadt mit ihren Rivalinnen Segesta und Mozia ein Ende, indem sie Selinunte zerstörten. Die Stadt selbst ist zwar praktisch verschwunden, acht ihrer Tempel sind aber noch erhalten, vor allem die sogenannten Osttempel (Tempel E, F und G). Weiter oben auf der Akropolis befinden sich die Ruinen der Tempel A, B, C, D und O. Die Ausgrabungsarbeiten dauern immer noch an. Der Eingang zum Nordtor ist gut erhalten, weiter nördlich befindet sich eine Nekropole.

Restaurant

Ristorante Pizzeria Pierrot

Das gemütliche Restaurant an einer Strandpromenade nahe dem Ruinenfeld bietet ein exzellentes Angebot an Seafood. Bestellen Sie den Schwertfisch – oder eine Pizza aus dem Holzofen.

Via Marco Polo 108, Marinella Selinunte, Castelvetrano · ristorantepierrotselinunte.com

€€€

Tempel A (480–470 v. Chr.) war wohl Kastor oder der Leto geweiht.

Tempel C (580–550 v. Chr.): Der größte und älteste Tempel der Akropolis war Herakles oder Apollon geweiht.

↗ Heiligtum der Demeter Malophoros

↗ Ruinen der antiken Stadt

Tempel D (570–550 v. Chr.) war vermutlich Aphrodite gewidmet.

Tempel O (480–470 v. Chr.) war möglicherweise Pollux geweiht.

Die **Akropolis** war Zentrum des öffentlichen Lebens und von einer 1260 Meter langen Mauer geschützt.

Tempel B (um 250 v. Chr.), der vermutlich einzige hellenistische

Das **Hafengebiet** lag am Treffpunkt des Flusses Cotone mit der Straße von der Akropolis.

Highlight

↑ *Blick auf Tempel C; Besucher der Anlage auf Entdeckungstour in Tempel E (Detail)*

Tempel F (560–530 v. Chr.), vielleicht Athene geweiht, ist der älteste auf dem Osthügel und komplett zerstört.

Tempel G (540–480 v. Chr.): Mit 6120 Quadratmeter Fläche und über 30 Meter Höhe war der Apollon geweihte Tempel eines der größten Heiligtümer der Antike.

← *Ruinen der Akropolis und des Osthügels in Selinunte*

Eingang und **Parkplatz**

Osthügel

Tempel E (490–480 v. Chr.): Der nach 1960 teils rekonstruierte dorische Tempel steht auf einem achtstufigen Unterbau (Krepidoma). Er war laut Inschrift auf einer Votivstele der Hera geweiht.

Schon gewusst?

Selinunte ist mit rund 100 Hektar der größte archäologische Park Europas.

SEHENSWÜRDIGKEITEN

Hotels

Agriturismi (bewirtschaftete Bauernhöfe und Weingüter) bieten Unterkünfte, die von rustikal bis schick reichen.

Duca di Castelmonte
A3 Via Salvatore Motisi 11, Trapani
 ducadicastelmonte.it
€€€

Baglio Spano
A4 Via Baglio Spano 2, Petrosino, Marsala
 bagliospano.com
€€€

Resort Baglio Soria
A3 Contrada, Soria, Trapani
 bagliosoria.it
€€€

❼ Trapani

A2 67 000 Vincenzo Florio Trapani-Birgi FS
 Tourist-Information, Piazza Umberto I, 15 (+39 092 354 0993) Do Processione dei Misteri (Karfreitag) turismo.trapani.it

Trapani, heute Hauptstadt der gleichnamigen Provinz, wurde auf einer Landzunge gegründet, die gegenüber den Ägadischen Inseln sichelförmig – daher ihr griechischer Name *Drepanon*, »Sichel« – ins Meer ragt. Als Hafen von Erice *(siehe S. 118–121)* florierte sie in der Antike unter den Karthagern, um unter den Vandalen, Byzantinern und Sarazenen einen deutlichen Abstieg zu erleben. Die stets vom Meer abhängige Wirtschaft verdankte ihre Hochkonjunktur im 17. und 18. Jahrhundert den Werften und dem Thunfischfang. Heute reicht Trapani über die Landzunge hinaus bis an den Monte Erice und den Rand der Salzsümpfe.

↑ *Von historischen Gebäuden flankierte Straße im Zentrum von Trapani*

Graf Agostino Pepoli stiftete den Grundstock des 1906 in einem früheren Karmeliterkloster eröffneten **Museo Agostino Pepoli**. Zu sehen sind Ausgrabungsfunde, erlesene sizilianische Malerei (12.–18. Jh.), Schmuck und Keramik sowie Kunstwerke aus Trapani: Holzengel aus dem 16. Jahrhundert, eine aus Korallen und Alabaster gefertigte Krippe (18. Jh.), Schmuck, Uhren mit bemalten Zifferblättern, korallenverzierte Wandteppiche und Majolika aus Santa Maria delle Grazie.

Die Via Garibaldi führt von der Piazza Vittorio Veneto, dem Zentrum der Stadt mit dem Palazzo d'Ali (heute Rathaus), durch ein Spalier von Patrizierhäusern wie dem Palazzo Riccio di Morana und Palazzo Fardella Fontana in die Altstadt. Fast genau gegenüber der barocken Fassade (1621) von Santa Maria d'Itria führen Stufen zur Kir-

> **Schon gewusst?**
>
> Bei der Karfreitagsprozession werden 20 hölzerne Mysteriengruppen durch die Stadt getragen.

che San Domenico aus dem 14. Jahrhundert hinauf. Dieses Gotteshaus wurde im 18. Jahrhundert umgestaltet und hütet den Sarkophag von König Manfred, dem Sohn Friedrichs II.

Elegante Bausubstanz aus dem Spätbarock prägt den Corso Vittorio Emanuele, die Hauptstraße der Altstadt. Hier steht die Kathedrale San Lorenzo. Sie besitzt einen hübschen Portikus. Innen sind vor allem die Deckengemälde, Stuckaturen und am rechten Altar die van Dyck zugeschriebene *Kreuzigung* sehenswert.

Karmeliter gründeten im Jahr 1224 die auch unter dem Namen Madonna di Trapani bekannte Kirche **Santuario di Maria Santissima Annunziata**. Vom Originalbau blieben nur das Portal und ein Teil der Fensterrosse erhalten. Ansonsten gibt seit 1714 Barock den Ton an. Sehenswert im Innenraum sind die Cappella dei Pescatori, die Cappella dei Marinai und die Cappella della Madonna di Trapani mit Nino Pisanos exquisiter gotischer Skulptur *Muttergottes mit Kind*. Auch die Reliquie des Heiligen Albert von Trapani wird hier aufbewahrt.

Die **Chiesa del Purgatorio** bewahrt die hölzernen, mit Silber verzierten Statuen der Kreuzwegstationen *(Misteri)*, die bei der 24-stündigen Karfreitagsprozession durch Trapani getragen werden. Sie stammen aus dem 18. Jahrhundert.

Die **Torre di Ligny** (1671) am Zipfel der Halbinsel eröffnet eine gute Sicht über die Stadt und den Hafen. Im Turm zeigt das **Museo di Preistoria**, ein archäologisches Museum, Objekte aus der Zeit der Punischen Kriege sowie Funde aus Schiffswracks, darunter Amphoren, in denen Wein, Datteln und die Fischsauce *garum* transportiert wurden.

Mit seinen Salzsümpfen und Windmühlen mutet der naturgeschützte Küstenstreifen zwischen Trapani und Marsala bizarr an. Zugvögel finden hier einen einzigartigen Lebensraum vor, menschliche Gäste das **Museo del Sale**, das die traditionelle Salzgewinnung erläutert.

Museo Agostino Pepoli
Via Conte Agostino Pepoli 200
+39 092 355 3269
Di – Sa 9 –18, So, Feiertage 9 –13

Santuario di Maria Santissima Annunziata
Via Conte Agostino Pepoli 178
+39 092 353 9184
tägl. 7 –12, 16 –19:00 (Sommer: bis 19:30)
madonnaditrapani.it

Chiesa del Purgatorio
Via San Francesco d'Assisi 33 +39 329 707 8896 (Curia Vescovile)
Mo – Fr 7:45 –12, Sa, So 9 –12, 16 –19

Museo di Preistoria
Torre di Ligny
+39 092 388 1991
vorübergehend geschlossen

Museo del Sale
Via Chiusa, Contrada Nubia, Paceco
tägl. 9:30 –19
+39 320 663 5818
museodelsale.it

Salzsümpfe

Die Salzsümpfe von Trapani und Marsala erstrecken sich entlang der sizilianischen Küste und bilden einen sehr speziellen Naturraum. Die wirtschaftliche Nutzung des Gebiets wurzelt in der Antike vor rund 3000 Jahren. Ihren Höhepunkt erreichte sie im 19. Jahrhundert, als man das Meersalz in zahlreiche andere Länder und sogar bis nach Norwegen exportierte. Seit etwa 30 Jahren geht die Nachfrage zurück. Fünf bis sechs Monate Sonnenschein jährlich und der wasserundurchlässige Boden machen die Sümpfe äußerst ergiebig. Früher lieferten Windmühlen die Energie für die Ägyptischen Schrauben, mit denen das Salzwasser in mehreren Becken umgepumpt wurde. In Nubia bietet das Museo del Sale (Salzmuseum) einen faszinierenden Einblick in die Funktionsweise der Salzgewinnung. Beim Spaziergang durch die Sümpfe und entlang der Kanäle entdeckt man die verschiedenen getrennten Becken. Heute ist das Gebiet Teil des salzorientierten Naturschutzgebiets Trapani und Paceco.

⑧ Marsala

🅰 A4 👥 83 000 🚌 31 km von Trapani, 124 km von Palermo ℹ Via 11 Maggio 📅 Di 🎭 Prozession am Gründonnerstag

Gegründet wurde Marsala, heute Siziliens größtes Weinbauzentrum, von Überlebenden des Massakers, das Dionysios I. 397 v. Chr. in Mozia angerichtet hatte. Im Ersten Punischen Krieg nahmen die Römer die karthagische Bastion ein und machten sie zum Hauptstützpunkt ihrer Mittelmeerflotte. Der Stadtplan ist noch römisch. Andere Viertel entstanden unter den Arabern, die die Stadt 830 eroberten und in ein Handelszentrum verwandelten.

Die Piazza della Repubblica, begrenzt vom Palazzo Senatorio und der Kathedrale, die dem heiligen Thomas von Canterbury gewidmet ist, bildet das Herz der Stadt Marsala. Im Inneren der von den Normannen gegründeten Kathedrale lassen sich Skulpturen aus der Werkstatt der Gaginis bewundern. Das **Museo degli Arazzi Fiamminghi** hinter der Apsis ist stolz auf eine Schenkung Philipps II. von Spanien an den Erzbischof von Messina: acht flämische Wandteppiche (16. Jh.), auf denen Titus gegen die Hebräer kämpft.

Museo degli Arazzi Fiamminghi

🏛 Chiesa Madre, Via G. Garaffa 57 📞 +39 092 371 1327 🕐 wg. Renovierung

⑨ Castelvetrano

🅰 A4 👥 31 000 🚌 73 km von Trapani, 110 km von Palermo ℹ Parco Archeologico, Castelvetrano (+39 092 444 6251) 📅 Di 🎭 Funzione dell'Aurora (Ostern)

Drei Plätze bilden das Zentrum. Am größten, der Piazza Garibaldi, steht die Chiesa Madre (16. Jh.). Sehenswert sind ihr mittelalterliches Portal, die Stuckaturen von Ferraro und Serpotta sowie die *Madonna* aus der Gagini-Werkstatt. Neben der Kirche stehen Municipio (Rathaus), Campanile und Fontana della Ninfa, nahebei das dorisch angehauchte Teatro Selinus (1873) und die Chiesa del Purgatorio (1624–64).

Umgebung: Einen Besuch lohnt die normannische Kirche Santa Trinità im vier Kilometer entfernten Delia.

Weinkeller

Marsala DOC

Es heißt, Garibaldi sei in Marsala gelandet, habe das Weingut besucht und dann die Insel erobert. Besichtigen Sie die renommierten Weinkeller der Cantine Florio, bevor Sie in der Weinhandlung vorbeischauen.

🅰 A4 🏛 Via Vincenzo Florio 1, Marsala, 🕐 nur Führungen, siehe Website 🌐 duca.it/florio

---

Kathedrale von Marsala an der Piazza della Repubblica ↓

Kleine Fischerboote auf dem Canale di Sicilia im Hafen von Mazara del Vallo

Die Piazza della Repubblica, begrenzt vom Palazzo Senatorio und der Kathedrale, die dem heiligen Thomas von Canterbury gewidmet ist, bildet das Herz der Stadt Marsala.

⑩
Mozia

🅰 A3 🚢 von Trapani und Marsala (Sonnenauf- bis -untergang) ℹ Mozia Imbarcadero Storico (+39 092 354 0993)

Auf der Insel San Pantaleo liegt die antike phönizische Stadt Mozia in Trümmern. Anfang des 20. Jahrhunderts erstand Joseph Whitaker, Sohn eines Marsala-Weinhändlers, die Insel. Er begann im Jahr 1913 mit Ausgrabungen und gründete das **Museo Whitaker**, dessen Highlight die Statue »Jüngling aus Mozia« ist. Die Trockendocks der Insel sind neben jenen von Karthago die ältesten im Mittelmeer.

Museo Whitaker
🅿 ♿ 🕘 Apr–Okt: tägl. 10–14, 15–19; Nov–März: tägl. 9–15 🌐 museodimozia.it

⑪
Mazara del Vallo

🅰 A4 👥 51 000 🚗 50 km von Trapani, 125 km von Palermo ℹ Via XX Settembre (+39 092 394 4610) 🚌 Mi Festino di San Vito (Aug)

Die Stadt am Canale di Sicilia an der Mündung des Mazaro ins Mittelmeer war einst der Hafen von Selinunte. Mazara del Vallo wurde 409 v. Chr. von Karthago zerstört und fiel später an das Römische Reich. Die Araber machten die Stadt zur Hauptstadt eines der drei »Täler«, in die sie Sizilien aufteilten. Im Jahr 1072 wurde Mazara von Roger I. erobert. Er richtete hier seinen Regierungssitz ein und berief das erste normannische Parlament.

An der Piazza Mokarta sind noch Relikte der normannischen Burg zu sehen. Dahinter liegt die mittelalterliche, 1694 im Barockstil umgebaute Kathedrale, in der sich Antonello Gaginis Skulptur *Verklärung Christi* befindet. An der Piazza della Repubblica liegen das Seminario dei Chierici und der Palazzo Vescovile. Beim Lungomare Mazzini mit dem Museo Civico im Collegio dei Gesuiti kann man in die arabische Altstadt eintauchen.

> **»Tanzender Satyr«**
>
> Mazara del Vallo erlangte 1998 weltweit Aufmerksamkeit, als ein aus der Hafenstadt stammender Fischer eine griechische Bronze des *Satiro Danzante* (»tanzender Satyr«) auf dem Meeresboden entdeckte. Nach der Restaurierung befindet sich die Statue (4. Jh. v. Chr.) in einem eigens eingerichteten Museum in der früheren Chiesa di Sant'Egidio an der Piazza Plebiscito.

Windmühle in den Salzsümpfen nahe Trapani (siehe S. 129)

Weingut

Pollara Principe di Corleone

Nach einer Besichtigung des Weinguts Pollara Principe di Corleone genießen Sie den preisgekrönten regionalen Bianco d'Alcamo.

🅐 B3 📍 Contrada Malvello, Monreale 🌐 principedi corleone.it

⑫ Salemi

🅐 A3 👥 12 000 🚌 95 km von Palermo 🛈 Piazza Libertà 8 (+39 092 498 1426) 🛒 Sa 🎭 San Giuseppe (März) 🌐 salemi.gov.it

Der agrarisch geprägte Ort im Valle del Delia besteht seit der Antike. Vermutlich entspricht er dem von Diodor erwähnten Halikyae. Trotz des Erdbebens von 1968 besitzt er noch sein arabisches Grundschema mit dem Straßengewirr zu Füßen der drei Türme der Burg. In der im 11. Jahrhundert errichteten, unter Friedrich II. im 13. Jahrhundert umgebauten Burg erklärte sich Garibaldi am 14. Mai 1860 im Namen von König Viktor Emanuel zum Regenten Siziliens.

In der Altstadt sind an Sehenswürdigkeiten hervorzuheben: Sant'Agostino mit seinem großen Kreuzgang, das Collegio dei Gesuiti (17. Jh.) mit der Chiesa dei Gesuiti, das Oratorio del Ritiro sowie die städtischen Museen, allen voran das Museo Civico d'Arte Sacra.

⑬ San Vito Lo Capo

🅐 A2 👥 4000 🚌 38 km von Trapani 🛈 Via Savoia 167 (+39 092 397 2383) 🌐 san vitolocapo.org/il-comune

San Vito Lo Capo ist ein beliebter Ferienort am Golfo di Castellammare mit einem der schönsten Sandstrände Siziliens. Viele Läden und Restaurants säumen die Fußgängerzone Via Savoia. Von der Strandpromenade führt ein kurzer Spaziergang zu einem Leuchtturm auf einem windgepeitschten Kap. Von dort hat man einen wunderbaren Blick über den gesamten Golf. Vom Hafen aus werden viele Bootsfahrten angeboten.

Umgebung: 12 Kilometer südlich von San Vito ist das Naturschutzgebiet Zingaro *(siehe S. 116)* ein idealer Ausgangspunkt zum Wandern.

⑭ Castellammare del Golfo

🅐 B3 👥 15 000 🚆 Palermo – Trapani 🛈 Pro Loco, Corso B. Mattarella 31 (+39 092 435 175) 🌐 prolococastellammare.it

Zunächst war der Ort der Hafen der griechischen Siedlungen Segesta und Erice, später eine arabische Festung. Im Mittelalter entwickelte sich die Stadt zum Zentrum von Handel und Fischfang. Ihr Kern mit der normannischen Burg und den Gassen des *castri di la terra* genannten mittelalterlichen Viertels liegt auf einer Landenge. In der Via Garibal-

di steht die im 18. / 19. Jahrhundert umgebaute Chiesa Madre.

Alcamo

B3 ⋅ 45 000 ⋅ Palermo – Trapani ⋅ Castello dei Conti di Modica (+39 092 422 915)

Die Festung *Manzil Alqamah* entstand unter den Arabern als Knoten im regionalen Verteidigungsnetz, die Siedlung Alcamo am Fuß des Monta Bonifato später. Vom 13. bis 14. Jahrhundert hatte sich die Stadt um die Chiesa Madre und die Burg herum entwickelt. An der Piazza

> 💬 Expertentipp
> **CousCous Festival**
>
> Das jedes Jahr im September in San Vito Lo Capo veranstaltete Festival ist ein wahrer Besuchermagnet. Genießen Sie orientalische Speisen, Musik und zum Ende ein Feuerwerk.

Ciullo steht die 1724 über einem Vorgängerbau errichtete Kirche Sant'Oliva, in deren Nähe die mit Fresken (15. Jh.) geschmückte Chiesa del Rosario. Die Piazza della Repubblica wird von der Kirche Santa Maria del Gesù flankiert. Die Chiesa Madre, das interessanteste Gotteshaus, stammt aus dem 14. Jahrhundert, ebenso ihr von Lanzettfenstern durchbrochener Glockenturm. Sehenswert sind die Bilder und Skulpturen der Kapellen.

Corleone

B3 ⋅ 11 000 ⋅ 60 km von Palermo ⋅ Rathaus, Piazza Garibaldi 1 (+39 091 845 2411) ⋅ comune.corleone.pa.it

Im historischen Zentrum der Berggemeinde steht fast an jeder Ecke eine Kirche. Das Museum Il Laboratorio della Legalità (www.laboratoriodellalegalita.it) im beschlagnahmten Haus des Mafioso Bernardo Provenzano widmet sich der Geschichte der Mafia und dem Kampf der Justiz gegen die *cosa nostra*, die in dieser Gegend gegründet wurde. C.I.D.M.A. Corleone (www.cidmacorleone.it) zeigt Dokumente rund um die Verbrecherorganisation.

Gibellina

B3 ⋅ 5000 ⋅ 89 km von Trapani ⋅ Piazza XV Gennaio 1968 (+39 092 467 877) ⋅ Oresteia (in geraden Jahren alle 2 Jahre im Sommer klassisches Theater) ⋅ fondazioneorestiadi.it

1968 verwüstete ein Erdbeben die Orte in und um das Valle del Belice. Betroffen

←

Stimmungsvoller Hafen des Küstenorts Castellammare del Golfo

↑ *Pietro Consagras Skulptur* Stella *an der Ortseinfahrt von Gibellina*

war auch Gibellina, das 20 Kilometer entfernt wiederaufgebaut wurde. Mehr als 40 Jahre nach der Katastrophe wirkt das neue Gibellina zunächst wenig attraktiv. Dennoch lohnt ein Besuch, denn die Arbeit von Architekten und Künstlern hat der Gegend viele Kunstwerke beschert, so Pietro Consagras Skulptur *Stella* (»Stern«), das Wahrzeichen von Gibellina Nuova.

Zu den weiteren Attraktionen zählen die Torre Civica Carillon an der Piazza del Municipio und das über den Resten des Palazzo Di Lorenzo (17. Jh.) erbaute Centro Culturale. Ebenfalls sehenswert sind das den örtlichen Bräuchen und Werkzeugen gewidmete Museo Antropologico-Etnologico und das **Museo Civico d'Arte Contemporanea**, das Werke, darunter auch Skulpturen und Grafiken, von namhaften zeitgenössischen Künstlern wie Fausto Pirandello, Renato Guttuso, Antonio Sanfilippo und Mario Schifano präsentiert.

Museo Civico d'Arte Contemporanea
⋅ Via Segesta
⋅ +39 092 467 428 ⋅ Di – Sa 9 –13, 16 –19, So 10 –12

Ruine des gymnasion in Solunto am Monte Catalfano

⑱
Solunto
🅰 C3 📞 Museum: +39 091 904 557 🚉 Santa Flavia – Solunto – Porticello 🕐 Mo – Sa 9–18:30 (Winter: bis 17:30), So, Feiertage 9–14

Das Ruinenfeld von Solunto an den Hängen des Monte Catalfano, eine der ältesten phönizischen Siedlungen Siziliens, gibt einen großartigen Blick aufs Meer frei. Schon der griechische Geschichtsschreiber Thukydides hat Solunto zusammen mit Palermo und Mozia erwähnt. Die Stadt wurde 254 v. Chr. von den Römern erobert und war im 2. Jahrhundert n. Chr. weitgehend verlassen. Die Sarazenen zerstörten sie nahezu vollständig.

Am Eingang sind im Antiquarium (ein kleines Museum) Funde der 1826 begonnenen, noch andauernden Grabungen ausgestellt. Soluntos Anlage entsprach einem traditionellen Schema. Auf dem Pfad zum Ausgrabungsfeld erreicht man die mit Ziegelpflaster und Abflussrinnen versehene Via dell'Agorà. Die Straße verläuft im rechten Winkel zu den Stufen, die seitlich die *insulae* (Wohnblocks) begrenzen. Vom *gymnasion* sind sechs dorische Säulen erhalten, von anderen *insulae* Mosaikböden sowie verputzte, teils bemalte Wände. Am Ostende befindet sich die Agora mit Werkstätten, Zisternen für Regenwasser und einem Theater, von dessen Stufen die Zuschauer aufs Meer blickten.

⑲
Piana degli Albanesi
🅰 B3 👥 6000 ℹ️ Pro Loco, Via Kastriota 207 (+39 350 579 6110) 🎉 Sagra del Cannolo (Apr) 🌐 visitpiana.com

Die Expansion des Osmanischen Reichs auf dem Balkan trieb zahlreiche Albaner *(Albanesi)* nach Italien. Ende des 15. Jahrhunderts erlaubte Johann II. einer Gruppe, hier zu siedeln. Weil seine Bewohner der griechisch-orthodoxen Kirche angehörten, hieß der Ort Piana dei Greci (»Ebene der Griechen«), bis er 1941 in Piana degli Albanesi umbenannt wurde.

Er ist bekannt für seine farbenfrohen religiösen Feiern, etwa das Oster- und Dreikönigsfest, die noch nach dem orthodoxen Kalender begangen werden. Eine gute Besuchszeit ist das Fest der Schutzpatronin Santa Maria Odigitria, dem traditionelle Feierlichkeiten folgen.

An der zentralen Piazza Vittorio Emanuele liegt die byzantinische Santa Maria Odigitria mit schöner Ikonostase. Gegenüber steht die Mitte des 18. Jh. umgestaltete San Giorgio, die älteste Kirche Pianas.

In der Via Kastriota – benannt nach Giorgio Kastriota Skanderbeg, einem albanischen Nationalhelden – befindet sich die Kathedrale San Demetrio. Nach orthodoxem Usus trennt auch hier eine Ikonostase Altarraum und Gemeinderaum.

Die Gegend ist bekannt für italienisch-albanische

> **Schon gewusst?**
> Viele Bewohner von Piana degli Albanesi sprechen einen albanischen Dialekt.

Gerichte wie *strangujët* (eine Art Gnocchi) und *kanojët* (eine ricottagefüllte Waffel).

Polizzi Generosa
D4 4000 93 km von Palermo Pro Loco, Via Garibaldi 13 (+39 329 337 75 66)

Das Dorf entstand um eine alte, von den Normannen wiedererbaute Festung. Es besitzt viele Kirchen, u. a. die Chiesa Madre, deren Altarbild *Maria mit dem Kind* (16. Jh.) das Werk eines unbekannten flämischen Malers ist. Ein Museum widmet sich der Naturhistorie von Le Madonie.

Umgebung: Von Polizzi aus kann man bis nach Piano Battaglia fahren und dort auf Wanderwegen oder Skipisten den Madonie-Naturpark erkunden, der seit 2015 auch als UNESCO Global Geopark anerkannt ist.

Gangi
D4 51 km von Cefalù C/da Stagnone (+39 092 150 1471) Sagra della Spiga (2. So im Aug)

In Gangi am Südwesthang des Monte Marone wurden die Maler Gaspare Vazano und Giuseppe Salerno geboren. Mit seinen gewundenen Gassen und den vielen steilen Treppen strahlt der Ort mittelalterliches Flair aus. Er wird von der Chiesa Madre samt Glockenturm (14. Jh.) überragt. Das Highlight der Kirche, Salernos *Jüngstes Gericht*, ist von Michelangelos Sixtinischer Kapelle inspiriert.

Haselnüsse
In und um Polizzi Generosa, einem noch mittelalterlich geprägten Dorf an den Hängen der Madonie-Berge, werden *nocciole* (Haselnüsse) kultiviert. Bis in die 1960er Jahre waren die Verarbeitung der Nüsse und der Handel bedeutende Einnahmequellen für den Ort. Heute spielt die Frucht vor allem kulturell noch eine wichtige Rolle. Die süßen und butterartigen Nüsse werden bei der Sagra delle Nocciole gefeiert, einem jedes Jahr an zwei Tagen im August veranstalteten Food-Festival mit Schaustellern und Umzügen.

Caccamo
C3 9000 48 km von Palermo Piazza Duomo (+39 091 812 2032) Sa

In lieblicher Hügellandschaft, nur zehn Kilometer von der Autobahn Palermo–Catania entfernt, liegt Caccamo. Der Ort breitet sich auf mehreren Ebenen zu Füßen einer zinnenbewehrten Normannenburg aus. Seine gepflegten Straßen münden in hübsche Plätze wie die entzückende Piazza Duomo mit der San Giorgio geweihten Chiesa Madre. Die Kirche flankieren Statuen und zwei symmetrisch gestaltete Barockgebäude, das Oratorio della Compagnia del Sacramento und die Chiesa delle Anime Sante del Purgatorio. Das Oratorio entstand unter den Normannen, wurde aber im 17. Jahrhundert umfassend erweitert. Sein reiches Interieur umfasst einen Taufstein aus der Gagini-Werkstatt.

Die Chiesa besitzt Katakomben, in denen viele Einwohner bis 1850 beerdigt wurden. Unweit entdeckt man die Kirchen Annunziata (zu erkennen an den Zwillingstürmen), San Marco und Benedetto alla Badia. Letztere ist die schönste, barock herausgeputzt mit Stuck und Majolika sowie einem farbigen Fußboden, auf dem ein Schiff auf hoher See inmitten von Engeln die Segel bläht.

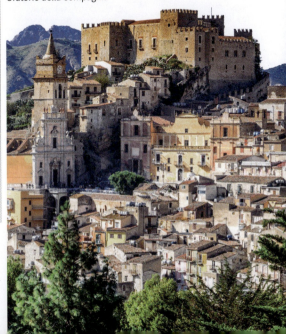

→

Caccamo: mittelalterliches Städtchen unterhalb einer Normannenburg

Von vielen Stellen Petralia Sopranas bietet sich eine grandiose Aussicht

㉓ Petralia Sottana

D3 · 4000 · 98 km von Palermo · Corso Paolo Agliata (+39 092 164 1154) · Prozession San Calogero (18. Juni); Ballo della Cordella (1. So nach dem 15. Aug); Festa dei Sapori Madoniti (letztes Wochenende im Okt)

Das Dorf liegt malerisch am Fuße des höchsten Gipfel des Madonie-Gebirges über dem Imera-Tal. Es erstreckt sich rund um die Via Agliata, die an der Piazza Umberto I gegenüber der spätgotischen, im 17. Jahrhundert umgebauten Chiesa Madre endet. Der Altaraufsatz *Maria mit dem Kind zwischen Petrus und Paulus* ist sehenswert. Die Kirche Santissima Trinità besitzt ein marmornes Altarbild von Domenico Gagini.

㉔ Petralia Soprana

D4 · 3000 · 104 km von Palermo · Piazza del Popolo (+39 092 164 1811) · Sagra del Salgemma, Fest des Salzes (Aug)

Das Plateau des höchstgelegenen Dorfs der Madonie-Berge (1147 m über dem Meeresspiegel) eröffnet ein Panorama von den Nebrodi-Bergen bis zum Kegel des Ätna. Unter den Griechen und Phöniziern war die antike Stadt, die *civitas* »Petra«, von höchster Bedeutung. Im Römischen Reich war sie einer der wichtigsten Weizenlieferanten. Von den Arabern wurde sie *Bataliah* genannt, die Normannen bauten sie zur Festung aus. Später lenkten Adelsfamilien die Geschicke Petralia Sopranas und Petralia Sottanas.

> **Das Plateau des höchstgelegenen Dorfs der Madonie-Berge (1147 m über dem Meeresspiegel) eröffnet ein Panorama von den Nebrodi-Bergen bis zum Kegel des Ätna.**

Schon gewusst?

Petralia war die erste Stadt auf Sizilien, die unter römische Kontrolle geriet.

Schmale Gassen, alte Steinbauten, Patrizierhäuser und Kirchen prägen das mittelalterliche Ortsbild. An einem schmucken Platz steht die Petrus und Paulus geweihte, im 14. Jahrhundert wiederaufgebaute Chiesa Madre. Die Gebrüder Serpotta entwarfen ihre von Doppelsäulen gestützte Kolonnade (17. Jh.). Die Kirche hütet das erste von Fra' Umile Pintorno (1580–1639) bemalte Kruzifix. Weitere Kreuze von Pintorno gibt es überall auf der Insel. Zwei Glockentürme flankieren die Fassade der Kirche Santa Maria di Loreto (18. Jh.), die über einem kreuzförmigen Grundriss auf einer Burgruine erbaut wurde.

Umgebung: Auf einem von Olivenbäumen bewachsenen Hügel liegen die **Ruinen von Halaesa Arconidea**. Die von Griechen 403 v. Chr. gegründete Stadt blühte, bis der römische Prätor Verres sie plünderte. Zu sehen sind noch die Agora sowie Relikte von Kyklopenmauern und einem hellenischen Tempel.

Ruinen von Halaesa Arconidea
🏠 3 km nördlich der Straße nach Tusa 📞 +39 092 133 4531 🕐 tägl. 9–19

㉖ Sperlinga
🅐 E4 👥 900 🚌 47 km von Enna 🛈 +39 348 872 4073 🎉 Sagra del Tortone (16. Aug)

㉕
Castel di Tusa
🅐 D3 👥 4000 🚉 🛈 Via Popolo 45 📞 +39 347 710 9049

Der kleine Badeort wird von den Ruinen einer Burg aus dem 14. Jahrhundert überragt. Alte Steinhäuser säumen die Gassen, die in den zentralen Platz münden. Die Ufer des Flusses Tusa wurden zu einer Open-Air-Galerie mit Werken zeitgenössischer Künstler umgewandelt.

Parallelstraßen auf verschiedenen Ebenen, dazwischen Stufen – Sperlinga sieht aus wie an der steilen Felswand aufgehängt. Im Osten der Gemeinde sind Höhlenbehausungen in den Sandstein gehauen, von denen viele bis Mitte der 1960er Jahre noch bewohnt waren.
Zur Zeit der Normannen lebten hier Norditaliener und Südfranzosen zusammen, deshalb sprechen die Einheimischen der Gegend noch einen merkwürdigen Dialekt namens Galloitalico.

Lokale

Alla Vucciria Risto Pub
In diesem populären Lokal gibt es selbst gebrautes Bier, exzellente Cocktails und Weine aus der Region. Große Auswahl an Fingerfood.

🅐 D3 🏠 Via Vittorio Emanuele 45, Geraci Siculo 🕐 Di – So 10 – 3

Bar Lombardo
Die Bar am Hauptplatz in Petralia Soprana ist ein beliebter Treffpunkt mit winziger Terrasse.

🅐 D4 🏠 Piazza del Popolo 11, Petralia Soprana 🕐 tägl. 7 – 0

Al Mare
Das Restaurant mit großer Terrasse und Blick über die Meeresbucht serviert großzügige Portionen mit frischem Fisch, Meeresfrüchten oder Pizza.

🅐 D3 🏠 SS113, 130, Castel di Tusa 🕐 Mi – Mo 10:30 – 15, 19:30 – 23:30 📞 +39 092 199 7635

Vinothek

Pardor
Regionale Käserei, spezialisiert auf frischen Ricotta, Provola und Scamorza. Arbeitet mit Food-Artists zusammen, die z. B. Käse in Tierform herstellen.

🅐 D4 🏠 SS120, km 73,100 (Bivio di Geraci), Petralia Soprana 🕐 Mo – Fr 8:30 – 13:15, 15:30 – 20, Sa 9 – 13:15, 15:30 – 20 🌐 pardor.it

↑ Viele der Höhlenbehausungen von Sperlinga waren vor gut 50 Jahren noch bewohnt

Bagheria

C3 · 55 000 · Palermo–Cefalù · Corso Umberto I (+39 091 943 111)
comune.bagheria.pa.it

Im 18. Jahrhundert flüchtete der Adel Palermos gern in die Sommerfrische nach Bagheria. Inmitten von Orangenhainen entstanden luxuriöse Villen. Den Anfang machte 1657 Prinz Ettore Branciforti mit der Villa Barbera. Ihm folgten die Valguarneras, Gravinas und andere Familien. Am berühmtesten ist die 2006 restaurierte Villa Palagonia – wegen Hunderter von Statuen, die grotesk verzerrte mythologische Figuren darstellen. Die Villa Cattolica in der Via Ramacca wurde 1736 von Prinz Francesco Bonnano erbaut und ähnelt einer Burg.

Nicosia

E4 · 14 000 · 129 km von Catania, 44 km von Enna · Piazza Garibaldi (+39 093 567 211) · Osterwoche, O' Scontro (Ostern); Makkaroni-Fest (Mai); Palio (2. Woche im Aug); Festival Nicosia da Vivere (Juli–Sep)

Nicosia erstreckt sich im Schatten einer verfallenen arabisch-normannischen Burg über vier Hügel. Beim Streifzug durch die aufsteigenden schmalen Straßen und Gassen eröffnen sich faszinierende Aussichten. Von den Lombarden und Piemontesen, die unter den Normannen die ursprünglich byzantinische Siedlung bevölkerten, zeugt der örtliche Zungenschlag. Aufgrund des früheren Wohlstands gibt es eine Vielzahl an Kirchen und Patrizierhäusern. Historische Bauten, darunter das heutige Rathaus und die gotische Kathedrale San Nicolò, umstehen die Piazza Garibaldi. Über die Stufen der Salita Salomone erreicht man San

---

Hotel

Stella Marina Residence
Das Hotel bietet in einem kleinen Komplex oberhalb des Hafens stilvolle Apartments für Selbstversorger.

B1 · Via Cristoforo Colombo 35, Ustica
stellamarinaustica.it
€€€

Reicher Skulpturenschmuck in der Villa Palagonia in Bagheria ↓

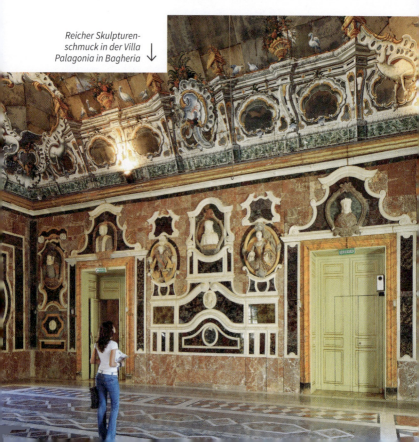

Salvatore, eine romanische Kirche mit mehreren Sonnenuhren und schönem Altstadtblick beim Portal.

Die von aristokratischen Palazzi gesäumte Via Salomone führt zur Kirche Santa Maria Maggiore am Fuß des Burgfelsens. Am Eingang stehen Statuen von Jupiter, Venus und Ceres. Im Inneren erinnert der Thron Karls V. an die Visite des Kaisers anno 1535. Sehenswert sind ferner Antonello Gaginis vergoldetes Altarbild und das Kruzifix des *Barmherzigen Gottvaters*.

Weiter den Berg hinauf gelangt man zur Burg mit einer normannischen Zugbrücke und Resten des Verlieses. Glockentürme aus dem 15. Jahrhundert und schmucklose Apsiden charakterisieren die am Fuß der Burg errichtete normannische Basilica di San Michele.

Santo Stefano di Camastra
🅰 E3 🅰 4500 🅵🆂 Messina – Palermo 🅸 Via Palazzo 35 (+39 092 133 1110) 🅶 Osterwoche

Vasen, Krüge, Teller, Karaffen, Fliesen … die farbenfrohen Auslagen der Kunsthandwerker in Santo Stefano di Camastra verraten es: Der Ort zählt zu Siziliens führenden Keramikzentren. Die meisten Töpferwaren haben historische Vorbilder wie jene in der Villa Comunale. Die auch San Nicolò genannte Chiesa Madre im Zentrum hat ein Renaissance-Portal und innen Stuckdekor.

Schon gewusst?
Einheimische bezeichnen Ustica wegen der Vulkangesteine als »schwarze Perle«.

↑ *Bunte Korallen in der faszinierenden Unterwasserwelt rund um Ustica*

Ustica
🅰 B1 🅰 1300 ✈ Palermo-Punta Raisi 🚢 ab Palermo 🅸 Via Petriera (+39 091 844 9237) 🆆 prolocoustica.com

Vulkanismus hat vor langer Zeit diese nur 800 Hektar große Insel, 46 Kilometer vor Siziliens Nordwestküste, geschaffen: Sie ist die sichtbare Kuppe eines gigantischen Unterwasservulkans. Schwarzes Lavagestein prägt ihr bemerkenswertes Aussehen – Ustica leitet sich von *ustum* (»verbrannt«) ab.

Dank der äußerst fruchtbaren Lavaböden wirft das Land reiche Trauben-, Weizen- und Gemüseernten ab. Landschaft und steile Felsküsten haben Ustica zu einem beliebten Urlaubsziel für Unterwassersportler gemacht. Zum Schutz der Unterwasserwelt wurde am 12. November 1986 hier Italiens erster Meerespark, die Area marina protetta Isola di Ustica, ausgewiesen. Der Park organisiert Touren. Im Juli finden internationale Wettbewerbe im Sporttauchen statt. Fast eine archäologische Unterwasserexpedition ist der Tauchgang, der von der Punta Gavazzi aus antiken römischen Amphoren nachspürt. Dazwischen entdeckt man hochbetagte Anker und andere Relikte von Schiffen, deren Kurs seit uralten Zeiten in diesen Teil des Mittelmeers führte. Es gibt ein kleines Museum mit Unterwasserfunden.

Das Leben des Mitte des 18. Jahrhunderts gegründeten Orts Ustica dreht sich um die Piazza Umberto I mit der weiß getünchten Pfarrkirche. Darüber ragt das Capo Falconara auf, dessen kleines bourbonisches Fort einen herrlichen Blick hinüber nach Sizilien eröffnet.

Die Attraktion der angebotenen Bootstouren sind die Unterwasserhöhlen der Felsküste, u. a. – um nur einige zu nennen – die Grotta Azzurra, vor deren große Kavernen die Natur einen imposanten Torbogen gespannt hat, die Grotta delle Colonne und die gleichnamige Klippe sowie die Grotta Blasi, die Grotta dell'Oro und die Grotta delle Barche, in der die Fischer bei heftigem Sturm ihre Boote sichern können.

TOP 3 Tauchspots vor Ustica

Alta Marea
🅰 Lungomare Cristoforo Colombo 39
🆆 altamareaustica.it
Alta Marea bietet Kurse für alle Niveaus an – von Tauchgängen für Einsteiger bis zum Tiefseetauchen.

Orca Diving Ustica
🅰 Via Cristoforo Colombo
🆆 orcadivingustica.com
Ein überaus populärer Anbieter für Tauchen und Schnorcheln.

Ustica Diving Centre
🅰 Piazza Umberto I
🆆 usticadiving.it
Das von Einheimischen geführte Tauchzentrum bietet Kurse und interessante Tauchgänge an.

Schnorcheln vor der Küste von Lampedusa (siehe S. 166)

Südwest-Sizilien

An der Küste Südwest-Siziliens wechseln sich steile, mitunter zerklüftete und bizarre Klippen und flachere Sandstreifen ab. Der Süden, u. a. mit den Orten Agrigento, Eraclea und Sciacca, war ein bevorzugter Anlaufpunkt für Schiffe, die das Mittelmeer befuhren.

Die Griechen machten Agrigento zum Zentrum ihrer Kultur. Von ihrer Baukunst zeugt ein ganzes Tal voller Tempel: Einige Monumente haben 2500 Jahre bestens überstanden. In Piazza Armerina wiederum gewähren die fabelhaft erhaltenen Mosaiken der Villa del Casale Einblicke in die römische Lebensweise.

Um Enna und Caltanissetta herum liegt Siziliens »steinernes Herz«, dessen Steinbrüche und Schwefelgruben schon seit Jahrhunderten ausgebeutet werden. Aber auch Weizen, Artischocken, Oliven und Mandeln werden hier angebaut. Das Binnenland Südwest-Siziliens scheint Welten entfernt von der Küste. Es ist nur dünn besiedelt, und in den meist einsam auf Gipfeln liegenden Orten wie Enna hält sich eine tief verwurzelte Frömmigkeit, die in den Prozessionen der Karwoche eindringlich zum Ausdruck kommt.

In Richtung Meer, wo Oliven- und Orangenhaine das Land durchsetzen, befand sich das Reich der Großgrundbesitzer, das Giuseppe Tomasi di Lampedusa in *Der Leopard* lebendig beschrieb. Dies ist womöglich der »sizilianischste« Teil Siziliens und zudem Heimat des berühmten Schriftstellers und Nobelpreisträgers Luigi Pirandello.

Südwest-Sizilien

Highlights
1. Agrigento
2. Villa Romana del Casale

Sehenswürdigkeiten
3. Piazza Armerina
4. Castello di Falconara
5. Enna
6. Morgantina
7. Caltanissetta
8. Licata
9. Palma di Montechiaro
10. Canicattì
11. Naro
12. Prizzi
13. Cammarata
14. Racalmuto
15. Eraclea Minoa
16. Mussomeli
17. Caltabellotta
18. Palazzo Adriano
19. Sciacca
20. Siculiana
21. Lampedusa
22. Pantelleria
23. Linosa

Agrigento

C5 Palermo ab Palermo Via Caserma S. Giacomo 6 prolocoagrigento.it

Agrigento hat zwei Hauptattraktionen: die Überreste der griechischen Siedlung im Valle dei Templi *(siehe S. 150f)* und den Felshügel, auf dem die mittelalterliche Stadt entstand. Die Siedlung wurde von den Griechen als Akragas gegründet. Nachdem die Römer sie 210 v. Chr. erobert hatten, nannten sie sie Agrigentum. Zur Zeit der Völkerwanderung verlagerte man sie vom Tal auf den Felsen. Später fiel sie an die Byzantiner, dann an die Araber und 1087 an die Normannen.

① Kathedrale und Museo Diocesano
 Piazza Don Minzoni

Die zu verschiedenen Zeiten ausgeführten »Liftings« sieht man der Kathedrale (11. Jh.) an: Die Lanzettfenster des Campanile sind katalanisch-gotisch, andere Fenster sind ganz normannisch. Innen führt ein beeindruckendes gotisches Portal in die Cappella di San Gerlando. Interessant ist das Phänomen des *portavoce* (»Sprachrohrs«), ein Echo: Wenn man unter der Apsis steht, kann man jedes Wort verstehen, das am 80 Meter entfernten Ende des Hauptschiffs geflüstert wird. Das **Museo Diocesano** zeigt römische Sarkophage und Fresken.

Schon gewusst?

Agrigento wurde zur Kulturhauptstadt Italiens 2025 gewählt.

Museo Diocesano
 Via Duomo 96
 tägl. 10–13, 16–19
 museodiocesanoag.it

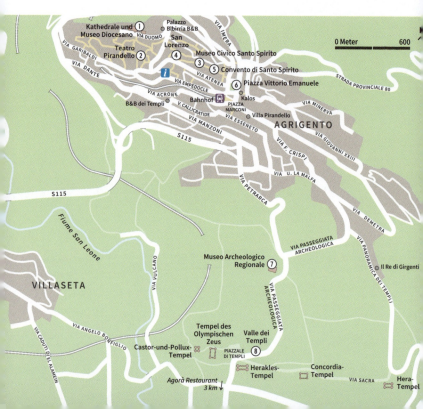

↑ *Blick über die moderne Stadt Agrigento an der Südküste Siziliens*

②
Teatro Pirandello
🏛 Piazza Pirandello 35
📞 +39 092 259 0220 🌐 fondazioneteatropirandello.it

Das Theater wurde 1870 als Teatro Regina Margherita gegründet und später nach dem in Agrigento geborenen Nobelpreisträger umbenannt. Dionisio Sciascia entwarf den Bau, der Teil des Rathausgebäudes ist. Giovanni Basile sorgte für die Ausstattung.

③
Museo Civico Santo Spirito
🏛 Via Santo Spirito 9
📞 +39 092 259 0371 Di–Fr 8:30–18, So 10–13 🕙 Mo

Das Museum liegt beim alten Convento Suore Benedettine. Es beherbergt Skulpturen und eine ethnografisch-anthropologische Sammlung. Das nahe **Collegio dei Filippini** zeigt Gemälde (14.–20. Jahrhundert).

Collegio dei Filippini
🏛 Via Atenea 270 🕙 Mo–Do, Sa 9–13, 15:30–18:30, Fr 9–13

④
San Lorenzo
🏛 Piazza del Purgatorio
🕙 Di–So 15:30–19:30

Vom Ursprungsbau der auch Chiesa del Purgatorio (Kirche des Fegefeuers) genannten Kirche ist seit der Barockisierung im 17. Jahrhundert wenig erkennbar. Reiche Bürger des Viertels gaben die prunkvolle Ausstattung in Auftrag. Außen imponieren der Glockenturm, die zweistöckige Fassade und die beiden gewundenen Säulen an den Flanken des Portals.

Innen gibt es ein Madonnenbildnis von Antonello Gagini sowie eine ihm zugeschriebene Madonna. Sowohl das Innere als auch das Äußere des Gebäudes beherbergen allegorische Statuen, die die christlichen Tugenden darstellen und von Giuseppe und Giacomo Serpotta im frühen 18. Jahrhundert geschaffen wurden.

> 💬 **Expertentipp**
> **San Leone**
>
> Wenn Sie gerne Livemusik hören wollen, besuchen Sie Agrigentos Viertel San Leone, wo Sie in zahlreichen Bars und Clubs – teils auch am Strand – bis tief in die Nacht tanzen und feiern können.

Restaurants

Agorà Bar Pasticceria
Das hell dekorierte Lokal bietet neben Snacks und leichten Mittagsgerichten vor allem Süßspeisen, Eis und Desserts.

🏛 Via Leonardo Sciascia 21
🌐 agorapasticceria.it
€€€

Il Re di Girgenti
Erfreuen Sie sich an gemütlichem Ambiente, großartigem Essen und einem atemberaubendem Blick über das Valle dei Templi.

🏛 Via Panoramica dei Templi 51 🕙 Di; Nov
🌐 ilredigirgenti.it
€€€

Kalos
Genießen Sie kreative sizilianische Küche auf der Terrasse mit schönem Blick auf das historische Zentrum.

🏛 Salita Filino 1 🕙 Mo
🌐 ristorantekalos.it
€€€

Hotels

Palazzo Bibirria B & B
Dieses charmante Boutique-Hotel im Herzen des historischen Zentrums von Agrigento liegt ideal, um die Sehenswürdigkeiten der Stadt zu Fuß zu erkunden. Das sizilianische Frühstück, ein Mix aus süßen und herzhaften Köstlichkeiten, umfasst auch glutenfreie Gerichte.

🏠 Via Duomo 60
🌐 palazzobibirria.it

Villa Pirandello
Das B & B in einer Villa aus dem 19. Jahrhundert, in der einst Luigi Pirandellos Frau lebte, wird von einer sizilianisch-englischen Familie betrieben. Einfache, helle Zimmer und eine Terrasse mit dem Restaurant Terra im schattigen Garten.

🏠 Via Francesco Crispi 34
🌐 bb-villa-pirandello-agrigento.it

B & B dei Templi
Die Unterkunft befindet sich in einem Wohnhaus und liegt günstig, um das Tal der Tempel zu besuchen. Die Zimmer sind einfach eingerichtet, haben aber eigene Bäder. Das Frühstück wird in der Gemeinschaftsküche serviert.

🏠 Via Panoramica Valle dei Templi 5
🌐 viadeitempli.it

⑤ Convento di Santo Spirito

🏠 Cortile Santo Spirito
📞 +39 092 215 527 37
🕐 tägl.

Gräfin Prefoglio, eine Angehörige der einflussreichen Familie Chiaramonte, stiftete im 13. Jahrhundert diese Zisterzienserinnenabtei. Kirche und Kloster wurden seit jener Zeit mehrfach umgestaltet – insbesondere die Kirchenfassade, deren Portal und Fensterrose dennoch in ihrem gotischen Erscheinungsbild erhalten sind.

Das Gotteshaus war viele Jahrhunderte lang das bedeutendste in der gesamten Gegend und seinerzeit unter dem Namen Badia Grande (»Große Abtei«) bekannt. Das Mittelschiff erhielt im 18. Jahrhundert üppige Stuckaturen und skulptierte Vertäfelungen. Im Kloster lohnen der Kreuzgang und der von gotischen Arkaden gesäumte Kapitelsaal eine nähere Betrachtung.

⑥ Piazza Vittorio Emanuele

Die Piazza Vittorio Emanuele, ein weitläufiger, lebhafter Platz, verbindet Agrigentos Altstadt Girgenti im Westen mit dem im 19. Jahrhundert entstandenen Viertel Rupe Atenea im Osten. Das Tal zwischen den beiden Stadtteilen wurde im späten 19. Jahrhundert aufgefüllt.

> In der großartigen und zu Recht berühmten Vasensammlung des Museo Archeologico Regionale findet man außergewöhnliche attische Stücke.

↑ *Oase der Ruhe – der Innenhof des Convento di Santo Spirito*

↑ *Bastione di Carlo V im alten Hafen von Porto Empedocle*

Umgebung: Zu Füßen von Agrigento, in Richtung Meer und Porto Empedocle, steht in der Gemeinde Caos die **Casa Museo Luigi Pirandello**. Das Haus des 1934 mit dem Nobelpreis prämierten Schriftstellers und Theaterautors dient heute als Museum und zeigt Erinnerungsstücke, Fotografien, Briefe und Manuskripte. Die Urne mit Pirandellos Asche ist in der Nähe des Dorfs in einer Felsspalte über dem Meer beigesetzt.

Weiter Richtung Meer liegt Porto Empedocle, ein einst wichtiger Umschlaghafen der Bergbauindustrie im Hinterland. Im alten Hafen fasziniert die Bastione di Carlo V, das Bollwerk von Karl V. In einem anderen Hafenteil dümpeln Fischerboote.

An der Küste zwischen Realmonte und Porto Empedocle liegt die Scala dei Turchi. Der weiße treppenförmige Mergelfels »Treppe der Türken« diente im 16. Jahrhundert möglicherweise als Zufluchtsort sarazenischer Piraten. Heute ist er ein beliebter Treffpunkt, um den Sonnenuntergang zu beobachten.

Casa Museo Luigi Pirandello
⊘ 🏠 SS 115, Contrada Caos, Villaseta ⓘ Mo – Fr 9 –19 (So, Feiertage bis 13)
ⓦ casamuseopirandello.it

⑦
Museo Archeologico Regionale
🏠 Contrada San Nicola
📞 +39 092 218 399 96
🕐 tägl. 9 –19:30

Das archäologische Museum im Convento di San Nicola, das einen grandiosen Blick über das Valle dei Templi ermöglicht, zeigt Funde von Ausgrabungen aus der Umgebung. In der großartigen und zu Recht berühmten Vasensammlung findet man außergewöhnliche attische Stücke. Unter den Statuen fällt das Marmorbildnis eines jungen Athleten auf, *Ephebe von Agrigento* genannt. Interessant ist auch die Rekonstruktion eines Tempels.

↑ *Eine der vielen attischen Vasen im Museo Archeologico Regionale*

> **Orangen aus Ribera**
>
> Orangen werden vornehmlich in der Ebene um den Ätna angebaut, stellen aber auch im Südwesten Siziliens eine nicht unwesentliche Einnahmequelle dar. In der Umgebung von Ribera, dem Geburtsort des Politikers Francesco Crispi (1801 –1901), kultiviert man eine köstliche große Navelorange, die Amerika-Heimkehrer mitgebracht haben. Beim jährlich stattfindenden Orangenfest schmücken viele Skulpturen aus Früchten die öffentlichen Parks. Der Duft der beinahe das ganze Jahr hindurch blühenden Orangenbäume ist schlicht überwältigend.

Highlight

Valle dei Templi

◆ Agrigento ☏ +39 092 262 1611 ◷ tägl. 8:30 – 20 (letzter Einlass 1 Std. vor Schließung) ⊕ parcovalledeitempli.it

Das Valle dei Templi (Tal der Tempel) südlich von Agrigento ist einer der beeindruckendsten Gebäudekomplexe aus der griechischen Antike außerhalb Griechenlands und somit ein Paradebeispiel für die Pracht der Magna Graecia genannten Region in Süditalien. Die antike Siedlung Akragas (heute: Agrigento) pries der griechische Dichter Pindar als »schönste der von Sterblichen bewohnten Städte«. Die archäologischen Stätten von Agrigento wurden 1997 zum UNESCO-Welterbe erklärt.

Akragas wurde 581 v. Chr. von Siedlern aus Gela gegründet und entwickelte sich zu einer der reichsten und mächtigsten Städte Siziliens. Besucher berichteten, dass die Bewohner Elfenbeinmöbel sowie Silber und Gold besaßen und kunstvolle Gräber für ihre Haustiere anfertigten. Die Stadt war auch für die Zucht von Pferden bekannt, die bei den Olympischen Spielen regelmäßig gewannen. Nach der Belagerung durch die Karthager 406 v. Chr. wurde Akragas 261 v. Chr. von den Römern eingenommen, die die Bevölkerung versklavten und die Stadt in Agrigentum umbenannten. Bis zum Ende des Reichs blieb sie unter römischer Kontrolle. Heute kann man Ruinen von Tempeln und ein Museum erkunden.

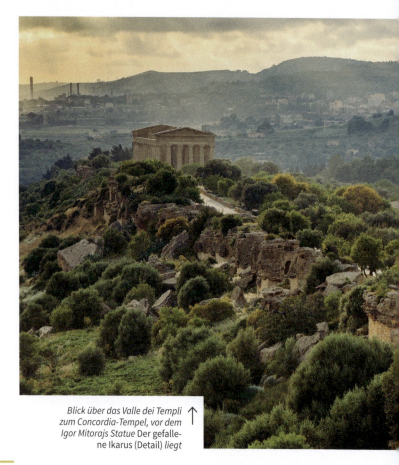

Blick über das Valle dei Templi zum Concordia-Tempel, vor dem Igor Mitorajs Statue Der gefallene Ikarus (Detail) *liegt*

Frühchristliche Katakomben

Außer den großartigen Baudenkmälern aus der Ära von Magna Graecia stehen im Valle dei Templi auch frühchristliche Ruinen. Zwischen dem Herakles- und dem Concordia-Tempel wurde das Hypogäum (Grotta di Frangipane) der Villa Igea in den Fels gehauen. Diese Gruft diente als frühchristlicher Friedhof. Steinplatten trennen die Nischen, zwischen denen sich Kapellen mit Spuren von Fresken finden.

Attraktionen

Highlight

Museo Archeologico

▷ Das Archäologische Museum von Agrigento wurde 1967 eröffnet. Es umfasst 13 Räume mit vielfältigen Objekten von der Prähistorie bis zur frühchristlichen Zeit. Schwerpunkte bilden die griechische und römische Antike mit Artefakten wie Vasen, Statuen und Sarkophagen.

Tempel des Olympischen Zeus

Von diesem Tempel (5. Jh. v. Chr.) – dem größten dorischen Tempel, der jemals gebaut wurde – sind nur wenige Trümmer erhalten.

Herakles-Tempel

▷ Der älteste Tempel des Tals (6. Jh. v. Chr.) war dem von Griechen wie Römern verehrten Helden gewidmet. Der dorische Bau erhob sich über dem Grundriss eines Rechtecks.

Concordia-Tempel

Der Bau (5. Jh. v. Chr.) mit 34 Säulen ist einer der am besten erhaltenen dorischen Tempel – auch weil er in eine Kirche umgewandelt wurde. Er wurde 1748 originalgetreu restauriert.

Hera-Tempel

Dieser Tempel (5. Jh. v. Chr.) wurde in römischer Zeit restauriert. 25 der einst 34 Säulen sind noch erhalten.

Castor-und-Pollux-Tempel

▷ Die vier erhaltenen Säulen und der Dachrest dieses Tempels wurden im 19. Jahrhundert restauriert.

Villa Romana del Casale

E5 **5 km südwestl. von Piazza Armerina** **tägl. 9–18 (Nov–März: bis 17); Online-Reservierung vorab erforderlich** **villaromanadelcasale.it**

Die Ende des 19. Jahrhunderts entdeckte Villa zählt zu den Top-Highlights der archäologischen Schatzkammer Sizilien und seit 1997 zum UNESCO-Welterbe.

Detailfrohe Bodenmosaiken schmückten sämtliche Räume. Durch einen Bergrutsch, bei dem im 12. Jahrhundert die Villa unter Schlamm begraben wurde, blieben sie in idealer Weise erhalten. Am besten besichtigt man zunächst die Thermen, dann das große Peristyl und den langen Wandelgang mit seinen Jagdszenen und zuletzt – als Höhepunkt des Besuchs – die Privaträume des Komplexes.

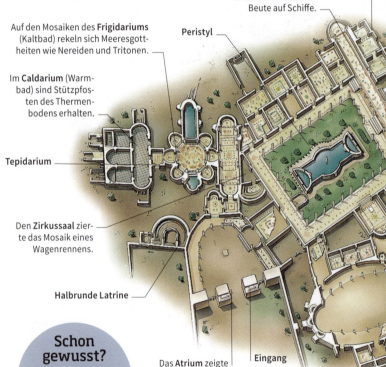

Im **Vestibül** der Privaträume schildert ein Mosaik die Sage von Odysseus und dem Kyklopen Polyphem.

Die Mosaiken im **Wandelgang** illustrieren die Jagd und das Verladen der Beute auf Schiffe.

Auf den Mosaiken des **Frigidariums** (Kaltbad) rekeln sich Meeresgottheiten wie Nereiden und Tritonen.

Peristyl

Im **Caldarium** (Warmbad) sind Stützpfosten des Thermenbodens erhalten.

Tepidarium

Den **Zirkussaal** zierte das Mosaik eines Wagenrennens.

Halbrunde Latrine

Schon gewusst?
Die »Bikinis« auf den Mosaiken sind Lendenschurze (Subligaculum), die von Sportlern getragen wurden.

Das **Atrium** zeigte sich als von ionischen Säulen umstellter Hof mit Venusschrein.

Eingang

Das **Mosaik** mit zehn jungen Frauen in »Bikinis« beim Sport zählt zu den berühmtesten der Anlage.

Highlight

SEHENSWÜRDIGKEITEN

Detailgenau restauriertes Bodenmosaik

In dem von Kolonnaden gesäumten **Atrium** zeigt ein Mosaik, wie Arion von einem Delfin gerettet wird. Um ihn herum sind weibliche Figuren, Meerestiere und Liebesgötter zu sehen.

Aquädukt

← Ruinen der Villa Romana del Casale

Die Mosaiken im **Triclinium** (Speiseraum) zeigen Taten des Herkules und andere mythologische Themen.

❸ Piazza Armerina
🅐 E5 🅐 Enna 🚌 ℹ️ Via Generale Muscarà 47a (+39 093 568 0201) 🌐 piazzaarmerina.org

Die Stadt liegt inmitten eines seit dem 8. Jahrhundert v. Chr. besiedelten Gebiets. Sie entstand im Mittelalter, in einer Zeit der Zusammenstöße zwischen Latinern und der einheimischen, von der jahrhundertelangen arabischen Vorherrschaft geprägten Bevölkerung. Infolge dieser Kämpfe wurde Piazza Armerina im 12. Jahrhundert verwüstet, um den Colle Mira – im Zentrum des heutigen Viertels Monte – herum neu aufgebaut und von Lombarden besiedelt. Im späten 14. Jahrhundert erhielt die Stadt einen neuen Mauergürtel, über den sie jedoch binnen kurzer Zeit hinauswuchs, um sich auf den Hügeln und Hängen der Umgebung auszubreiten.

Das große Castello Spinelli im Herzen der Stadt wurde unter dem aragonischen König Martin I. im späten 14. Jahrhundert erbaut. Ebenfalls zentral liegt die der Stadtheiligen Vittoria geweihte Kathedrale, ihr Glockenturm ist das Relikt einer Vorgängerkirche aus dem 14. Jahrhundert. Innen sind der Chor (1627) und das bemalte Kruzifix (spätes 15. Jh.) sehenswert. Das angeschlossene kleine Museo Diocesano zeigt Gewänder, Monstranzen und Reliquienschreine.

Die Stadt bietet viele weitere Attraktionen, darunter die zentrale Piazza Garibaldi mit dem barocken Palazzo del Senato und zwei palastartige Villen der Barone von Capodarso. Eigentlich lädt die gesamte Altstadt mit ihren charmanten mittelalterlichen Gassen und Treppen zu einem Spaziergang durch die Geschichte ein.

Unweit von Piazza Armerina, am Ende der Via Tasso, blickt die Chiesa del Priorato di Sant'Andrea weit über ein Tal. Sie wurde 1096 errichtet und ging später in den Besitz des Ordens der Ritter vom Heiligen Grab über. Die Kirche stellt ein beeindruckendes Denkmal der sizilianischen Romanik dar. Falls sich die Möglichkeit ergibt (die Kirche ist nur während der Sonntagsmesse geöffnet), sollte man sich die Fresken aus dem 12. bis 15. Jahrhundert ansehen, die in den 1950er Jahren freigelegt wurden.

↑ *Blick über das Häusermeer von Piazza Armerina mit der Kathedrale*

④
Castello di Falconara
🅐 D5–6 📞 +39 091 329 082
🕐 nur nach Vereinbarung
🌐 castellodifalconara.it

Hauptattraktion des Dorfs ist das majestätische Castello di Falconara (15. Jh.) in herrlicher Lage auf einem Felsvorsprung über dem Meer. Die Burg wird teils als Hotel genutzt; Sie können private Touren im Voraus über das Hotel buchen.

In Richtung Licata erreicht man den Salso, Siziliens zweitgrößten Fluss. Er durchströmt steinsalzhaltige Felsen, weshalb sein Wasser *salso* (»salzig«) schmeckt. Er bahnt sich seinen Weg durch das Sommatino-Plateau und eine Reihe von Schluchten, ehe er ruhig durch die weite Küstenebene mäandriert.

⑤
Enna
🅐 E4 👥 30000 🚆 ab Catania und Palermo
ℹ️ Piazza Colajanni 6 (+39 093 524 911)

Enna ist 979 Meter hoch gelegen und damit Italiens höchste Provinzhauptstadt. In der Antike war es erst griechisch, dann karthagisch und römisch. Die Stadt behauptete sich noch nach der arabischen Eroberung von Palermo als Bastion der Byzantiner. 859 nahm General Al-Abbas Ibn Fadhl sie ein. Ab 1089 beherrschten sie die Normannen. In der Folge wurde Enna um das Castello di Lombardia und das Castello Vecchio (heute Torre di Federico) herum befestigt. Umgrenzt von den (heute nicht mehr sichtbaren) Mauern, entstanden die Wahrzeichen der religiösen und weltlichen Macht an der heutigen Via Roma.

Der Via Roma folgend, gelangt man zunächst zur Piazza Vittorio Emanuele mit der Kirche San Francesco d'Assisi, von deren Originalbau nur noch der Glockenturm (15. Jh.) steht.

An der Piazza Colajanni fällt der Palazzo Pollicarini mit seinem katalanisch-gotischen Fassadenabschnitt (neben der Treppe) ins Auge, aber auch die Kirche Santa Chiara.

Eleonora, die Gattin Friedrichs II. von Aragón, stiftete 1307 die Kathedrale, die nach dem Brand Mitte des 15. Jahrhunderts mit dem Grundriss eines lateinischen Kreuzes wiederaufgebaut

Karwoche (Settimana Santa)
Einen wichtigen Platz im Festkalender nehmen die *Misteri*-Prozessionen ein, die in der Karwoche mit Skulpturen den Leidensweg Christi nachvollziehen. Tausende Besucher verfolgen die Festlichkeiten. In Enna beginnen sie am Palmsonntag. An vier Tagen ziehen 15 Bruderschaften zur Kathedrale. Die Karfreitagsprozession folgt der Statue der Madonna der Sieben Schmerzen.

← *Das Castello di Falconara steht direkt an der Mittelmeerküste*

wurde. Der mit Statuen und Gemälden reich ausstaffierte Innenraum besitzt zwei Seitenschiffe.

Das **Museo Regionale Interdisciplinare di Enna** präsentiert vielfältige Relikte aus griechischer und römischer Zeit, die in Enna, in der Umgebung und am Lago di Pergusa, dem einzigen natürlichen See Siziliens, geborgen wurden.

Der Stolz der Stadt sind jedoch die beiden Festungen: Das unter den Staufern errichtete, unter den Aragoniern umgestaltete **Castello di Lombardia** gilt als eine der imposantesten Burgen Siziliens. Zu besichtigen sind drei Höfe, die Torre Pisana und Rocca di Cerere (»Felsen der Ceres«). Vom Castello Vecchio steht nur noch die achteckige Torre di Federico II in einem Park.

Museo Regionale Interdisciplinare di Enna
+39 093 550 763 04
tägl. 9–18

Castello di Lombardia
Via Lombardia 24
+39 093 550 0875
tägl. 10–19

❻ Morgantina
E5 Mo–Do 9–12 (Fr–So bis 17) Via Generale Muscarà 47a, Piazza Armerina (+39 093 568 0201); Ruinen von Morgantina: +39 093 587 955

Siedler aus dem Latium gründeten um 1000 v. Chr. Morgantina. Ihre Blüte als Handelsposten in hellenistischer und römischer Zeit verdankte die Stadt ihrer Lage zwischen Nord- und Südsizilien. Vom Hügel hat man eine Übersicht über ihre Ruinen – Theater, Agora und Straßenzüge –, die sich in die reizvolle Landschaft betten.

Hotel

Castello di Falconara
Das in der gleichnamigen Festung aus dem 15. Jahrhundert eingerichtete Hotel dokumentiert noch heute Pracht und Erhabenheit früherer Jahrhunderte.

Gäste des Hauses haben die Wahl zwischen Zimmern und Apartments. Neben direktem Zugang zum Strand verfügt das Anwesen über einen wie einen See gestalteten Swimmingpool, von der Veranda genießt man einen tollen Meerblick.

D4 SS115, km 245, Butera, Caltanissetta
castellodifalconara.it
€€€

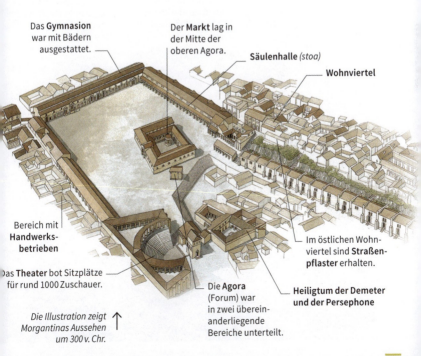

Das **Gymnasion** war mit Bädern ausgestattet.

Der **Markt** lag in der Mitte der oberen Agora.

Säulenhalle *(stoa)*

Wohnviertel

Bereich mit **Handwerksbetrieben**

Das **Theater** bot Sitzplätze für rund 1000 Zuschauer.

Die **Agora** (Forum) war in zwei übereinanderliegende Bereiche unterteilt.

Im östlichen Wohnviertel sind **Straßenpflaster** erhalten.

Heiligtum der Demeter und der Persephone

Die Illustration zeigt Morgantinas Aussehen um 300 v. Chr. ↑

❼ Caltanissetta

🅐 D4 🅜 61 000 🅕🅢 ab Catania und Palermo 🅘 Pro Loco, Corso Umberto 1, 138 (+39 093 458 5890)
🅦 prolococaltanissetta.com

Zu den ältesten Siedlungsspuren und interessantesten Sehenswürdigkeiten der Gegend zählt die **Abbazia di Santo Spirito** (1153), eine Ende des 11. Jahrhunderts von Roger I. und seiner Gattin Adelasia gestiftete normannische Abtei. Wie andere Bergorte im Inselinneren lag Caltanissetta in einem Schutzring mittelalterlicher Mauern. Die Stadt wuchs jedoch über diesen hinaus, als ab dem 15. Jahrhundert im Umkreis Klöster entstanden.

Nach Italiens Einigung wurde Caltanissetta dank der Steinsalz- und Schwefelgruben zu einem blühenden Bergbauzentrum, was das Gesicht der Stadt gründlich veränderte.

An Sakralbauten gibt es in Caltanissetta die Barockkirche San Sebastiano, Santa Maria la Nova, die San Michele geweihte Kathedrale und Sant'Agata (1605). Letzteres Gotteshaus wird auch, da es neben dem Jesuitenseminar erbaut wurde, Chiesa del Collegio genannt. Seine reiche Ausstattung umfasst u. a. das Gemälde *Martyrium der Sant'Agata*, die Marmorstatue des *Heiligen Ignatius* auf dem Altar des linken Querhauses und in einer Seitenkapelle das Altarblatt *San Francesco Saverio*.

Unweit des verfallenen arabischen Castello di Pietrarossa befindet sich das **Museo Archeologico**, das sich neben Archäologie auch moderner Kunst widmet. Mit zahlreichen Mineralien und Fossilien lockt das vom hiesigen mineralogischen Institut eingerichtete **Museo Mineralogico, Paleontologico e della Zolfara**.

Abbazia di Santo Spirito
🏠 Via di Santo Spirito 57
📞 +39 093 456 6596 🕐 tägl. 10–12, 16–18

Museo Archeologico
🏠 Via di Santo Spirito 📞 +39 093 456 7062
🕐 tägl. 9–13, 15:30–19
🛈 letzter Mo im Monat

Museo Mineralogico, Paleontologico e della Zolfara
🏠 Viale della Regione 71 📞 +39 093 459 1280
🛈 wegen Renovierung

❽ Licata

🅐 D6 🅜 39 000 🅕🅢 ab Siracusa, Palermo und Catania über Caltanissetta (+39 328 061 3653)
🅘 Chiostro Sant'Angelo
🅦 prolocolicata.it

Licata ist eines der wichtigsten Zentren für Gemüseanbau im südlichen Sizilien. Der Ort wurde von Griechen gegründet, der Überlieferung zufolge im Jahr 280 v. Chr.

↑ *Innenraum der Chiesa Matrice di Santa Maria la Nova in Licata*

Schon gewusst?

Licata war eines der bedeutendsten Exportzentren Europas für Schwefel.

von Phintias, dem Tyrannen von Agrigento. Die Römer verschifften von Licata aus die vielfältigen Ernteprodukte der Region.

Vom einstigen Reichtum Licatas zeugen heute noch die zahlreichen in den Fels getriebenen byzantinischen Kirchen. Nach den Arabern übernahm Friedrich II. 1234 die Kontrolle über Licata. Seine Befestigungen fielen jedoch dem Zahn der Zeit zum Opfer, schließlich zerstörten Türken nach einer Belagerung 1561 das Castel Nuovo.

Geschichte schrieb Licata erst wieder am 10. Juli 1943, als in der Nähe die Truppen

←

Die blaue Kuppel der Kathedrale prägt die Silhouette von Caltanissetta

der Alliierten landeten und von hier aus zur Befreiung Italiens antraten.

Licatas urbaner Puls schlägt an der Piazza Progresso mit dem Municipio, dem Rathaus. Der von Ernesto Basile 1935 im Art-déco-Stil gestaltete Bau weist einige interessante Kunstwerke auf, u. a. eine Statue der *Maria mit Kind* und ein Triptychon aus dem 15. Jahrhundert.

Die Exponate des **Museo Archeologico** umfassen prähistorische Artefakte vom Paläolithikum bis in die Bronzezeit, archäologische Fundstücke aus archaischer (vor allem Grabbeigaben), griechischer und hellenistischer Zeit sowie mittelalterliche Statuen, die die christlichen Tugenden verkörpern.

Zur Küste führt der Corso Vittorio Emanuele. Er ist gesäumt von sehenswerten Patrizierhäusern wie dem Palazzo Frangipane, dessen Fassade (18. Jh.) Reliefs schmücken. Am Corso erhebt sich auch die Chiesa Matrice di Santa Maria la Nova (16. Jh.). Sie beherbergt ein Kruzifix aus dem 16. und eine flämische Krippenszene aus dem 17. Jahrhundert.

Weinkeller

Die Region entlang den Hängen des Monte Sant'Oliva ist für einzigartige Weine bekannt. Nehmen Sie sich etwas Zeit, um wenigstens eines der ausgedehnten Weingüter zu besichtigen, deren Reben von reichlich Sonne und kalkhaltigem Boden profitieren. Anschließend begeben Sie sich dann gern in die Weinkeller der Weingüter, um einige der edlen Tropfen selbst zu probieren.

Quignones Casa Vinicola
🄰 D6 🄰 Contrada Sant'Oliva, SS123, km 32, Licata
🅆 quignones.it

Feudi del Pisciotto
🄰 E5 🄰 Contrada del Pisciotto, Niscemi, 20 km südwestl. von Caltagirone
🅆 feudidelpisciotto.it

Tenuta dell'Abate
🄰 D4 🄰 Contrada Giffarrone Abate, Caltanissetta
🅆 tenutadellabate.it

Die modern angelegte Flaniermeile Marina di Cala del Sole ist ein belebtes Viertel und lädt zum Bummeln, Einkaufen und Essengehen ein. Sie ist das Zentrum von Licatas Segelszene und bietet Besuchern eine gute Auswahl an Bars und Cafés, ein Einkaufszentrum und ein Multiplex-Kino.

Museo Archeologico
🄰 Via Dante, Badia di Licata 📞 +39 092 277 2602
🕘 Mo – Fr 9 –13

⑨ Palma di Montechiaro
🅐 C5 🅜 24 000 🅘 Rathaus (+39 338 733 3323)

Der Name des von Carlo Tomasi, Prinz von Lampedusa, 1637 gegründeten Orts verweist auf die Palme im Familienwappen der De Caros, einer Seitenlinie der Tomasi. Die Stadt war bis ins frühe 19. Jahrhundert Lehen der Familie Tomasi di Lampedusa. Die Familie wurde durch den Roman *Il Gattopardo* (*Der Leopard* bzw. *Der Gattopardo*) einer breiten internationalen Öffentlichkeit bekannt.

Palmas Stadtplanung geht zum Teil auf Entwürfe von Giovanni Battista Odierna, einem Astronomen des 17. Jahrhunderts, zurück. Den Mittelpunkt der Stadt bildet die Piazza Provenzani mit der im Stil des Barock errichteten Kirche Santissimo Rosario und einem Benediktinerkloster. Oberhalb davon führt eine monumentale Treppe zur Piazza Santa Rosalia. Auf diesem Platz flankieren zwei Glockentürme die zweistöckige Prunkfassade der Chiesa Madre (spätes 17. Jh.), die ihre Umgebung sonn- und feiertags zum urbanen Zentrum werden lässt.

Bei einem Spaziergang durch die Stadt kann man interessante Barockbauten entdecken.

Umgebung: Einige Kilometer außerhalb der Stadt, unweit der Küste, steht die stimmungsvolle Ruine des Castello di Montechiaro (15. Jh.), die allein schon wegen des sich hier bietenden Ausblicks auf ein einzigartiges Küstenpanorama sehenswert ist. Den schönsten Blick hat man bei Sonnenuntergang. Als Bauherr dieser Burg gilt Federico III. Chiaramonte.

> **Schon gewusst?**
> Im Jahr 1863 erhielt Montechiaro den Namenszusatz »Palma di«.

⑩ Canicattì
🅐 D5 🅜 35 000 🅘 Pro Loco, Largo Aosta (+39 328 677 1361)

Die Stadt, ein bedeutendes Zentrum der Landwirtschaft, ist für ihre süßen Trauben bekannt. Jeden Herbst gibt es daher ein großes Traubenfest. Von arabischen Geografen wurde sie al-Qattà genannt, im 14. Jahrhundert ging sie als Lehen der Familie Palmieri aus Naro in Siziliens Urkundenregister ein. Hochkonjunktur hatte Canicattì im späten 18. Jahrhundert unter der Familie Bonanno, die zahlreiche öffentliche Bauprojekte in die Wege leitete.

Sehenswürdigkeiten des Zentrums sind die Ruine des Castello Bonanno und die in den 1930er Jahren renovierte Torre dell'Orologio. Vom Wohlstand künden die vielen Gotteshäuser: die im Barock umgestaltete, stuckverzierte Kirche San Diego, die Chiesa del Purgatorio, Bewahrerin einer Herz-Jesu-Statue, und die Chiesa del Carmelo, die

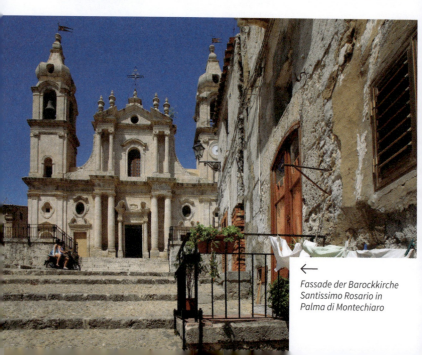

← Fassade der Barockkirche Santissimo Rosario in Palma di Montechiaro

↑ *Naros Castello Chiaramonte thront auf einer Anhöhe, von der sich eine schöne Aussicht bietet*

Café

Bonfissuto Pasticceria
Das Café mit angegliederter Konditorei ist berühmt für seinen Panettone aus sizilianischen Zutaten wie Salz aus Mozia, Pistazien aus Bronte und Orangen aus Ribera.

🅐 D5 🅐 Viale della Vittoria 72, Canicattì
🆆 bonfissuto.com
€€€

---

im frühen 20. Jahrhundert mit Spenden von Kumpeln des Schwefelbergbaus umgestaltet wurde. Hinzu kommen Profanbauten wie der Neptunbrunnen und das Teatro Sociale.

Die Chiesa Madre wurde Anfang des 20. Jahrhunderts aufgefrischt, u. a. mit einer Fassade von Francesco Basile. Unter ihren Gemälden und Plastiken ragt die im byzantinischen Stil skulptierte *Madonna delle Grazie* (16. Jh.) hervor.

An der Hauptstraße der Oberstadt bieten sich vor allem drei Klöster zur Besichtigung an.

⓫ Naro

🅐 CD5 🅐 8000 🅘 Piazza Giuseppe Garibaldi
🆆 comune.naro.ag.it

Der einstige griechische Name (*naron* bedeutet »Wasser«, das arabische Wort *nahr* »Fluss«) verweist auf den Wasserreichtum der Siedlung. Der auf einem Hügel liegende Ort, unter dem Staufer Friedrich II. eine glanzvolle Königsstadt, wurde mehrmals befestigt. Außer der Ruine des meist geschlossenen mittelalterlichen Castello Chiaramonte sind Barockkirchen, Überreste von Klöstern sowie die Kirche Santa Caterina (14. Jh.) und die Chiesa Madre (16. Jh.) zu sehen.

⓬ Prizzi

🅐 C4 🅐 5000 🅘 Rathaus, Corso Umberto (+39 091 834 46 22)

Die windigen, weit über die Täler blickenden Hänge des Monte Prizzi sind seit alter Zeit bewohnt. Einst war Prizzi eine befestigte arabische Siedlung, heute zeigt es ein vorwiegend mittelalterliches Gesicht. Seine Gassen verzweigen sich hinauf bis zum 960 Meter hohen Gipfel, den eine verfallene mittelalterliche Burg krönt.

Beim Bummel durch die Straßen und Gässchen stößt man auf San Rocco, einen großen Platz mit der Kirche Santa Maria delle Grazie und der dem heiligen Georg, dem Schutzpatron der Prizzi, geweihten Chiesa Madre (18. Jh.), Hüterin einer bemerkenswerten Statue des Erzengels Michael.

»Il Gattopardo« (Der Leopard)

Tomasi di Lampedusas 1958 posthum erschienener Roman wurde auf einen Schlag zum Bestseller und von Luchino Visconti meisterhaft verfilmt. Für die Veröffentlichung setzte sich der Schriftsteller Giorgio Bassani ein, der Tomasi di Lampedusa 1954, drei Jahre vor dessen Tod, begegnete. Der Roman – auf Deutsch *Der Leopard* oder *Der Gattopardo* – spielt vorwiegend in Palermo, beschreibt aber auch heute noch atmosphärisch dicht und wiedererkennbar Dörfer und Landschaften dieser Ecke Siziliens, der der Autor stark verbunden war.

Strand von Punta Tenna bei Palma di Montechiaro (siehe S. 158)

Von vielen Stellen Cammaratas hat man wundervolle Ausblicke

⑬ Cammarata

🅰 C4 👥 6500 🚆 ab Palermo und Agrigento ℹ Rathaus, Via Roma (+39 092 290 7211)

Urkundlich erwähnt wurde der Bergort erstmals in normannischer Zeit, als Roger I., Graf von Sizilien, ihn Lucia de Cammarata zum Lehen gab. Sehenswürdigkeiten sind die Chiesa Madre, die Kirche San Nicolò di Bari mit einem Gemälde der Madonna della Catena, das Dominikanerkloster mit seiner Kirche und vor allem der Ort: das mittelalterliche Labyrinth aus Gassen und teilweise schmalen, teilweise breiten Stufen, die fantastische Blicke auf die Talszenerie freigeben.

> Schöne Aussicht
> **Monte Cammarata**
> Folgen Sie dem markierten Weg vom Zentrum Cammaratas hinauf auf den bewaldeten Monte Cammarata, und genießen Sie von dort oben die schönen Aussichten.

⑭ Racalmuto

🅰 C5 👥 9000 🚆 ab Catania und Palermo (über Caltanissetta) ℹ Castello Chiaramontano (+39 092 294 8018)

Federico Chiaramonte ließ den Ort auf einer Festung erbauen. Sein Name leitet sich vom arabischen *rabalmut* (»zerstörter Weiler«) ab. Jahrhundertelang entwickelte sich Racalmuto zusammen mit den Orden der Karmeliter, Franziskaner, Minoriten und Augustiner. Gleichwohl sind noch seine arabischen, von Höfen und Gassen geprägten Grundzüge erkennbar.

Ebenfalls lange Zeit lebte Racalmuto vom Steinsalz- und Schwefelabbau. Heute ist der Ort als landwirtschaftliches Zentrum bekannt – in erster Linie für die süßen Trauben, die nicht zu Wein verarbeitet werden. Zudem ist es der Geburtsort des Schriftstellers Leonardo Sciascia.

An der belebten Piazza Umberto I im Ortszentrum stehen die innen üppig mit Stuckarbeiten geschmückte Chiesa Madre dell'Annunziata (17. Jh.), die Kirche San Giuseppe und das mittlerweile verfallene Castello Chiaramonte (13. Jh.), das nicht zugänglich ist. Stufen führen hinauf zur Piazza del Municipio mit dem Rathaus im einstigen Kloster Santa Chiara und dem 1879 von Dionisio Sciascia gegründeten Teatro Regina Margherita. Weiter bergan, am Ende der Stufen, weist das Heiligtum der Santa Maria del Monte eine Marienstatue (1503) auf. Es ist alljährlich Schauplatz eines Fests (11.–14. Juli).

Sehenswert sind darüber hinaus die mit mehreren Gemälden von Pietro D'Asaro bestückte Karmeliterkirche, die Itria-Kirche und die San-Giuliano-Kirche, ehemals Kapelle des Klosters Sant'Agostino. Vom Zentrum aus führt ein Spaziergang zur Piazza Fontana, bei der ein Steintrog Trinkwasser spendet, und zum Kloster der Franziskaner-Konventualen (Minoriten) an der Piazza San Francesco.

15
Eraclea Minoa

🅰 B5 Ausgrabungen: Cattolica Eraclea
📞 +39 092 284 7182
🕐 tägl. 9:30–17:30

Gegründet wurde die antike Siedlung im Jahr 628 v. Chr. von Siedlern aus Selinus (Selinunte), die ihr den Namen Herakleia Minoa gaben. Die Stadt war lange Zeit umkämpft und ein ständiger Zankapfel zwischen Agrigento und Karthago. Rom verleibte sie später seinem Reich als Kolonie ein.

Die nur einen Steinwurf von der schroffen Küste entfernte Stätte besticht durch ihre reizvolle Lage und stimmungsvollen Ruinen. Die Ausgrabungen begannen in den 1950er Jahren. Das noch gut erhaltene Theater dient als Bühne für klassische Theateraufführungen (die Regenschutzplane ist allerdings nicht gerade ästhetisch anzusehen und trübt den Gesamteindruck etwas). Um das Theater herum verteilen sich die weitläufigen Ruinen der antiken Stadt mit ihrem alten Verteidigungssystem und ihren Nekropolen.

> **Schon gewusst?**
> Mussomelis Burg galt als uneinnehmbar – auch wegen des steilen Felsens, auf dem sie thront.

16
Mussomeli

🅰 C4 👥 11 000 ℹ️ Piazzale Mongibello 🚫 Mo 🌐 proloco mussomeli.com

Manfredi III. Chiaramonte gründete die Siedlung im 14. Jahrhundert. Heute ist sie ein überregional bedeutendes Agrar- und Handelszentrum. Über einer Staufer-Festung ließ Manfredi das mächtige **Castello Manfredonico** erbauen, das noch heute den Ort überragt. Es wurde nach Manfredi benannt und im 15. Jahrhundert von der Familie Castellar umgestaltet.

Sehenswert sind nach Restaurierungsarbeiten zu Beginn des 21. Jahrhunderts in ihrem Inneren vor allem die zweite Ringmauer, die Sala dei Baroni und ihre Portale.

Castello Manfredonico
📞 +39 0934 992 009
🕐 Di–So 9:30–12

Castello Manfredonico in Mussomeli; Raum mit Holzdecke (Detail)

Cinema Paradiso

1990 erhielt *Cinema Paradiso* den Oscar als bester fremdsprachiger Film. In ihm erzählt der sizilianische Regisseur Giuseppe Tornatore (geb. 1956 in Bagheria bei Palermo), welche Faszination das Kino (das »Nuovo Cinema Paradiso«) auf die Einwohner eines sizilianischen Dorfs ausübt und wie es den Lebensweg des Hauptdarstellers, eines Jungen, beeinflusst. Tornatore, der seine Kindheit auf Sizilien verbrachte und später fortging, drehte den Film in den Straßen und auf den Plätzen von Palazzo Adriano und ließ eine große Anzahl von Einwohnern als Statisten mitwirken.

⓱ Caltabellotta

B4 4000 Pro Loco, Via Madrice 3 (+39 092 519 151 07) prolococalta bellotta.it

Caltabellotta liegt auf einem 950 Meter hohen Felskamm. Er war schon vor Jahrtausenden bewohnt, wie antike Nekropolen und unterirdische Kulträume beweisen. Das Areal wurde wiederholt befestigt. Unter den Arabern erhielt die Burg ihr endgültiges Aussehen und den Namen *Kal'at-at-al ballut* (»Eichenfels«). Caltabellotta erlebte 1302 die Unterzeichnung des Friedensvertrags, in dem Karl I. von Valois Friedrich II. von Aragón die Herrschaft über Sizilien zugestand. Oberhalb des Viertels Torrevecchia liegen die Ruinen der Normannenburg und der Kirche San Salvatore. Die von Roger I. zur Feier seines Siegs über die Araber gestiftete Chiesa Madre auf der anderen Felsseite wurde renoviert. Am Westhang liegt die Einsiedelei San Pellegrino, ein Klosterkomplex mit Kapelle.

⓲ Palazzo Adriano

C4 2500 Pro Loco, Piazza Umberto I (+39 328 376 8592)

Albaner, die vor den Türken geflohen waren, gründeten Mitte des 15. Jahrhunderts diesen 700 Meter über dem Meeresspiegel auf dem Kamm des Cozzo Braduscia gelegenen Ort. An der zentralen Piazza Umberto I stehen zwei Gotteshäuser: die im 16. Jahrhundert errichtete, später umgebaute griechisch-orthodoxe Kirche Santa Maria Assunta und ihre katholische Schwester Santa Maria del Lume aus dem 18. Jahrhundert. In der Mitte des lauschigen Platzes, begrenzt vom Rathaus im Palazzo Dara und dem Palazzo Mancuso, sprudelt ein hübsch skulptierter, achteckiger Brunnen aus dem Jahr 1607.

Höher am Hang überragt die Kirche San Nicolò (15. Jh.) mit ihrem markanten Glo-

ckenturm die Gassen des ältesten Viertels. Letzteres entstand im Umkreis der Festung, die schon vor Gründung des Orts die Gegend geschützt hatte.

⑲ Sciacca

🅰 B4 🏛 41 000 🚢 ab Palermo und Trapani
ℹ Corso Vittorio Emanuele (+39 092 520 478)

Aus der Ferne scheint das Thermalbad Sciacca vom Monte San Calogero fast erdrückt zu werden. Dessen Schwefelwasser und -dampf verdankt es seinen frühen Ruhm. Obwohl die heißen Quellen schon in prähistorischer Zeit genutzt wurden, entstand der Ort als militärischer Außenposten von Selinunte während der Phase der Auseinandersetzungen mit Agrigento. Von den Römern wurde Sciacca *Thermae Selinuntinae* (»Selinuntinische Bäder«) genannt.

Unter den Arabern entwickelte sich *as-saqah* zügig weiter. Viele Spuren arabischer Kultur entdeckt man in den alten, von überdachten Höfen durchzogenen Vierteln Rabato und Giudecca-Cadda. Die Normannen erkannten rasch die Bedeutung von Sciaccas strategisch enorm günstiger Lage an den Handelsrouten und verstärkten die Verteidigungsanlagen.

Mit einer Bossenwerkfassade trumpft der katalanisch-gotische Palazzo Steripinto (1501) im Zentrum auf. Eine Augenweide ist das gotische Portal. Besichtigen sollte man auch den Kreuzgang des ehemaligen Klosters San Francesco und die Barockfassade der Chiesa del Carmine – die Fensterrose ist aus dem 14. Jahrhundert. Die Santa Maria Maddalena geweihte, 1656 umgebaute Kathedrale an der Piazza Don Minzoni brilliert mit drei normannischen Apsiden.

Sciaccas Hauptattraktion sind der Monte San Calogero mit seiner abwechslungsreichen Landschaft und seinen heißen Quellen. Am großen Platz auf dem knapp 400 Meter hohen Gipfel gedenkt ein Heiligtum des Missionars San Calogero, der im 5. Jahrhundert hier tätig war. Das Gipfelpanorama reicht bei klarer Sicht vom Capo Bianco bis zum Capo Lilibeo und von der Insel Pantelleria bis zum Kalksteingrat von Caltabellotta. Die älteren Heilbäder liegen an den Hängen des Bergs, die neueren befinden sich näher am Meer.

Sciacca ist auch für seine Keramik bekannt, die bereits in der Antike von Diodor (1. Jh. v. Chr.) erwähnt wurde. Die regionale Töpferkunst florierte insbesondere unter den Arabern und im 16. Jahrhundert. Die hiesigen Töpfer sind stolz darauf bedacht, diese Tradition auch in heutiger Zeit noch aufrechtzuerhalten.

↑ *Spaziergang auf einem gepflasterten Weg oberhalb von Sciaccas Hafen*

← *Blick über den auf einem Felsen gelegenen geschichtsträchtigen Ort Caltabellotta*

Hotel

Verdura Resort Rocco Forte
Eine ideale Adresse für Aktivurlauber: Die im regionalen Stil eingerichteten Zimmer des stilvollen Golf-, Tennis- und Wellnesshotels bieten eine wunderbare Aussicht aufs Meer.

🅰 B4 🏛 SS115, km 131, Sciacca
🌐 roccofortehotels.com
€€€

165

⑳ Siculiana

🅐 C5 🚉 5000 🚆 ab Palermo und Trapani nach Castelvetrano, dann Bus 🛈 Piazza Umberto I (+39 327 776 9679) 🌐 siculianaonline.it

Das heutige Siculiana entstand über einem arabischen Fort, das die Normannen im späten 11. Jahrhundert zerstört hatten. Unter der Familie Chiaramonte aus Agrigento wurde die Festung im 14. Jahrhundert wieder auf- und danach mehrfach umgebaut. Trotzdem: Ganz hat der Ort sich sein arabisches Flair nicht nehmen lassen. Die barocke, San Leonardo Abate geweihte Chiesa Madre überragt die zentrale Piazza Umberto I. Der alte Ortskern ist in große Häuserblocks unterteilt. Dort erspäht man Gassen und Höfe, die für die überdachte arabische Stadt typisch waren.

㉑ Lampedusa

🅐 B7 🚉 6000 ✈ 🚢 ab Porto Empedocle 🛈 Rathaus, Via Vittorio Emanuele 87 (+39 092 297 1171) 📅 22. Sep 🌐 comune.lampedusaelinosa.ag.it

Lampedusa, 200 Kilometer von Sizilien und 150 Kilometer von Malta entfernt, ist die größte der Pelagischen Inseln, zu denen Linosa und das Eiland Lampione zählen. Der griechische Name *pelaghia* trifft das Hauptmerkmal des Archipels: abgelegen im Meer.

Der Bourbone Ferdinand II. (1810–1859) ließ Lampedusa von Siedlern und Häftlingen erschließen. Ein Jahrhundert später war die Insel abgeholzt, was eine fatale Bodenerosion bewirkte und Ackerbau unmöglich machte. Auch die Tierwelt wurde dezimiert. Inzwischen steht die Baia dei Conigli als Rückzugsort der Meeresschildkröte *Caretta caretta* unter Naturschutz.

Aufgrund der Nähe zu Tunesien war bzw. ist die Insel Ziel für viele afrikanische Flüchtlinge.

Die Hauptstrände der Insel erstrecken sich an der Cala Maluk, Cala Croce, Baia dei Conigli, Cala Galera und Cala Greca. Nahe der Stadt Lampedusa liegt das Heiligtum der Madonna di Lampedusa. Hier wird am 22. September feierlich der Machtübernahme durch die Bourbonen gedacht.

Fuocoammare

Die kleine Insel Lampedusa ist Schauplatz des für einen Oscar nominierten Dokumentarfilms *Fuocoammare (Seefeuer)*. Regisseur Gianfranco Rosi gelang mit dem 2016 gedrehten Streifen ein bewegendes Porträt der aktuellen Migration nach Europa. Das Geschehen wird dabei aus Sicht der verzweifelten Flüchtenden erzählt, die die lebensbedrohliche Überfahrt über das Mittelmeer auf sich nehmen. Darüber hinaus wird auch beleuchtet, was die Ereignisse für die Bewohner der Insel bedeuten.

↑ *Boote auf dem türkisfarbenen Wasser rund um die Insel Lampedusa*

Pantelleria

🅰 A7 📏 8000 ✈ ⛴
ℹ *Lungomare Borsellino*
🌐 pantelleria.sicilia.it

Pantelleria, die größte Insel vor Siziliens Küste, liegt näher an Tunesiens Capo Mustafà (70 km) als an Siziliens Capo Granitola (100 km). Trotz ihrer Abgeschiedenheit wurde sie von Phöniziern, dann von Griechen besiedelt. Die Araber beherrschten sie knapp 400 Jahre lang. 1123 eroberte und befestigte Roger I. die Insel.

Zum Schutz vor dem starken Wind sind Felder und Gärten von Einfriedungen umschlossen. Gegen Wind und Wetter isoliert ist auch das inseltypische *dammuso*, ein Bauernhaus mit geweißelten, teils meterdicken Mauern und winzigen Fenstern. Da es an Süßwasser mangelt, ist das Dach so konstruiert, dass es Regenwasser auffängt.

Die Küstenstraße (53 km) führt von Pantelleria zur archäologischen Stätte Mursia mit Megalithgräbern. Am Weg liegen zahlreiche Naturschönheiten wie Punta Fram, Cala dell'Altura und Punta Tre Pietre, wo eine andere Straße zum kleinen Hafen Scauri abzweigt.

In die steile, zerklüftete Küste schneiden sich einige Meeresarme, darunter auch die Balata dei Turchi, einst Schlupfloch sarazenischer Piraten, und die malerische Cala Rotonda. Vor der Punta Tracino zwischen der Tramontana- und der Levante-Bucht ragt eine Felssäule aus dem Meer.

Der natürliche Bogen Arco dell'Elefante in der Nähe von Cala Levante sieht wie ein Elefant aus, der mit seinem Rüssel aus dem Meer trinkt. Er ist einer der schönsten Aussichtspunkte der Insel.

Hinter dem Dorf Gadir und dem Leuchtturm an der Punta Spadillo fällt die Straße zur Cala Cinque Denti und den heißen Quellen von Bagno dell'Acqua ab, um dann nach Pantelleria zurückzukehren.

Die Gemeinde Pantelleria liegt zu Füßen des Castello Barbacane, einer Festung unbekannten Ursprungs. Treffpunkte sind die Piazza Cavour und die zeitgenössische Chiesa Madre. Beide wurden direkt am Meer angelegt – ein schöner Blick ist hier also von fast überall garantiert.

Bar

Tunez Beach Bar
Die Open-Air-Bar in unschlagbarer Lage lockt bei Sonnenuntergang viele Besucher an, die hier einen *aperitivo* zu sich nehmen.

🅱 B7 📍 Contrada Cala Croce, Lampedusa
🕒 tägl. 8–24

Linosa

🅰 C6 📏 500 ⛴
ℹ *Via Giulio Bonfiglio 47*
🌐 comune.lampedusa elinosa.ag.it

Linosa, das in der Antike Aethusa hieß, liegt rund 40 Kilometer von Lampedusa entfernt. Auf der fruchtbaren Erde der Vulkaninsel blüht die Landwirtschaft. Das Dorf Linosa mit seinen bunt gestrichenen Häusern steht im Mittelpunkt des Insellebens. Um das Eiland zu erkunden, spaziert man am besten abseits der Straße um die Krater herum und an den eingezäunten Feldern vorbei.

↑ *Ein Bild des Sommers: Straße mit farbenprächtigen Häuserfassaden in Linosa*

Hausfassade in Siracusa (siehe S. 172–175)

Südsizilien

Südsiziliens Faszination beruht auf der eigentümlichen Mischung aus fruchtbarem Boden, großartigen Baudenkmälern und einer gewissen Nachlässigkeit – und natürlich der gigantischen Kulisse des Ätna. Viele griechische Städte und Bauten sind noch vorhanden. Ganz besonders sichtbar wird dies in Siracusa, dem Geburtsort des Archimedes.

Val di Noto, so nannten die Araber den Süden Siziliens. Topografisch ist er ähnlich abwechslungsreich wie der Westen der Insel. Historisch unterscheidet sich der Süden jedoch in einem wesentlichen Punkt: Hier fassten die Griechen Fuß, im Norden, in und um Palermo, dagegen die Phönizier. Das Griechische Theater von Siracusa ist ein Wahrzeichen Siziliens und seit 1914 wieder eine authentische Bühne für klassische Tragödien.

Die Städte im Hinterland verdanken dem Wiederaufbau nach der Erdbebenkatastrophe von 1693 etliche barocke Juwele: Mit ihren konvexen und konkaven Fassaden, den üppigen Dekorationen, prunkvollen Treppen und geschwungenen Balkonen sind die Kirchen und Palazzi von Ragusa, Modica, Scicli, Noto und Chiaramonte faszinierende steinerne Hymnen auf den Sizilianischen Barock.

Südsizilien

Highlights
1. Siracusa
2. Ortygia
3. Noto
4. Ragusa
5. Caltagirone

Sehenswürdigkeiten
6. Palazzolo Acreide
7. Lentini
8. Megara Hyblaea
9. Augusta
10. Pantalica
11. Modica
12. Chiaramonte Gulfi
13. Gela
14. Vizzini
15. Vittoria
16. Pachino
17. Capo Passero
18. Cava d'Ispica
19. Scicli

Fassade der Katakomben von San Giovanni Evangelista ↑

Siracusa

G6 125000 Interbus (www.interbus.it); AST (+39 091 620 8111) Via Roma 31 Santa Lucia (13. Dez) prolocosiracusa.it

Seit 2700 Jahren kommt Siracusa (Syrakus) große wirtschaftliche und kulturelle Bedeutung zu. Die Geschichte der Stadt – von der prähistorischen Besiedlung über die Gründung der griechischen Kolonie bis zum Barock – steht in den Straßen und Gebäuden deutlich geschrieben. Hervorragend erhalten ist insbesondere das Griechische Theater.

Parco Archaeologico della Neapolis

Viale Paradiso 14
+39 093 166 206
tägl. 8:30–19:30 (Online-Reservierung erforderlich)
aditusculture.com

Der 1952–55 eingerichtete archäologische Park birgt viele Attraktionen *(siehe unten)*. Nahe der Kasse beim Eingang steht die mittelalterliche Kirche San Nicolò dei Cordari (11. Jh.). Sie wurde über einer aus dem Fels gehauenen *piscina* erbaut, einem Reservoir für Wasser zum Säubern des nahen Römischen Amphitheaters.

Altar Hierons II. und Römisches Amphitheater

Beide Stätten liegen jenseits der Straße, die den Parco Archeologico della Neapolis zweiteilt. Obgleich vom Altar Hierons II. nur der Unterbau

> **Schon gewusst?**
>
> Auf dem Höhepunkt ihrer Macht hatte die antike Stadt Siracusa ungefähr 300 000 Einwohner.

erhalten ist, ahnt man die kolossalen Ausmaße dieser dem Göttervater Zeus gewidmeten Kultstätte.

Das in der Frühzeit des Imperium Romanum erbaute Amphitheater ist nur wenig kleiner als das in Verona. Durch die Gänge unter den Sitzrängen zogen Gladiatoren und Tiere in die Arena. Sie ließ sich mit Wasser füllen, sodass hier auch spektakuläre Seeschlachten nachgestellt werden konnten.

Katakomben von San Giovanni Evangelista

Largo San Marciano 3
+39 093 164 694
tägl. 9:30–12:30, 14:30–17:30

In der unterirdischen Anlage der Katakomben von San Giovanni Evangelista, die auf eine Zeit zwischen 360 und 315 v. Chr. datiert werden können, gibt es Hunderte von *loculi* (Grabnischen). Hier wurden in römischer Zeit die Anhänger der christlichen Religion bestattet. Am Hauptgang folgen einige Rundkapellen mit Spuren von Fresken.

Skulpturen im Museo Archeologico Regionale Paolo Orsi

④ Castello Eurialo

🏠 Frazione Belvedere, 8 km von Siracusa 📞 +39 093 171 1773 🕐 Mi, Sa 12:30–17:40, So 8:30–13:40

Nordwestlich von Siracusa stehen die Ruinen dieser antiken Befestigung. Dionysios I. ließ Castello Eurialo 402–397 v. Chr. errichten, um die Stadt vor Angriffen zu sichern. Der Zugang zur Festung, die von einer Mauer umgeben war, ist durch drei Gräben geschützt. Zur Anlage zählten auch ein Bergfried und weitere Türme.

⑤ Museo Archeologico Regionale Paolo Orsi

🏠 Parco Landolina, Viale Teocrito 66 📞 +39 093 148 9511 🕐 Di–Sa 9–19, So, Feiertage 9–14

Highlight

Das Regionalmuseum wurde 1967 gegründet, war allerdings erst 1988 öffentlich zugänglich. Hier wird die Fülle von Ausgrabungsfunden aus Südost-Sizilien fachgerecht aufbewahrt und präsentiert, insgesamt sind hier über 18 000 Exponate zu sehen.

Das Museum ist nach dem herausragenden Archäologen (und ab 1888 Leiter des sizilianischen Ministeriums für Altertümer) Paolo Orsi benannt, der zahlreiche wichtige Ausgrabungen persönlich überwachte. Den Umzug von Ortygia in den Parco Landolina nahm man zum Anlass, die Sammlungen neu zu ordnen.

Zwei weitere Abschnitte wurden seitdem eröffnet: *Il Medagliere*, eine einzigartige Münzsammlung aus der griechischen Zeit bis zum Mittelalter, und die *Rotonda di Adelfia*, wo der herrliche Sarkophag einer römischen Adligen, der in den Katakomben von San Giovanni im Nordosten von Sizilien entdeckt wurde, zu sehen ist.

Sizilianische Flagge

Die Flagge Siziliens existiert seit 1282 und zählt damit zu den ältesten der Welt. Besonderes Kennzeichen neben der diagonalen Teilung in Rot und Gelb (als Symbole der Städte Palermo bzw. Corleone) ist in der Mitte der Kopf der Medusa, von dem drei Beine ausgehen. Jedes dieser Beine zeigt auf eine der drei geografischen Ecken Siziliens.

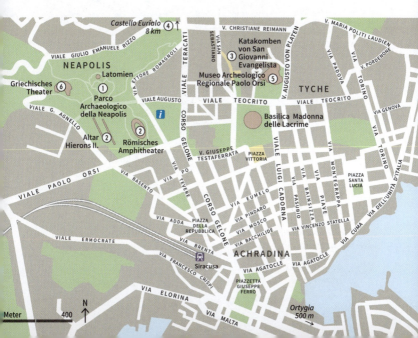

Griechisches Theater

🏠 Viale Paradiso 14 📞 +39 093 148 9511 🕐 tägl. 8:30 –19:30 (letzter Einlass 18:00)

Das Teatro Greco war zu seiner Entstehungszeit eines der größten Theater und ist eines der weltweit bedeutendsten Beispiele antiker Theaterarchitektur. Jahrhundertelang stand es im Mittelpunkt des gesellschaftlichen Lebens von Siracusa. Seine einst so große Bedeutung lässt sich heute nur noch erahnen.

Das im 5. Jahrhundert v. Chr. vom griechischen Architekten Damakopos entworfene Theater wurde im 3. und 2. Jahrhundert v. Chr. unter Hieron II. erweitert. Schon ab dem 5. Jahrhundert v. Chr. diente es als großartige Bühne von Theaterstücken berühmter Griechen. Aischylos und andere Dichter wohnten hier Erstaufführungen ihrer Tragödien bei. Wie raffiniert das Theater konzipiert war, verrät die Ruine nicht unbedingt, denn 1520 – 31 ließ Kaiser Karl V. einen Großteil für die Ummauerung von Ortygia *(siehe S. 176f)* abtragen. Das Theater ist zentraler Bestandteil des Parco Archaeologico della Neapolis.

Rechteckige **Nischen** durchlöchern die Felswand westlich der Grotte, nahe der antiken Säulenhalle. Höchstwahrscheinlich bargen sie Votivtafeln für Halbgötter.

Die aus dem Fels gehauene **Grotta del Museion** galt als Musenheiligtum. Ein Aquädukt speiste ihr rechteckiges Becken.

Das **Auditorium** *(cavea)* hat einen Durchmesser von 138 Metern und 67 Sitzreihen. Jeder Block war über einen separaten Treppenaufgang zugänglich und mit Buchstaben gekennzeichnet, was in modernen Theatern ähnlich ist.

Schon gewusst?

Archimedes wurde in Siracusa geboren und starb hier 212 v. Chr. bei der Belagerung durch die Römer.

Der **Gürtelring** *(diazoma)* teilte das Auditorium in zwei Hälften.

Highlight

↑ *Besucher bei der Erkundung des Griechischen Theaters und vor der Grotta del Museion* (Detail)

Um mehr Sitzkapazität zu schaffen, wurden in der Römerzeit die alten Durchgänge durch diese aus dem Fels gehauenen **tunnelartigen Gänge** *(criptae)* ersetzt.

← *Illustration des Griechischen Theaters*

Zwei **Pfeiler** aus Stein flankierten die Spielfläche.

Auf der **Orchestra**, dem Spielrund, befand sich eine Dionysos-Kultstätte. Um diese herum agierte der Chor.

Der **Bühnenbereich** wurde unter den Römern erweitert.

Istituto Nazionale del Dramma Antico (INDA)

Seit dem 16. April 1914 pflegt Siracusa wieder seine alte Theaterkultur und haucht antiken Dramen neues Leben ein. Im Mai und Juni stehen Stücke auf dem Programm, die hier schon vor über 2500 Jahren inszeniert wurden und nun mit großem Aufwand wieder aufgeführt werden. Dafür setzt sich das 1925 gegründete Istituto Nazionale del Dramma Antico (INDA, Nationales Institut für antikes Drama) ein.

↑ *Abendstimmung auf der Piazza del Duomo mit dem Dom*

❷
Ortygia

🅰 G6 🇫🇸 🚌 Interbus (www.interbus.it); AST (www.aziendasicilianatrasporti.it; +39 0916 208 111) 🛈 Via Roma 31 🌐 prolocosiracusa.it

Spuren der glorreichen Vergangenheit von Siracusa *(siehe S. 172–175)* entdeckt man auch an jeder Ecke seines historischen Zentrums auf Ortygia (Ortigia). Auf dieser Siracusa vorgelagerten und nur durch eine schmale Durchfahrt von Sizilien getrennten Insel säumen aus Sandstein errichtete Barockgebäude ein Labyrinth aus mittelalterlichen Gassen. Cafés, Restaurants und nette kleine Läden reihen sich aneinander. Besucher können auch über den Markt schlendern, am Lungomare Levante ein Bad nehmen oder den Sonnenuntergang über dem Porto Grande genießen.

①
Piazza del Duomo

Die Piazza gehört zu den großartigsten Siziliens. Auf dieser für den Autoverkehr gesperrten Bühne herrscht immer eine wunderbare Stimmung. Einheimische und Besucher kommen zu allen Tageszeiten gern hierher. Besonders schön ist es aber am Abend, wenn der Platz und die angrenzenden Gebäude mit ihren Barockfassaden eindrucksvoll beleuchtet werden. Den besten Blick auf diese Bühne hat man von den Caféterrassen.

②
Duomo

🏠 Piazza Duomo 5
📞 +39 093 166 571 🕐 tägl. 9:30–18 🌐 arcidiocesi.siracusa.it

Der Dom (6. Jh.) entstand auf den Fundamenten eines griechischen Tempels. Zwölf der kannelierten dorischen Säulen sind in die unter normannischer Herrschaft errichtete zinnenbewehrte Fassade eingebettet. Diese wurde beim Erdbeben 1693 zerstört und durch eine üppige Barockfassade ersetzt.

③
Santa Lucia alla Badia
🏠 Via Santa Lucia alla Badia 2 🕐 Di–So 11–16

Die von Säulen getragene, reich geschmückte Fassade von Santa Lucia alla Badia gehört zu den auffälligsten in Ortygia. Die Kirche birgt einen der kostbarsten Kunstschätze von Siracusa – Caravaggios 1608 entstandenes Gemälde *Begräbnis der Heiligen Lucia*. Das Bild wurde ursprünglich nicht für diese Kirche, sondern für Santa Lucia in Borgata, dem Ort des Märtyrertodes der Stadtpatronin, gemalt. Das düstere Gemälde zeigt zwei Totengräber beim Ausheben des Grabes für die am Boden liegende Verstorbene. Im Hintergrund stehen der Bischof und eine Gruppe von Trauernden.

④
Tempel des Apollo
🏠 Largo XXV Luglio

Die Ruinen des ältesten größeren griechischen Tempels auf Sizilien wurden im Jahr 1860 entdeckt. Der aus dem

Restaurant

Fratelli Burgio

Dem bestsortierten Delikatessengeschäft von Siracusa ist ein Restaurant mit Terrasse angegliedert. Hier genießt man schön drapierte Platten mit Käse- und Wurstspezialitäten aus allen Teilen Italiens sowie diverse Olivensorten, das Gemüsegericht *caponata*, sonnengetrocknete Tomaten und viele andere lokale Köstlichkeiten.

🏠 Piazza Cesare Battisti 4 🕐 So 🌐 fratelliburgio.com

€€€

6. Jahrhundert v. Chr. stammende Tempel hatte mit einer Länge von 58 Metern und einer Breite von 24 Metern gewaltige Ausmaße.

Im Lauf der Jahrhunderte diente er verschiedenen Zwecken – in byzantinischer Zeit wurde er zur Kirche umgebaut, die die Araber in eine Moschee umgestalteten. Später wurde das Bauwerk als Festung genutzt.

⑤ Fonte Aretusa

🏠 Largo Aretusa
🌐 fontearetusasiracusa.it

Der von Papyrusstauden umrahmte Brunnen, in dem Enten schwimmen, liegt nur wenige Meter vom Meer entfernt. Gespeist wird er von einer Süßwasserquelle. Der Sage nach verwandelte sich die griechische Nymphe Arethusa in eine Quelle, um sich den Nachstellungen des Flussgottes Alpheios zu entziehen. Die Quelle tauchte unter dem Ionischen Meer ab und trat hier wieder an die Oberfläche.

Badefreuden auf Ortygia

Der beliebteste Platz zum Schwimmen auf Ortygia ist bei dem großen Felsen am Forte Vigliena (auch unter dem Namen »Lo Scoglio« bekannt). Im Sommer wird der Badeplatz durch eine Plattform verlängert. Ein kleiner Strand befindet sich an der Cala Rossa unten an der Via Roma. Strände gibt es auch am Lungomare Levante (am unteren Ende der Via Maestranze) und unterhalb der Fonte Aretusa.

⑥ Palazzo Bellomo: Galleria d'Arte Regionale

🏠 Via Capodieci 14–16
📞 +39 093 169 511
🕐 Di–Sa 9–19

Eine schlichte Fassade prägt den im 13. Jahrhundert erbauten Palazzo Bellomo. Er birgt ein Museum mit regionaler Kunst. Ein Höhepunkt der Sammlung ist Antonello da Messinas *Verkündigung*, das der Künstler ursprünglich für eine Kirche in Palazzolo Acreide malte.

Noto

F6 · 24 000 · Catania (80 km) · FS
Via Gioberti 13 · Blumenfestival (3. So im Mai)
www.pronoto.it/pronoto

Hauptstraße ist der Viale Marconi, der ab dem monumentalen Stadttor Porta Reale (Porta Ferdinandea) Corso Vittorio Emanuele heißt. Dieser passiert die Piazza XVI Maggio, die Piazza Municipio und die Piazza XXX Ottobre. Stufen führen in die Oberstadt mit herrlicher Aussicht auf das Umland.

① Kathedrale
Piazza Municipio

1996 ging ein Stück Sizilianischer Barock verloren: Die Kuppel der San Nicolò geweihten Kathedrale (1776) stürzte bedingt durch Verwitterung ein. Nach der Restaurierung von Kuppel und dreischiffigem Langhaus wurde die Kathedrale am 18. Juni 2007 wiedereröffnet und ist nun wieder ein Wahrzeichen der Stadt.

Paolo Labisi entwarf die dreiläufige Prunktreppe, über der sich die Kathedrale und die Zwillingsglockentürme erheben. Ein Bronzeportal führt in das vor allem in den Seitenkapellen mit Fresken und anderem Schmuck ausgestattete Gotteshaus.

> **Fotomotiv**
> **Altstadt**
>
> Die Altstadt von Noto ist ein imposantes Gesamtkunstwerk mit vielen attraktiven Fotomotiven – von der Kathedrale bis zu den schönen Palazzi. Das Blumenfestival im Mai ist ein besonders farbenfrohes Highlight.

② Palazzo Ducezio
Piazza Municipio 1
tägl. 9:30–13:30, 14:30–18:30

Der Palazzo (1746) gegenüber der Kathedrale ist ein Werk Vincenzo Sinatras. Heute ist hier das Rathaus von Noto untergebracht. An seiner Fassade dominieren Säulen, innen der mit Gold, Stuck und einem Fresko von Antonio Mazza im Louis-XV-Stil gestaltete Salon.

③ San Francesco all'Immacolata
Corso V. Emanuele 142
tägl. 9–12:30, 16:30–18:30

An der Piazza XXX Ottobre führt eine Monumentaltreppe zu der als Gymnasium genutzten Klosterkirche (Mitte 17. Jahrhundert) empor. Das Innendekor umfasst Stuckaturen, Gemälde und eine hölzerne Marienstatue (1564), die vermutlich aus einer Kirche von Noto Antica stammt.

← Über den Corso Vittorio Emanuele gelangt man zur Kathedrale mit ihrem reich verzierten Portal (Detail)

⑤ Museo Civico

🏛 Corso V. Emanuele 149
📞 +39 331 249 6295 🕐 Mo–Fr 10–14 (Sa, So bis 16)
🌐 museocivicnoto.it

Das Stadtmuseum besteht aus einer archäologischen Abteilung mit antiken und mittelalterlichen Relikten aus dem alten Noto sowie einer modernen Kunstgalerie mit wechselnden Ausstellungen.

④ Palazzo Trigona

🏛 Via C. B. Conte di Cavour

Dies ist der vielleicht »klassischste« Barockbau der Stadt. Seine Fassade mit den geschwungenen Balkonen passt sich, ganz im Sinn von Notos Architekten, harmonisch den Sakral- und Profanbauten in seiner Nachbarschaft an. Antonio Mazza schmückte die Salons mit klassizistischen Fresken aus.

Cafés

Caffè Sicilia
Die Brüder Carlo und Corrado Assenza produzieren hervorragende Eissorten – von klassisch bis ausgefallen. Ihr Eiscafé ist das ganze Jahr über hindurch geöffnet.

🏛 Corso Vittorio Emanuele 125
🌐 caffesicilia.it
€€€

Caffè Costanzo
Eine der besten *gelaterie* in Italien, den Blick auf die Kathedrale gibt es gratis dazu.

🏛 Via Spaventa 7 🕐 Mi
📞 +39 093 183 5243
€€€

Pasticceria Mandolfiore
Die Konditorei mit angegliedertem Café gegenüber der Chiesa Madonna del Carmine ist für Süßspeisen, *gelato* und *granita* bekannt.

🏛 Via Ducezio 2
🌐 mangiafico1972.it
€€€

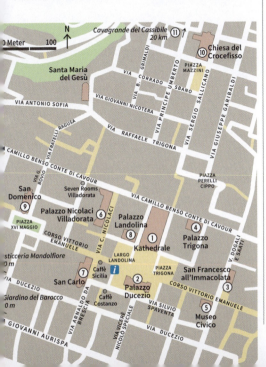

Fassadenkunst in Noto

Nach dem Erdbeben von 1693 gab es im Osten Siziliens in der ersten Hälfte des 18. Jahrhunderts ein ehrgeiziges Wiederaufbauprogramm. Die damit betrauten Architekten entwickelten daraus den typischen Sizilianischen Barock. Egal, ob es sich um sakrale oder profane Bauten handelte, auf die Fassadengestaltung legten sie besonderen Wert. An Wiedererkennungseffekten mangelt es im Straßenbild nicht. Einige Architekten kamen aus dem Handwerk, so Rosario Gagliardi, der Baumeister von Notos Kirchen Santa Chiara, Santissimo Crocefisso und San Domenico. Von ihrem Können zeugt die detaillierte Fassadengestaltung. Wie Phönixe aus der Asche stiegen in dieser Phase Klöster hervor, die im 18. und 19. Jahrhundert neben dem grundbesitzenden Kleinadel das ökonomische und soziale Rückgrat Notos darstellten. Im Jahr 2002 wurde Noto zum UNESCO-Welterbe erklärt.

⑥

Palazzo Nicolaci Villadorata
🏠 Via Corrado Nicolaci
📞 +39 320 556 80 38 🕐 tägl. 10–18

In der Via Nicolaci fällt der Palazzo Nicolaci del Principe di Villadorata besonders auf. Aufwendig mit Schmiedeeisen sowie grotesken und mythologischen Figuren wie Löwen, Sirenen, Cherubim und Greifen verzierte Konsolen stützen die sechs Balkone des prachtvollen Bauwerks ab, das ein sehr schönes Beispiel des Sizilianischen Barock ist.

Im Inneren des Palazzo fesseln insbesondere die Fresken der Prunkräume, vor allem die des meisterhaft gestalteten Salone delle Feste, des Festsaals. Im Palazzo ist auch die Mitte des 19. Jahrhunderts begründete Biblioteca Comunale mit alten literarischen Werken und den originalen Bauplänen der Stadt untergebracht.

⑦

San Carlo
🏠 Corso Vittorio Emanuele 121

Wegen des einst angeschlossenen Jesuitenklosters wird die Kirche am Corso Vittorio Emanuele auch Chiesa del Collegio genannt. Ihre leicht konvexe Fassade verfügt über drei Ebenen, die sowohl ionische wie auch dorische und korinthische Stilelemente aufweisen. Der eindrucksvoll gestaltete Innenraum erhebt sich über dem Grundriss eines lateinischen Kreuzes.

Gegen eine Gebühr kann man den Campanile (Glockenturm) besteigen. Der Aufstieg lohnt sich wegen des fantastischen Ausblicks über Noto und die Umgebung.

⑧

Palazzo Landolina
🏠 Piazza del Municipio

Die Kathedrale von Noto wird zur rechten Seite vom Palazzo Vescovile (bischöfliches Palais, 19. Jh.) flankiert, links vom Palazzo Landolina. Letzterer war Sitz der mächtigen normannischen Adelsfamilie Sant'Alfano.

Hinter seiner eleganten

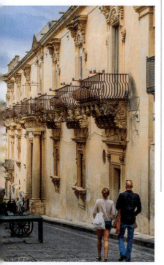

Fassade des Palazzo Nicolaci Villadorata mit schmiedeeisernen Balkonen

> **Schon gewusst?**
>
> Beim schweren Erdbeben vom 11. Januar 1693 starben rund 60 000 Menschen.

← *Stromschnelle im Naturschutzgebiet Cavagrande del Cassibile*

Barockfassade öffnet sich ein Hof, in dem eine von zwei Sphingen bewachte Treppe zur Hauptetage mit den freskenverzierten Räumen führt.

⑨
San Domenico
🏛 Piazza XVI Maggio

Die schmucke Kirche an der Piazza XVI Maggio gehört zum Komplex des Dominikanerinnenkonvents. Dieser wurde nach Auflösung der kongregationalistischen Orden durch die italienische Regierung 1866 aufgegeben, verdient aber wegen des reich mit beeindruckenden Friesen geschmückten Eingangs Beachtung.

Rosario Gagliardi gestaltete die Kirche mit ihrem griechischen Kreuzgrundriss, die im Zentrum eine bemerkenswert konvexe Fassade zeigt. Der dreischiffige Innenraum besitzt fünf mit feiner Stuckornamentik versehene Kuppelgewölbe.

⑩
Chiesa del Crocefisso
🏛 Via Sergio Sallicano
📞 +39 093 189 1622
🕐 Sommer: tägl. 10–19; Winter: tägl. 10:30–18

Die Kirche erhebt sich inmitten von Noto Alta, der Oberstadt – am Ende der bei der Piazza Municipio und der Kathedrale aufsteigenden Straße einerseits und der bei der Piazza Mazzini beginnenden Treppe andererseits. Rosario Gagliardi entwarf ihre unvollendete Fassade. Ein Barockportal führt in den Innenraum. Am Ende des linken Seitenschiffs prunkt die Cappella Landolina. Francesco Lauranas kostbare Renaissance-Statue *Madonna della Neve* (»Madonna vom Schnee«, 1471) hat das Erdbeben von 1693 überlebt.

Wenn Sie aus der Kirche treten, sollten Sie sich noch Zeit lassen, um den Anblick der Prachtbauten in der Umgebung zu genießen. Vor allem die Abtei Badia della Santissima Annunziata sowie die Kirchen Sant'Agata und Santa Maria del Gesù sind schön anzusehen.

⑪
Cavagrande del Cassibile
🏛 20 km nördl. von Noto

Nördlich von Noto, nahe der kleinen Stadt Avola, liegt dieses Naturschutzgebiet mit einer rund 300 Meter tiefen Schlucht, deren Felswände steil aufragen. Das Areal bietet sich für ausgedehnte Wanderungen an. An manchen Stellen kann man sich in natürlichen Wasserbecken erfrischen, einige befinden sich unter Wasserfällen.

Highlight

Hotels

Seven Rooms Villadorata
Im ehemaligen Palast des Fürsten von Villadorata untergebrachtes Boutique-Hotel. Jede Suite hat einen eigenen Balkon, der atemberaubende Ausblicke auf das barocke Noto gewährt.

🏛 Via Cavour 53,
🌐 7roomsvilla dorata.it
€€€

Il Giardino del Barocco
Die kleine Pension liegt in einem prächtigen historischen Palast. Garten und Innenhof sind wahre Oasen der Ruhe.

🏛 Via Giovanni Aurispa 77 🌐 ilgiar dinodelbarocco.it
€€€

Spaziergang durch Noto

Länge 1,5 km **Dauer** 15 Min. **Bahnhof** Noto

Nach dem Erdbeben von 1693 glich Noto das ganze 18. Jahrhundert hindurch einer Großbaustelle. Die verwüstete Stadt bot sich Stadtplanern und namhaften Architekten wie Rosario Gagliardi und Vincenzo Sinatra als reiches Tätigkeitsfeld an. Heute stellt sie ein auf Sizilien unübertroffenes Werk barocker Stadtbaukunst dar, wenn auch viele Gebäude recht verfallen sind. Seit die Stadt UNESCO-Welterbe ist, werden ihre Bauten jedoch nach und nach restauriert. Beim Spaziergang durch die stimmungsvollen Straßen erlebt man die Pracht des Stadtzentrums.

Montevergine-Kirche

Palazzo Nicolaci

Die San Nicolò geweihte **Kathedrale** *(S. 178)* schmückt eine breit angelegte Fassade. Ihre Kuppel stürzte 1996 ein.

San Carlo (San Carlo Borromeo, *S. 180*) birgt Gemälde und Fresken, die Carasi zugeschrieben werden.

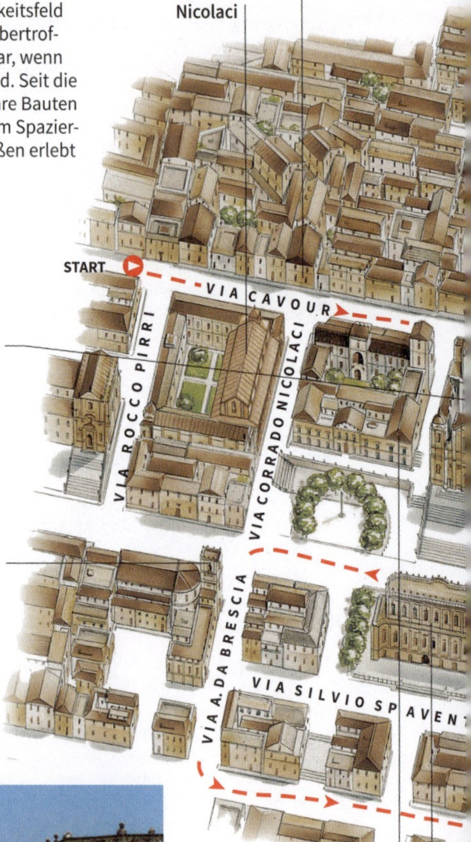

Palazzo Landolina (Sant'Alfano, *S. 180f*)

Palazzo Ducezio *(S. 178)* mit anmutigen Rundbogen beherbergt das Rathaus.

←

Hübsche Barockgebäude säumen die Straßen von Notos Zentrum

Zur Orientierung
Siehe Karte S. 179

Palazzo Astuto

↑ *Fassade der Kirche Santa Chiara*

Die Fassade des **Palazzo Trigona** *(S. 179)* kennzeichnen geschwungene Balkone und Doppelpilaster.

Das **Salvatore-Kloster** war im 18. Jahrhundert Heimstatt für adlige Nonnen.

Museo Civico *(S. 179)*

San Francesco all'Immacolata hat den Grundriss eines lateinischen Kreuzes.

🔲 **ZIEL**

Santa Chiara hat einen ovalen Grundriss und üppiges Dekor.

Schon gewusst?

Noto wurde 1503 der Titel *civitas ingeniosa* (»geistreiche Stadt«) verliehen.

Ragusa

F6 · 73 000 · Comiso · Piazza Stazione
Interbus-Etna Trasporti (www.etnatrasporti.it)
Piazza San Giovanni (+39 093 267 6550)

Sikeler, die ab der zweiten Hälfte des 8. Jahrhunderts von den Griechen ins Inselinnere abgedrängt worden waren, gründeten Ragusa, das alte Hybla Heraia. Die Stadt, seit 2002 Teil der UNESCO-Welterbestätte »Spätbarocke Städte des Val di Noto«, teilt sich in Ragusa Superiore, die nach dem Erdbeben von 1693 auf dem Plateau im Schachbrettmuster neu erbaute Oberstadt, und Ragusa Ibla, die stimmungsvolle Unterstadt mit ihren im Stil des sizilianischen Barocks errichteten Prachtbauten.

① Kathedrale

Piazza San Giovanni
+39 093 262 1599
tägl. 7:30 –12:30, 15 –19

Die zwischen 1706 und 1760 im Zentrum der Oberstadt errichtete Kathedrale (Cattedrale di San Giovanni Battista) ist Johannes dem Täufer geweiht. Das eindrucksvolle Gotteshaus wurde an der Stelle eines »Provisoriums« erbaut, das nach dem verheerenden Erdbeben 1693 errichtet worden war. Die verzierte Fassade mit dem kunstvollen Portal und dem sich nach oben hin verjüngenden Glockenturm ist ein Musterbeispiel für den Sizilianischen Barock. Der als lateinisches Kreuz ausgelegte Innenraum hat zwei Seitenschiffe und besticht durch filigrane Stuckaturen.

Das in der Kathedrale eingerichtete Museum zeigt in sieben Räumen liturgische Gewänder, Schmuck und biblische Darstellungen.

② Vallata Santa Domenica

Südlich von Ragusa lädt die Vallata Santa Domenico, eine üppig grüne, fruchtbare Schlucht, zu einem Spaziergang ein, bei dem sich nicht nur die Natur wie in einem schönen Stadtpark genießen lässt, sondern auch archäologische und historische

> **Expertentipp**
> **Kochkurs**
>
> Lernen Sie alle Tricks für die richtige Zubereitung typischer Gerichte der Region wie Ravioli mit Ricotta oder Cavatelli (traditionelle handgemachte, muschelförmige Pasta) in den Kursen von Zuleima Ospitalità Diffusa (www.zuleima.org). Die Kochkurse leiten sizilianische *nonne* (Großmütter).

Die Bauwerke der barocken Stadt werden bei Dunkelheit prachtvoll illuminiert

der barocken Unterstadt, verbindet, kommen Sie vorbei an prähistorischen Gräbern, alten Steinbrüchen und einer noch aus dem 18. Jahrhundert stammenden Mühle sowie an drei markanten Brücken – der im späten 19. Jahrhundert errichteten Ponte dei Cappuccini (Ponte Vecchio), der Ponte Nuovo (oder Ponte del Littorio) aus dem Jahr 1937 und der im Jahr 1964 gebauten Ponte Giovanni XXIII. (oder Ponte San Vito).

③
Santa Maria delle Scale
Discesa Santa Maria

Der Name der über einem normannischen Kloster erbauten Kirche (14. Jh.) verweist auf die 340 die beiden Stadtteile Ibla und Ragusa verbindenden Stufen *(scale)*, an deren oberem Absatz sie aufragt. Nach dem Erdbeben im Jahr 1693 wurde sie im barocken Stil wiederaufgebaut. Vom Original blieb der gotische Torweg erhalten. Das linke Seitenportal des dreischiffigen Sakralbaus war einst der Haupteingang.

Zeugnisse zu bewundern sind. Unterwegs auf der *trazzera*, der alten, ungepflasterten Straße, die Ragusa Superiore, die moderne Oberstadt, mit Ragusa Ibla,

Highlight

TOP 4 Volkskunstmuseen

Museo del Tempo Contadino
Via San Vito 158, Ragusa So, Mo

Alltagsutensilien, Spitzen und Schmuck.

Museo del Costume
Via Francesco Mormino Penna 65, Scicli

Kunsthandwerk der Bewohner der umliegenden Berge.

Casa-Museo di Antonino Uccello
Via Machiavelli 19, Palazzolo Acreide
 wegen Renovierung

Ausstellung handgemachter Objekte.

Mulino ad Acqua Santa Lucia
Valle dei Mulini 10, Palazzolo Acreide
 nach Voranmeldung

Wasserbetriebene Getreidemühle mit Mühlsteinen.

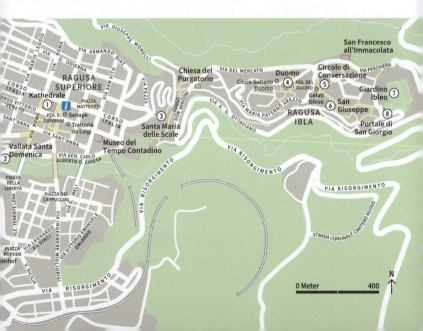

Überblick

Das nach dem Erdbeben von 1693 entstandene Ragusa Superiore weist ein regelmäßiges Straßengitter auf achteckigem Grundriss auf. Zielgruppe der Planer waren die »Aufsteiger« des 17. Jahrhunderts: die Angehörigen des landbesitzenden Kleinadels. Anders als dieser zog die alte Feudalaristokratie ihre gewohnte Bleibe in Ibla vor.

Barock- und Jugendstil-Architektur sowie Strände machen die ganze Gegend zu einem Freiluft-Spektakel. Die TV-Serie *Il commissario Montalbano* spielt hier.

④ Duomo
 Piazza Duomo

Von der Piazza Duomo, Iblas Zentrum, führt eine Treppe zum Dom hinauf. Er ist dem heiligen Georg, dem Schutzpatron der Stadt, geweiht. Der Dom wurde 1738–1775 nach den Plänen von Rosario Gagliardi auf den Fundamenten der 1693 eingestürzten Kirche San Nicolò erbaut. Die Fassade strebt machtvoll himmelwärts. Dies wird effektvoll durch drei Säulenetagen und den vertikalen Zug der Monumentaltreppe unterstrichen. Über dem Langhaus beeindruckt eine klassizistische Kuppel, die erst 1820 errichtet wurde.

Die Innenausstattung umfasst Gemälde aus verschiedenen Epochen, etwa die *Unbefleckte Empfängnis* von Vito D'Anna aus dem 18. Jahrhundert sowie 33 Bleiglasfenster.

Am letzten Sonntag im Mai wird in der Kathedrale die Festa di San Giorgio gefeiert.

⑤ Circolo di Conversazione

Wenn man vom Dom den Corso XXV Aprile hinabgeht, sieht man auf der linken Seite den Circolo di Conversazione, den Gesellschaftsclub. Mit seinem luxuriösen klassizistischen Interieur versetzen einen dieser Privatclub zurück in das Ibla des 19. Jahrhunderts.

⑥ San Giuseppe

Ebenfalls am Corso XXV Aprile, an der Piazza Pola, steht die Kirche San Giuseppe. Weil der barocke Bau dem

> **Schon gewusst?**
>
> In Ragusa gibt es insgesamt 18 UNESCO-Welterbestätten.

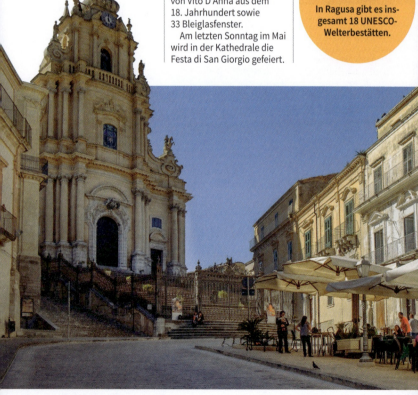

Highlight

Restaurants

Ciccio Sultano Duomo
Das stimmungsvolle Restaurant wurde mit zwei Michelin-Sternen ausgezeichnet. Neben der Qualität der Speisen überzeugt auch die Lage: Es ist nur einen Steinwurf von der Kathedrale entfernt.

🏠 Via Capitano Bocchieri 31
🕐 So, Mo; Jan, Feb
🌐 cicciosultano.it
€€€

Trattoria da Luigi
In der traditionellen, bei Einheimischen wie Besuchern beliebten Trattoria werden köstliche Gerichte aus der Region serviert. Buchen Sie frühzeitig.

🏠 Corso Vittorio Veneto 96 📞 +39 093 262 4016 🕐 Do
€€€

Senape
Das Café eignet sich für eine Kaffeepause am Nachmittag wie für ein schönes Abendessen. Nehmen Sie am besten auf der Terrasse Platz.

🏠 Piazza San Giovanni 4 📞 +39 093 224 8661 🕐 So
€€€

Gelati DiVini
In diesem gemütlichen Café finden Sie eine riesige Auswahl an Eissorten. Probieren Sie eine Kugel mit Weingeschmack.

🏠 Piazza Duomo 20
🕐 10–1 🕐 Mo
€€€

Dom ähnelt, schreibt man ihn einem Mitarbeiter Gagliardis zu. Eine Kuppel überspannt den ovalen Innenraum; Sebastiano Lo Monaco schuf ihr Fresko *Der heilige Benedikt in der himmlischen Herrlichkeit*.

Von hier aus führt links die Via Orfanotrofio weiter in Richtung der Piazza Chiaramonte und zur schönen Kirche San Francesco all'Immacolata. Ihr gotisches Portal stammt vom Vorgängerbau, dem Palazzo Chiaramonte.

↑ *Kirschblüte im Giardino Ibleo – ein Höhepunkt im Jahresverlauf*

⑦ Giardino Ibleo

Der reizende öffentliche Park im östlichen Teil der Stadt wurde im 19. Jahrhundert eröffnet und wartet mit einer faszinierenden Aussicht über die Umgebung sowie mit mehreren Kirchen auf, darunter San Giacomo, San Domenico und die Chiesa dei Cappuccini. Diese lohnt aufgrund ihrer sehenswerten Altarbilder aus dem 15. Jahrhundert, darunter auch eines von Pietro Novelli, auf jeden Fall einen Besuch.

⑧ Portale di San Giorgio

Die Kirche wurde beim Erdbeben 1693 weitgehend zerstört. Vom alten Bau ist das spätgotische Portal im katalanischen Stil erhalten. Auf dem Flachrelief seines Tympanons ist zu sehen, wie der heilige Georg den Drachen tötet. Über dem Portal prangen die Wappenadler des Hauses Aragón.

← *Wunderbarer Blick auf den Duomo von der Terrasse des Cafés an der Piazza Duomo*

Caltagirone

⑤

E5 · 38 000 · ab Catania, Gela · Piazza Municipio 5 (+39 0933 41111) · Festa di San Giacomo (24., 25. Juli) · comune.caltagirone.ct.it

Wo die Monti Erei und die Monti Iblei aufeinandertreffen, liegt die »Burg der Vasen«, so eine Übersetzung von *Kalat at Giarin*, dem arabischen Namen der Stadt. Caltagirone ist eine Hochburg der Töpferei. In der Nähe wurden prähistorische Tonwaren gefunden. Heute ist die Stadt UNESCO-Welterbe.

① Piazza Municipio

Im Zentrum der Keramikstadt, der Piazza Municipio, treffen die Hauptstraßen aufeinander. Am Platz stehen das Rathaus und der aus dem 15. Jahrhundert stammende Palazzo Senatorio.

② Duomo di San Giuliano

Via Duomo 1

Die mittelalterliche Kathedrale wurde später barockisiert. Im Inneren findet sich ein Holzkreuz aus dem 16. Jahrhundert. In Richtung Ponte San Francesco führt die Via Roma zu einem schönen Platz mit der Kirche Sant'Agata.

③ Museo Civico

Via Roma 10 · +39 093 331 590 · Mo – Fr 9 – 13

Das Museum im imposanten ehemaligen Bourbonengefängnis aus dem 17. Jahrhundert dokumentiert Prähistorie sowie griechische und römische Antike. Zudem stellt es Keramiken und Skulpturen vom 16. Jahrhundert bis heute vor.

④ San Francesco d'Assisi

Die Kirche des heiligen Franz von Assisi erreicht man über den farbenfroh gefliesten Ponte San Francesco. Sie wurde schon im 12. Jahrhundert errichtet, erstand aber nach dem Erdbeben von 1693 in barockem Kleid neu.

Fotomotiv
Treppenblicke

Die im Jahr 1606 erbaute Scala Santa Maria del Monte ist eine Fundgrube an Motiven. Fotografieren Sie die 142 Stufen von oben und unten, und experimentieren Sie mit verschiedenen Blickwinkeln und Lichtverhältnissen. Versuchen Sie auch, Details der Majolikafliesen aus der Nähe zu erfassen.

Die türkisfarbene Kuppel der Kathedrale ist ein Blickfang der Silhouette von Caltagirone ↓

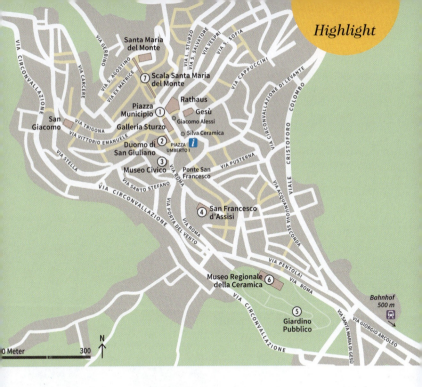

⑤ Giardino Pubblico

Die Via Roma führt zu diesem Mitte des 19. Jahrhunderts von Giovanni Battista Basile gestalteten städtischen Park. Seine Balustrade und der Musikpavillon sind mit Keramikfliesen verkleidet.

⑥ Museo Regionale della Ceramica

 Viale Giardini Pubblici
 +39 0933 58418 ⏰ tägl. 9–18:30 (nur mit Reservierung, letzter Einlass 18)

Das Keramikmuseum zeigt bronzezeitliche Gefäße, griechische und römische Krater (Mischkrüge) und Figurinen, arabische Vasen und sizilianische Arbeiten aus dem Mittelalter, neuere Apothekergefäße und Vasen mit sakralen Motiven.

⑦ Scala Santa Maria del Monte

Es lohnt sich, die 142 Stufen dieser mit Majolikafliesen verzierten Monumentaltreppe im Stadtzentrum emporzusteigen. Die Prachttreppe wurde 1606 als Verbindung zwischen den Sitzen der religiösen und der weltlichen Macht – der Kathedrale und dem Palazzo Senatorio – angelegt und bewältigt einen Höhenunterschied von 45 Metern. Am 24. und 25. Juli, zum Fest von San Giacomo, erstrahlt sie abends im Schein Tausender Lichter.

> Es lohnt sich, die 142 Stufen dieser mit Majolikafliesen verzierten Monumentaltreppe im Stadtzentrum emporzusteigen.

Tonwaren

Giacomo Alessi
Der berühmte Keramiker Giacomo Alessi interpretiert in seinen Fliesen, Schalen und anderen Töpferwaren die Traditionen und Mythen des antiken Sizilien neu.

🏠 Via Principe Amedeo di Savoia 9
🌐 giacomoalessi.com

Silva Ceramica
In einem Hof nahe der Piazza Umberto I werden außergewöhnliche Nachbildungen antiker Motive ausgestellt, u. a. Figurinen, Töpfe und Fliesen.

🏠 Piazza Umberto I 19
🌐 silvaceramica.com

Caltagirone mit der Scala Santa Maria del Monte (siehe S. 189)

SEHENSWÜRDIGKEITEN

❻ Palazzolo Acreide
🅰 F6 👥 9000 ℹ Piazza del Popolo (+39 329 619 8962)

Die in der Antike unter dem Namen Akrai gegründete Stadt ist seit 2002 UNESCO-Welterbestätte. Das hübsche Stadtbild prägen einige sehenswerte Barockbauten, darunter etwa die Chiesa Madre di San Nicolò, der Palazzo Zocco und die Chiesa dell'Annunziata (18. Jh.).

Am meisten fasziniert jedoch der herrliche Blick auf die ausgedehnte Ebene mit den **Ausgrabungen in Akrai**. Das Gelände mit der heutigen archäologischen Stätte vor den Toren der Stadt war bereits 664 v. Chr. besiedelt. Neben einigen freigelegten Straßen beeindrucken insbesondere die Reste eines gut erhaltenen Theaters, bei der Akropolis eine Agora, zwei Latomien, die Ruine eines Aphrodite-Tempels sowie die sogenannten Santoni, zwölf Felsskulpturen, die mit der ikonischen anatolischen Muttergöttin Kybele in Verbindung stehen.

Ausgrabungen in Akrai
🏠 2 km vom Zentrum
📞 +39 093 148 9511
🕐 tägl. 8:30–19:30

❼ Lentini
🅰 F5 👥 24 000 🚆 ab Catania, Siracusa, Messina ℹ Pro Loco Lentini, Via Conte Alamo (+39 095 813 3044)

Lentini wurde 729 v. Chr. von Chalkidiki erobert. Mit Unterstützung Athens kämpfte es gegen das benachbarte Siracusa. Es wurde geschlagen, dann von den Römern besetzt und durchlebte eine Phase des Niedergangs. Im Mittelalter stieg es zu einem wichtigen Agrarzentrum auf.

Das **Museo Archeologico** zeigt historische Funde, vor allem aus der sikelischen und griechischen Ära. Am Ortsrand, beim Colle Castellaccio, liegt das Ausgrabungsfeld des antiken Leontinoi, das man durch das alte Stadttor Porta Siracusana erreicht. Dort wurden eine Reihe antiker Grabstätten und Reste von Ummauerungen freigelegt.

Museo Archeologico
🏠 Via Museo 1
📞 +39 095 783 2962
🕐 Di–So 9–18

❽ Megara Hyblaea
🅰 F5 📞 +39 095 783 2962 🚆 Augusta-Bahnhof
🕐 tägl. 8:30–13:30

Siedler aus Megara gründeten hier 728 v. Chr. eine der frühesten griechischen Kolonien auf Sizilien. Der Sage nach waren die Gründer aus Kreta geflohene Gefolgsleute des sagenhaften Daidalos, der mithilfe selbst gefertigter Flügel hierherkam.

Schon bald befand sich Megara Hyblaea im Krieg mit Siracusa und Leontinoi. Nach

Vorstellung im gut erhaltenen antiken Theater von Akrai, Palazzolo Acreide

← *Auf dem Weg zur Nekropole Pantalica; Blick in eine Höhle der Anlage* (Detail)

Madre (1769) und das Museo della Pizzaforte (Waffenmuseum; Di – So geöffnet).

❿ Pantalica
F5 19 km von Ferla, 45 km von Siracusa tägl. 7 –19 Uhr

Gräber, Wohnhöhlen und Tempel zieren die Steilwände der Kalksteinschluchten am Zusammenfluss von Bottiglieria und Anapo. Pantalica – seit 2005 eine UNESCO-Welterbestätte – war die Hauptstadt des Königreichs Hybla, das in seiner Blütezeit Siracusa als Hafen nutzte. Als ihre Küstenkolonien im 8. Jahrhundert v. Chr. gesichert waren, wurde die Stadt von den Griechen eingenommen. Erneute Bedeutung errang Pantalica im frühen Mittelalter, als seine Einwohner in den schwer zugänglichen Schluchten Zuflucht vor den Arabern und ständigen Kriegen suchten. Aus jener Zeit stammen die Einsiedeleien und Wohnhöhlen, ebenso die Ruinen des »byzantinischen Dorfs« und eine Felsenkirche.

einem Jahrhundert gründete es seinerseits Selinunte im Westen Siziliens.

Die Ausgrabungen erfolgten unter der Aufsicht des Archäologen Paolo Orsi und der École Française in Rom. Leider passt die heutige Kulisse von Augustas Ölraffinerien ganz und gar nicht zur Atmosphäre der antiken Stätte. Zu sehen sind Relikte der hellenistischen Stadtmauer, des Viertels um die Agora sowie die Reste einiger Tempel, Bäder und Kolonnaden. Informationstafeln erleichtern die Orientierung.

abwehren, 1693 fiel sie dem Erdbeben zum Opfer.

Anfang des 20. Jahrhunderts begann sie sich auszudehnen und zum Umschlaghafen der Petrochemie zu entwickeln, was das Stadtbild drastisch veränderte. In die Altstadt führt die 1681 unter Vizekönig Benavides erbaute Porta Spagnola. Neben Resten der Stadtmauer lohnen die Chiesa delle Anime Sante, die Chiesa

❾ Augusta
G5 34 000 ab Catania, Siracusa, Messina Via Epicarmo 325

Das teilweise auf einer Insel gelegene Augusta entstand unter Friedrich II. als von einer Burg bewehrter Hafen. Unter den Aragoniern musste die Stadt osmanische und nordafrikanische Piraten

Wanderung durch Pantalica
Wegen ihrer steilen Schluchten lässt sich die weitläufige archäologische Stätte – Siziliens größte Nekropole – nur zu Fuß erkunden. Etwa neun Kilometer von Ferla liegt die Filiporto-Nekropole mit über 1000 in den Fels getriebenen Grabgrotten. Als Nächstes erreicht man die Nördliche Nekropole. Die letzte Parkmöglichkeit bietet sich nahe dem *Anaktoron*, dem megalithischen Palast des Königs von Hybla aus dem 12. Jahrhundert v. Chr. Wo die Straße nach einem weiteren Kilometer endet, führt ein Pfad zum Fluss Bottiglieria hinab. Dort durchlöchern künstliche Höhlen die schroffen Felswände. Ein anderer Weg führt zum »byzantinischen Dorf«, der in den Fels gearbeiteten Kirche San Micidiario und den übrigen Begräbnisstätten. Weniger empfehlenswert ist der Weg von Sortino am Nordhang nach Pantalica – er ist extrem lang und auch für geübte Wanderer anstrengend.

⑪ Modica

🅰 F6 🏠 53 000 🚆 ab Siracusa ℹ Rathaus, Corso Umberto I 141 (+39 346 655 8227)

Das schon in sikelischer Zeit bewohnte Modica (seit 2002 UNESCO-Welterbe) tat sich 212 v. Chr. durch einen Aufstand gegen die Römerherrschaft hervor. Dank seiner strategischen Lage war es im Mittelalter und während der Renaissance eine der wichtigsten Städte Siziliens.

Einige monumentale Treppen verbinden Modica Alta, die Oberstadt, mit Modica Bassa, der Unterstadt. Durchgänge und Gassen erinnern daran, dass die ummauerte Stadt von 844 bis 1091 eine bedeutende arabische Bastion namens *Mohac* war.

Barockstädte im Val di Noto

Im Jahr 1693 zerstörte ein verheerendes Erdbeben weite Teile des südöstlichen Sizilien. Zu jener Zeit stand die Insel unter der Herrschaft der spanischen Bourbonen, die bevorzugte Architektur in vielen Städten war kühn und extravagant. Viele von ihnen wurden nach den Zerstörungen in diesem Stil wieder aufgebaut und so ist diese Region mit Kalksteinschluchten, Wiesen und Sandstränden übersät mit herrlichen Barockstädten.

> **Schon gewusst?**
>
> Samen von Johannisbrotbäumen werden von den Köchen in Modica vielfältig verwendet.

Der dem heiligen Georg geweihte Dom lohnt den Aufstieg. Graf Alfonso Henriquez Cabrera ließ ihn über einer Kirche (13. Jh.) erbauen, die einem Erdbeben zum Opfer gefallen war. Die Fassade türmt sich in drei Säulenreihen elegant auf. Sie gilt als Werk Rosario Gagliardis. Innen zeigt ein Flügelaltar Bernardino Nigers (16. Jh.) in zehn Paneelen Szenen des Neuen Testaments.

Herrliche Palazzi aus dem 19. Jahrhundert säumen den Corso Regina Margherita. Die Via Marchesa Tedeschi führt zur nach 1693 wiederaufgebauten Kirche Santa Maria di Betlem (16. Jh.). Ein Juwel der Spätgotik und Frührenaissance ist die Cappella del Sacramento am Ende des rechten Seitenschiffs.

Den Corso Umberto I, Modicas Hauptstraße, säumen u. a. das Monastero delle Benedettine, das Teatro Garibaldi (19. Jh.), der Palazzo Tedeschi, die Kirche Santa Maria del Soccorso und der Palazzo Manenti. Apostelstatuen flankieren die barocke Monumentaltreppe, die zu San Pietro führt. Die Kirche ersetzte nach 1693 einen Vorgängerbau (14. Jh). In der zweiten Kapelle im rechten Seitenschiff steht die Madonna dell'Ausilio, eine Skulptur der Gagini-Schule.

Im **Museo Civico Belgiorno** sind Fossilien und Majolikafliesen zusammen mit griechischer und römischer Keramik sowie Funden aus den Gräbern von Modica zu sehen, darunter auch aus der Cava d'Ispica.

Museo Civico Belgiorno
🏠 Corso Umberto I 149
📞 +39 093 275 9111
🕘 tägl. 9–18:30

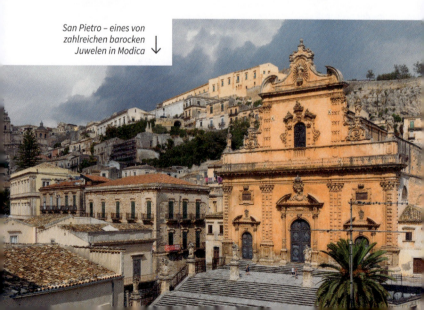

San Pietro – eines von zahlreichen barocken Juwelen in Modica ↓

Mit Majolikafliesen geschmückte Treppe im Zentrum von Vizzini

⑫ Chiaramonte Gulfi
🅐 E6 🏠 8000 🌐 chiara montegulfi-rg.it

Die Stadt wurde im 14. Jahrhundert von Manfredi Chiaramonte, Graf von Modica, in exponierter Lage an den steilen Hängen einer Anhöhe gegründet. Von dort dehnte sie sich in Richtung Tal aus. Im Zentrum stehen die Chiesa del Salvatore und die Kirche Matrice Santa Maria la Nova, am Ortsrand das Heiligtum der Madonna delle Grazie.

⑬ Gela
🅐 DE6 🏠 72 000 🚆 ab Siracusa ℹ️ Via Marconi 31

Nach Angaben des Historikers Thukydides entstand Gela im Jahr 688 v. Chr. Gelas Einwohner gründeten im 6. Jahrhundert v. Chr. wiederum Agrigento. Die über zwei Hänge – das heutige Areal der Akropolis und die an der Landspitze gelegenen **Festungsanlagen Capo Soprano** – verteilte Stadt blühte unter Friedrich II. auf. Heute ist Gela von Industrie und Anti-Mafia-Militärpräsenz geprägt. Das mindert nicht den Reiz der archäologischen Stätten: Die unter Timoleon erbaute Wehrmauer am Capo Soprano sowie der heilige Bezirk und der Athene-Tempel bei den **Ausgrabungen an der Akropolis** stimmen auf das **Museo Archeologico Regionale** ein.

Festungsanlagen Capo Soprano
📞 +39 093 391 2626
🕘 Mo–Fr 9–13 nach telefonischer Anmeldung

Ausgrabungen an der Akropolis
📍 🕘 tägl. 9–13 nur mit Reservierung

Museo Archeologico Regionale
📍 Corso Vittorio Emanuele 🕘 wegen Renovierung

Restaurants

Accursio
Mit Michelin-Stern ausgezeichnetes Restaurant in einem Palazzo.
🅐 F6 📍 Via Grimaldi 41, Modica 🌐 accursio ristorante.it
€€€

Taverna Nicastro
Nostalgie verströmendes Lokal mit hübscher Terrasse im Freien.
🅐 F6 📍 Via Sant' Antonino 30, Modica 🌐 tavernanicastro.com
€€€

⑭ Vizzini
🅐 F5 🏠 7000 ℹ️ Piazza Umberto I 19 (+39 095 794 8620)

Der Reiz Vizzinis liegt in den Gassen der Altstadt, die ihre ursprüngliche Anlage bewahrt hat, was angesichts Siziliens moderner Urbanisierung immer seltener wird. Im Ort gibt es einige Kirchen und Palazzi. Architektonisch besonders gelungen ist die Chiesa Madre di San Gregorio. Ihr gotisches Portal wurde vom zerstörten Palazzo di Città übernommen.

⑮ Vittoria
🅐 E6 🏠 54 000 ℹ️ Pro Loco (+39 331 216 2757)

Die agrarisch geprägte, 1603 von Vittoria Colonna gegründete Stadt liegt zwischen den Flüssen Ippari und Dirillo. An der Piazza del Popolo stehen das Teatro Comunale (1877) und die nach 1693 wiederaufgebaute Barockkirche Santa Maria delle Grazie *(siehe S. 54)*.

Terrasse mit Meerblick eines Restaurants in Marzamemi

16 Pachino
F7 · 22 000 · *Via Nuova, Marzamemi (+39 392 091 2515)*

Der Ort wurde 1758 von den Fürsten von Giardinelli gegründet und von ein paar Dutzend Familien besiedelt. Heute ist er ein wichtiges Zentrum für Landwirtschaft und Weinbau. Trotz der modernen Architektur sind noch Spuren des alten Grundrisses auszumachen: Ein Geflecht von Höfen und Gassen kündet vom arabischen Einfluss.

Italiener denken bei der Erwähnung von Pachino an Tomaten, nämlich an die kleinen roten *pachini*, die man im ganzen Land für Saucen und Salate verwendet. Ferner ist die Gegend für ihren Rotwein (DOC-Klassifikation) bekannt.

17 Capo Passero
F7

An Siziliens Südzipfel, auf der Landspitze des Capo Passero, liegt das beschauliche Städtchen Portopalo di Capo Passero, ein Zentrum von Fischerei und Landwirtschaft. Zusammen mit dem Nachbarort Marzamemi zieht es viele Sommerurlauber an.

Nicht weit entfernt liegt das Naturschutzreservat Riserva naturale orientata Oasi faunistica di Vendicari. Die kleine Insel Capo Passero vor der Küste diente lange Zeit als Beobachtungsposten. Ihr Wachturm ersetzte im 17. Jahrhundert teils antike Befestigungen.

Gegenüber dem Capo delle Correnti am südlichsten Punkt der Landspitze ragt auf einer Insel, der Isola delle Correnti, ein Leuchtturm auf. In der Nähe, bei Portopalo, landeten am 10. Juli 1943 alliierte Truppen, um auf Sizilien einen Brückenkopf einzurichten.

Nördlich von Portopalo sind eine *tonnara* und eine Fabrik auf Fang und Verarbeitung von Thunfischen spezialisiert. Auch das nahe Marzamemi hat sich um eine *tonnara* und die Residenz ihrer Inhaber, der Adelsfamilie Villadorata, entwickelt.

Immer noch suchen Thunfischschwärme ihre Laichplätze in Küstengewässern des zentralen Mittelmeers auf. Beim *mattanza* genannten traditionellen Thunfischfang werden die Schwärme Richtung *tonnara* getrieben, in einem ausgeklügelten System von Netzen gefangen und unter schnellem Blutverlust getötet.

Das Fleisch der auf diese Weise geschlachteten Thunfische gilt unter Fachleuten als hochwertiger als das ihrer auf hoher See getöteten Artgenossen.

TOP 3 Routen im Reservat Vendicari

Blaue Route
Starten Sie am Strand von Eloro, und fahren Sie bis Calamosche mit dem berühmtesten Strand des Reservats.

Grüne Route
Erkunden Sie Cittadella Maccari bis zur Tonnara, vorbei an der Trigona und einer byzantinischen Nekropole.

Orangefarbene Route
Fahren Sie vom Eingang des Reservats die Küste entlang bis zum Strand von Calamosche.

> Italiener denken bei der Erwähnung von Pachino an Tomaten, nämlich an die kleinen roten *pachini*, die man im ganzen Land für Saucen und Salate verwendet.

18
Cava d'Ispica

🅰 F6 🆔 Siracusa – Ispica
📞 +39 093 295 2608 🕐 tägl.
9–19 🌐 parchiarcheologici.
regione.sicilia.it/kamarina-
cava-ispica

Ein Fluss grub vor Urzeiten die Cava d'Ispica in den Fels. Heute gleicht die Schlucht einem Freilichtmuseum: Gräber, Kultstätten und Wohnhöhlen von religiösen Einsiedlern, die hier Erleuchtung suchten, durchlöchern die Steilhänge.

Der Eremit Sant'Ilarione (291–371) begründete das Mönchstum in der Schlucht, die im Altertum als Nekropole diente. Noch bis 1935 lebten einige Menschen in den *spaccaforna* genannten Höhlen.

Die Cava d'Ispica erreichen Sie von der SS115 von Ispica nach Modica, indem Sie bei Bettola del Capitano rechts abbiegen und der Abzweigung bis zur Mühle Cavallo d'Ispica folgen.

Heute steht das Labyrinth aus Katakomben der Larderia-Nekropole (samt kleinem Museum) Besuchern offen. Allerdings erschwert eine Einfriedung den Überblick über den Höhlenkomplex, der den Ruhm der Cava d'Ispica begründet hat.

Auf Anfrage kann man in der Nähe des Eingangs die Grotta di San Nicola, eine mit byzantinischem Madonnenfresko geschmückte Höhle, und die umfriedete byzantinische Kirche San Pancrazio besichtigen.

Auch der frei zugängliche Teil der Schlucht ist trotz des schwierigen Geländes sehenswert. Jeder Schritt des Aufstiegs wird mit reizvollen Ausblicken auf die Landschaft belohnt.

→

Der wunderschöne barocke Palazzo Beneventano in Sciclis malerischen Gassen

19
Scicli

🅰 EF6 👥 25 000 🆔 ab Siracusa 🚌 von Noto
ℹ Rathaus (+39 093 283 9111); Palazzo Spadaro (+39 093 283 9611) 🎉 Festa delle Milizie (letzter So im Juni) 🌐 comune.scicli.rg.it

Die Stadt, ein UNESCO-Welterbe, liegt am Fluss Modica mit den Tälern Santa Maria la Nova und San Bartolomeo. Sie war ein wichtiger Ort zwischen Küste und Hochland.

Zunächst war Scicli ein Stützpunkt der Araber, unter den Normannen wurde sie Königsstadt. Nach dem Erdbeben von 1693 wurde sie barock wiederaufgebaut.

Reist man aus Modica durch das San-Bartolomeo-Tal an, bietet sich als erster Halt San Bartolomeo und dann die neue, nach Aufgabe der alten Bergsiedlung in der Ebene entstandene Stadt Scicli an. Im Zentrum stehen die Kirche Santa Maria la Nova, die mehrmals umgebaut wurde und heute neoklassizistische Elemente aufweist sowie der barocke Palazzo Beneventano, das einstige Karmeliterinnenkloster und die Chiesa del Carmine. Die Chiesa Madre an der Piazza Italia ist wegen ihrer Madonna dei Milici, einer Figur aus Pappmaschee und der Via Mormino Penna, einer Barockstraße, sehenswert. Etwas höher liegt die Ruine der alten Kathedrale San Matteo unterhalb einer verfallenen arabischen Burg. Die Stadt dient oft als Filmkulisse.

Hotel

Albergo Diffuso
Die Zimmer dieses innovativen Hotels verteilen sich auf elf Häuser, die über das Stadtzentrum verteilt sind.

🅰 EF6 🏠 Piazza Italia 38, Scicli 🌐 sciclialbergo diffuso.it
€€€

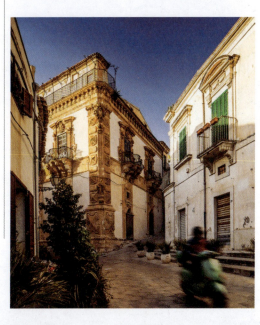

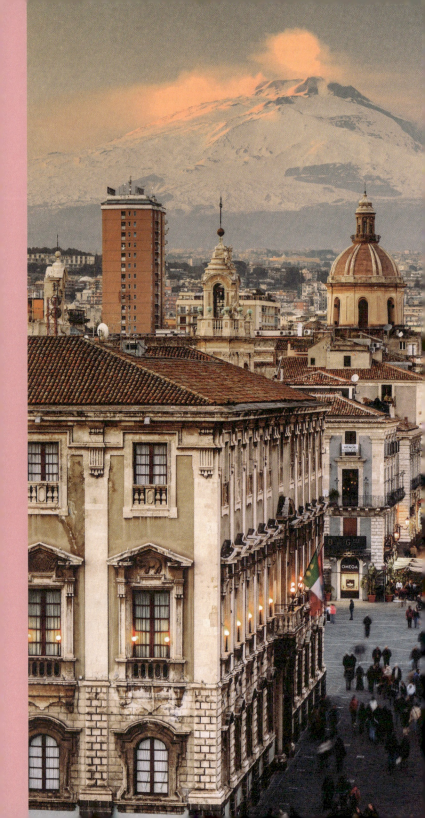

Blick über Catania vor der Kulisse des Ätna (siehe S. 202 – 205)

Nordost-Sizilien

Im Jahr 735 v. Chr. landeten zum ersten Mal griechische Siedler an diesem Küstenstreifen. Sie gründeten Naxos, die erste einer Reihe mächtiger griechischer Kolonien auf Sizilien. Damit begann eine Zeit der wirtschaftlichen und kulturellen Blüte. Leider haben Vulkanausbrüche und Erdbeben in diesem Inselteil fast alle Spuren der großartigen griechischen Städte getilgt. Eine Ausnahme bildet das von den Römern umgebaute Theater von Taormina.

Bei einem der verheerendsten Ausbrüche 1669 floss die Lava bis Catania und ins Meer. Die Lavaströme haben die einzigartige Landschaft des Ätna geformt. Putten und Girlanden aus schwarzem Lavagestein zieren zahlreiche Kirchen und Profanbauten in Catania und Umgebung, viele Gebäude sind ebenfalls daraus erbaut.

Herrliche Aussichten, architektonische Perlen und milde Witterung haben diese Küste zum beliebten Urlaubsziel gemacht. Die ersten Besucher waren im 18. Jahrhundert Bildungsreisende, die u. a. nach Messina reisten. Heute zieht es viele Urlauber an die zahlreichen Strände der Region.

Nordost-Sizilien

Highlights
1. Catania
2. Taormina
3. Ätna (Monte Etna)
4. Messina
5. Äolische (Liparische) Inseln

Sehenswürdigkeiten
6. Adrano
7. Motta Sant'Anastasia
8. Agira
9. Paternò
10. Regalbuto
11. Aci Castello
12. Mascalucia
13. Centuripe
14. Acireale
15. Aci Trezza
16. Bronte
17. Zafferana Etnea
18. Randazzo
19. Linguaglossa
20. Castiglione di Sicilia
21. Giardini-Naxos
22. Capo d'Orlando
23. Giarre
24. Tyndaris
25. Milazzo
26. Patti
27. Monti Nebrodi

↑ *Piazza Duomo mit der Kathedrale und der Fontana dell'Elefante*

❶
Catania

🅰 F4 🏙 310 000 ✈ 🚆 🚌 ℹ Via Vittorio Emanuele II 172 (+39 095 742 55 73) 🎭 Festa di Sant'Agata (Feb); Catania Musica Estate (Juli – Sep); Internat. Jazz-Festival (Aug – Sep); Symphoniekonzerte, Kammermusik (Okt) 🌐 comune.catania.it

Die zweitgrößte Stadt Siziliens liegt am Osthang des Ätna und ist seit 2002 UNESCO-Welterbe. Dem Wiederaufbau nach dem verheerenden Erdbeben des Jahres 1693 verdankt Catania seine Grundstruktur mit breiten, geradlinigen Straßenzügen und ausgedehnten Plätzen.

①
Piazza Duomo

Catanias Herz schlägt an der Kreuzung von Via Etnea und Via Vittorio Emanuele. Barockbauten rahmen den Platz, u. a. der Palazzo del Municipio, die Kathedrale und die Porta Uzeda, das 1696 als Verbindung der Via Etnea mit dem Hafenviertel errichtete Stadttor. Giovanni Battista Vaccarini fertigte 1736 die Skulpturen der Fontana dell'Elefante in der Mitte des Platzes. Im Brunnenbecken steht ein Elefant aus Lavagestein, der auf dem Rücken einen Obelisken mit einer Weltkugel auf der Spitze balanciert.

②
Kathedrale

🏠 Piazza Duomo 📞 +39 095 320 044 🕐 tägl. 10 –12:30, 16 –19 🌐 cattedrale catania.it

Die Kathedrale ist Catanias Schutzpatronin Sant'Agata geweiht. Vom normannischen Original sind noch drei Apsiden und das Querhaus erhalten. Die zweigeschossige Säulenfassade – wie die linke Außenseite ein Entwurf G. B. Vaccarinis – ist Barock pur. Im Innenraum beeindrucken das Kuppelgewölbe, das hohe Querhaus und die drei säulenverzierten Apsiden. Am zweiten rechten Pilaster ist das Grab von Vincenzo Bellini, am ersten linken ein Weihwasserbecken (15. Jh.) zu sehen. Im Querhaus führt eine Tür zur normannischen Cappella della Madonna mit den Grablegen aragonischer Herrscher.

③
Palazzo Biscari

🏠 Via Museo Biscari 10 📞 +39 095 328 7201 🕐 Mo – Do 10 –13 (Telefonische Buchung vorab empfohlen) 🌐 palazzobiscari.com

Fürst Paternò Castello ließ Catanias größten privaten Palazzo im 18. Jahrhundert auf Resten der Stadtmauer (16. Jh.) errichten. Fast ein Jahrhundert wurde unter der Leitung führender Architekten daran gebaut. Die reizvollste Seite des Gebäudes

> **Schon gewusst?**
>
> Am Flughafen Catania werden jährlich rund neun Millionen Passagiere abgefertigt.

blickt zur Via Dusmet. Antonino Amato skulptierte Putten, Telamonen und Girlanden der Terrasse. Der Palazzo wird teils privat, teils von der Stadt genutzt.

Badia di Sant'Agata
⌂ Via Vittorio Emanuele II
◷ Mo – Sa 9:30 –12:30, 15 –18, So 9:30 –13, 17 – 20

Die 1735 – 67 nach Plänen von G. B. Vaccarini erbaute Abtei ist eines von Catanias Glanzlichtern. Die Fassade wölbt sich unten nach vorn und oben nach innen. Den achteckigen Innenraum prägt Rokoko-Stil.

Teatro Bellini
⌂ Via Perrotta 12 ☏ +39 095 730 6111 ◷ Di – Sa 10 –13
🌐 teatromassimobellini.it

Das nach dem in Catania geborenen Vincenzo Bellini benannte Theater ist für seine unvergleichliche Akustik, sein üppiges Dekor und seine erstklassigen Aufführungen bekannt.

Museo Storico dello Sbarco
⌂ Viale Africa
☏ +39 095 401 19 29
◷ Di – So 9 –15

Das Museum ist der Landung der alliierten Streitkräfte auf Sizilien 1943 gewidmet und bietet einen umfassenden Einblick in das Ereignis, das zur Befreiung Italiens von der Nazi-Besatzung und der faschistischen Diktatur führte.

Pescheria

Der Fluss Amenano (er bildet im Römischen Theater einen Teich) speist die Fontana dell'Amenano am Anfang der Via Garibaldi. Der 1867 erbaute Brunnen ist der Mittelpunkt des farbenfrohen Fischmarktes, des beliebten Mercato della Pescheria: Die Straßen und kleinen Plätze um ihn herum sind morgens Schauplatz des Fischmarkts.

Das mächtige Stadttor am Ende der Via Garibaldi, die Porta Garibaldi, wurde 1768 anlässlich der Hochzeit Ferdinands IV. von Sizilien errichtet, Baumaterialien waren Kalkstein und Lava.

Highlight

Shopping

Mizzica Souvenir
In diesem bunten Laden finden Sie Handgefertigtes von Souvenirs über Keramik und Schmuck bis hin zu außergewöhnlichen Taschen.

⌂ Via Giuseppe Garibaldi 13
🌐 mizzicasouvenir.it

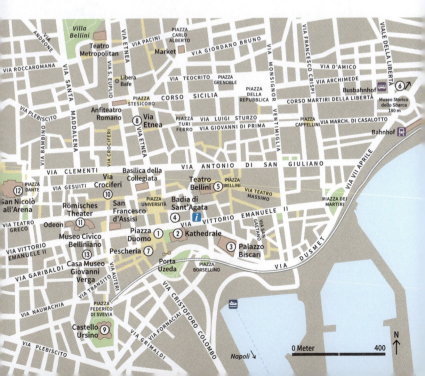

← *Innenraum und konkave Barockfassade* (Detail) *der Basilica della Collegiata an der Via Etnea*

Via Etnea

Catanias teils für den Autoverkehr gesperrte Hauptstraße verbindet die wichtigsten Teile der Stadt und weist die elegantesten Cafés und Läden auf. Auf mittlerer Höhe liegt die Piazza Stesicoro mit dem Römischen Amphitheater (2. Jh. n. Chr.), etwas abseits die große Piazza Carlo Alberto, wo der zentrale Markt stattfindet. Auf der Piazza Università vor dem Palazzo dell'Università stehen vier schöne Laternen mit Themenreliefs. An der Via Etnea sollte man die Basilica della Collegiata beachten. Die Villa Bellini nahe dem Ende der Via Etnea ist kein Gebäude, sondern ein subtropisch bepflanzter Park, in dem Büsten berühmter Sizilianer stehen.

Castello Ursino
🏠 Piazza Federico di Svevia
📞 +39 095 345 830
🕐 tägl. 9–19

Die Burg, eines der wenigen mittelalterlichen Zeugnisse Catanias, wurde 1239–50 von Riccardo da Lentini für Friedrich II. errichtet. Als Baustein eines Verteidigungssystems, dem die Festungen von Motta, Anastasia, Paternò und Adrano angehörten, überwachte sie auf einem Kap das Meer.

Vier Türme akzentuieren das Viereck des Mitte des 16. Jahrhunderts restaurierten Baus. An der Ostfront sieht man über einem Fenster ein Pentagramm, das schon in der Antike weithin gebräuchliche magische Fünfwinkelzeichen. In einer Fassadennische symbolisiert ein Adler mit einem Lamm in den Klauen die kaiserliche Macht der Staufer. Im Innenhof der Burg, wo die aragonischen Könige einst Recht sprachen, sind Sarkophage und andere Funde zu sehen.

In den oberen Räumlichkeiten zeigt die Kunstgalerie des Museo Civico Gemälde aus Mittelalter und Renaissance sowie eine archäologische Sammlung mit Skulpturen, Vasen und Mosaiken aus der Antike.

Via Crociferi

Die von barocken Palazzi und Kirchen gesäumte Straße beginnt bei der Piazza San Francesco. Am Platz selbst birgt die Barockkirche San Francesco d'Assisi die *candelore*, geschnitzte und vergoldete Holzgebilde, die Catanias Handwerkszünfte symbolisieren. Beim Fest der Stadtpatronin Sant'Agata im Februar werden die *candelore* in einer Prozession durch die Stadt getragen.

Vor der Kirche verbindet der Arco di San Benedetto die Große und Kleine Abtei: die von Francesco Battaglia entworfene Badia Grande und die Giovanni Battista Vaccarini zugeschriebene

← *Antike Skulptur (um 500 v. Chr.) im Museo Civico, Castello Ursino*

Badia Piccola. Links zieren Szenen aus dem Leben des heiligen Benedikt das Holzportal der Kirche San Benedetto. Ebenfalls links ragen am Ende einer zweiläufigen Treppe die Kirche San Francesco Borgia und daneben das frühere Jesuitenkolleg auf. Die Kirche San Giuliano gegenüber ist ein barockes Meisterwerk von Vaccarini.

⑪
Römisches Theater
🏠 Via Vittorio Emanuele II, 266 📞 +39 095 715 0508 🕐 Di–Sa 9–13, 15–17 ⓘ vorübergehend wegen Renovierung

Das am Südhang der Akropolis aus Kalkstein und Lava errichtete Theater hatte 7000 Sitzplätze. Es wurde ursprünglich von Griechen angelegt, die erhaltenen Teile sind jedoch römisch. Der Bau erlitt im 11. Jahrhundert schwere Schäden, als Roger I. Marmorverkleidung und Kalksteinblöcke für den Bau der Kathedrale abtragen ließ. Gut zu erkennen sind noch die *cavea* (Tribüne), der Rand der *orchestra* (Spielfläche) und ein Teil des Bühnenhauses.

Nahe der obersten Sitzreihe befindet sich der Eingang zum kleinen Odeon. Im halbrunden Lavabau fanden vor allem rhetorische und musikalische Wettbewerbe statt.

> **Expertentipp**
> **Pompelmo**
>
> Grapefruit (ital. Pompelmo) ist die Grundlage vieler süditalienischer Sommercocktails, für die ihr Saft zum Beispiel zu gleichen Teilen mit dem Bitterlikör Amaro und mit Prosecco gemixt wird. In sizilianischen Bars trinkt man das gern vor dem Essen.

⑫
San Nicolò all'Arena
🏠 Piazza Dante 📞 +39 095 710 2767 🕐 tägl. 10–12, 15–18 (Führungen 13, 16:30)

San Nicolò steht auf dem Gelände eines 1669 durch Lava zerstörten Klosters. Die Kirche wurde beim Erdbeben von 1693 zerstört und im 18. Jahrhundert neu aufgebaut. Mächtige Pfeiler trennen die beiden Seitenschiffe vom Hauptschiff. Die Sonnenuhr des Querhauses, eine der größten Europas, wurde Mitte des 19. Jahrhunderts von Wolfgang Sartorius Freiherr von Waltershausen angefertigt und 1996 restauriert. Auf 24 inkrustierten Marmorplatten sind die Tierkreiszeichen, die Tage des Jahres und die Jahreszeiten dargestellt. Wenn mittags durch die Deckenöffnung das Sonnenlicht einfällt, kann man Tag und Monat ablesen.

⑬
Casa Museo Giovanni Verga
🏠 Via Sant'Anna 8 📞 +39 095 715 0598 🕐 Mo–Sa 8:30–13:30 (Reservierung vorab)

Im zweiten Stockwerk eines Hauses aus dem 19. Jahrhundert befindet sich die Wohnung, in der der sizilianische Schriftsteller Giovanni Verga jahrelang lebte und im Jahr 1922 verstarb. Das zeitgenössisch möblierte Haus zeigt persönliche Gegenstände und Manuskriptkopien (Originale in der Biblioteca Universitaria Regionale di Catania). Vergas rund 2500 Bände starke Privatbibliothek umfasst Werke des italienischen Futuristen Marinetti ebenso wie Romane Dostojewskis.

Das römische Theater bot einst Platz für rund 7000 Zuschauer ↓

Taormina

G3 · 11 000 · Catania-Fontanarossa (70 km) · 5 km ab Giardini-Naxos · SAIS (www.saisautolinee.it) · Piazzale Funivia Mazzaro · Filmfestival (Juni); Taormina Arte (Juli – Sep) · traveltaormina.com

Siziliens bekanntester Ferienort liegt am Fuß des Monte Tauro am Ionischen Meer. Geprägt von subtropischem Grün, wurde Taormina früh Lieblingsziel von Bildungsreisenden und bevorzugte Sommerzuflucht von Adel und Geldadel, angefangen bei Wilhelm II. bis hin zu den Rothschilds. Taormina war sikelisch, griechisch und römisch, bis heute konnte es sich mittelalterliche Grundstrukturen erhalten.

Der majestätische Palazzo Corvaja in Taormina

① Griechisches Theater

- Via Teatro Greco
- +39 094 223 220
- tägl. 9 –19:15

Das spektakulär gelegene Bauwerk zählt zu den berühmtesten griechischen Baudenkmälern Siziliens. Der Blick von der in den Hang gehauenen *cavea*, der Tribüne, reicht über ganz Giardini-Naxos bis zum Ätna.

Die Römer bauten das ursprünglich hellenistische Theater für Gladiatorenkämpfe um. Hinter der Arena zogen sie eine Bühnenwand mit Nischen und einem Säulengang auf. Einige der korinthischen Säulen stehen noch heute. Das in neun Segmente unterteilte Theater hatte einen Durchmesser von 109 Metern und verfügte über 5000 Sitzplätze. Ein Doppelportikus bildete den oberen Abschluss.

② Palazzo Corvaja

- Piazza Vittorio Emanuele
- +39 094 223 243
- tägl. 8:30 – 22

Taorminas schönstes Gebäude ersetzte im 15. Jahrhundert einen arabischen Turm.

Die mit Reliefdarstellungen wie *Evas Geburt* und der *Sündenfall* verzierte Treppe führt im Hof zur ersten Etage, dem *piano nobile*, hinauf, in der 1411 das sizilianische Parlament tagte. Auch Blanka von Navarra, einst Königin von Sizilien, und ihr Gefolge lebten für kurze Zeit hier.

Heute sind in den Räumen des Palazzo die Touristeninformation und das interessante Museo Siciliano di Arte e Tradizione Popolari untergebracht. In der Nachbarschaft lohnen die reizende Barockkirche Santa Caterina und die Ruine eines kleinen römischen Odeons einen Besuch.

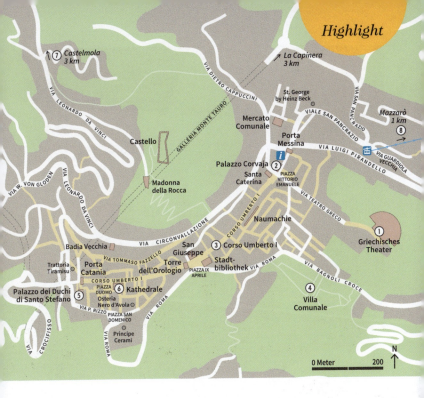

③ Corso Umberto I

Taorminas Hauptstraße verläuft von der Porta Messina zur Porta Catania, die im Giebelfeld das Stadtwappen zeigt. Entlang der Straße reihen sich Läden, *pasticcerie* und für ihre illustre Klientel bekannte Cafés, darunter auch das Wunderbar Caffè, in dem schon Berühmtheiten wie Liz Taylor und Richard Burton Cocktails tranken.

Etwa auf mittlerer Höhe erstreckt sich die Aussichtsterrasse der Piazza IX Aprile mit den Kirchen Sant'Agostino (heute Stadtbibliothek) und San Giuseppe.

Unweit davon gelangt man zur Porta di Mezzo mit der Torre dell'Orologio (17. Jh.), dem Uhrturm. Ober- und unterhalb des Corso Umberto führen stimmungsvolle Treppengassen in beschauliche Winkel des Zentrums. Eine dieser Gassen leitet zur sogenannten Naumachie, einer römischen Ziegelmauer mit 18 Bogennischen, die einst eine riesige Zisterne trug.

← *Taorminas griechisches Theater vor der Kulisse des Vulkans Ätna*

④ Villa Comunale

📍 Via Bagnoli Croci 🕒 Sommer: tägl. 9 –1 Std. vor Sonnenuntergang; Winter: tägl. 8 –1 Std. vor Sonnenuntergang

Der Park ist Herzog Colonna di Cesarò gewidmet. Die englische Adelige Florence Trevelyan vermachte ihn ihrem geliebten Taormina. Mediterrane und tropische Gewächse gedeihen in dieser Oase mit einzigartigen Blicken auf Ätna und Küste.

In den Pavillons im Park, den »Bienenstöcken«, ging die Besitzerin ihrem Lieblingszeitvertreib nach, der Vogelbeobachtung.

> Im Wunderbar Caffè am Corso Umberto I tranken bereits Berühmtheiten wie Liz Taylor und Richard Burton Cocktails.

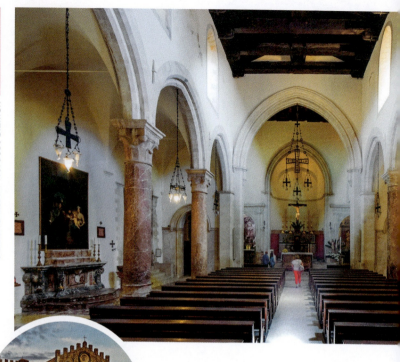

⑤ Palazzo dei Duchi di Santo Stefano

🏠 Via De Spuches
🕒 tägl. 10–14, 15–19

Das in einer Stilmischung aus Romanik und Gotik errichtete Meisterwerk (13. Jh.) nahe der Porta Catania war die Residenz der De Spuches, der spanischen Herzöge von Santo Stefano di Brifa und Fürsten von Galati.

Der Fries aus schwarzer Lava mit rautenförmigen Inkrustationen aus weißem Syrakuser Stein zeugt vom Einfluss arabischer Steinmetzen. Dreipassbogen und Lanzettfenster setzen weitere auffällige Fassadenakzente.

Der Palast und die Gartenanlage werden von der Fondazione G. Mazzullo verwaltet, die im Inneren eine ständige Ausstellung von Werken des aus Sizilien stammenden Bildhauers Giuseppe Mazullo (1913–1988) präsentiert.

⑥ Kathedrale

🏠 Piazza Duomo
📞 +39 094 223 123
🕒 tägl. 8:30–20
🌐 arcipreturataormina.org

Die Kathedrale San Nicolò wurde im 13. Jahrhundert erbaut und im Lauf der Jahrhunderte mehrfach umgestaltet. Blickfang ihrer insgesamt recht schlichten Fassade sind die Zinnen und das Portal (17. Jh.) mit Medaillonumrahmung. Darüber sieht man eine kleine Fensterrose und zwei spitzbogige Fenster. Eine Holzdecke überspannt das dreischiffige Langhaus, in dem Antonio Giuffrès *Mariä Heimsuchung* (15. Jh.), Antonello Salibas Polyptychon *Maria mit dem Kind* sowie eine alabasterne Madonna der Gagini-Schule bezaubern.

Vor dem Gotteshaus ziert ein Barockbrunnen die Mitte der Piazza Duomo. Am Platz steht ferner der Palazzo del Municipio (Rathaus), erkennbar an seiner barocken Fensterreihe.

⑦ Castelmola

🌐 comunecastelmola.it

Der fantastische Panoramablick von Castelmola am Gipfel des Monte Tauro sucht seinesgleichen – vor allem

↑ *Innenraum und Fassade (Detail) der Kathedrale San Nicolò*

bei Sonnenuntergang und bei einem Glas Wein. Eine fünf Kilometer lange kurvenreiche Straße windet sich zu dem charmanten Bergdorf hinauf. Wo man heute die Ruine einer mittelalterlichen Burg sieht, befand sich einst vermutlich die Akropolis des antiken Tauromenion. Sie bildete in der Antike eine wichtige Bastion gegen arabische Angriffe.

Bei der Erkundung des Dorfs kommt man an einigen Kirchen, Cafés und Restaurants vorbei. Eine Einkehr lohnt vor allem die Bar Turrisi, in der man über eine Kunstsammlung von Phallus-Motiven staunen kann.

⑧ Mazzarò

Der Ort ist Taorminas Hausstrand. Man erreicht ihn bequem in wenigen Minuten mit der Seilbahn oder über die Auffahrt zur N114 (Catania – Messina). Abwärts geht man aber am schönsten zu Fuß und genießt den herrlichen Ausblick: Von Taorminas Zentrum führen Stufen durch Gärten voller Bougainvilleen hinab zur Bucht von Mazzarò. Von dort aus kann man die Sehenswürdigkeiten der Küste aufsuchen, so das Capo Sant'Andrea mit der hübschen Grotta Azzurra, einem Yachthafen in einer Grotte, die sich per Boot erkunden lässt. Im Süden locken die Felssäulen des Capo Taormina und der Strand von Villagonia, im Norden Isola Bella, ein Strand mit kristallklarem Wasser, sowie die Strände Baia delle Sirene und Lido di Spisone. Dahinter erstreckt sich der Sandstrand von Mazzeo bis zum Lido Silemi.

> **Vom Zentrum führen Stufen durch Gärten voller Bougainvilleen zur Bucht von Mazzarò. Von dort aus kann man die Sehenswürdigkeiten der Küste aufsuchen.**

Entdeckertipp
Letojanni

Der rund fünf Kilometer von Taormina entfernte Badeort Letojanni ist überaus populär. Man besucht ihn besser im Frühjahr oder Herbst als im Sommer, wenn er aus allen Nähten zu platzen droht. Seine exzellenten Fischrestaurants ziehen Einheimische wie Besucher an.

Highlight

Restaurants

Trattoria Tiramisu
Schön draußen sitzen und hausgemachte Pasta genießen.
🏠 Via Apollo Arcageta 9
🌐 trattoriatiramisu.it
🕐 tägl.
€€€

Casa Niclodi
Sizilianische Kulinarik, serviert auf der romantischen Dachterrasse.
🏠 Salita Alexander Humboldt 2
📞 +39 094 262 8874
€€€€

St. George by Heinz Beck
Mix aus englischem Herrenhausstil und sizilianischem Dekor.
🏠 Viale San Pancrazio 46 🕐 Do – So
🚫 Nov – März
🌐 theashbeehotel.com
€€€

→ *Kleine Ausflugsboote ankern am Strand der Bucht von Mazzarò*

Ätna (Monte Etna)

F4 Catania Linguaglossa oder Randazzo; Circumetnea ab Catania nach Riposto nach Nicolosi Via del Convento 45, Nicolosi (+39 095 821 111) parcoetna.it

Der von Weitem sichtbare Ätna ist mit rund 3323 Metern Europas höchster tätiger Vulkan und für Sizilien und seine Bewohner von elementarer Bedeutung. Der Berg vereint Furcht und Liebe, Feuer und Schnee, fruchtbares Grün und finstere Lava. Sein Kegel beherrscht den gesamten Osten der Insel. Den Krater umringen alte Vulkanschlote, unten klafft das unheimliche Valle del Bove.

Schon in der griechischen Mythologie spielte der Ätna als Sitz des Feuergottes Hephaistos eine Rolle. Die UNESCO erklärte den Vulkan im Jahr 2013 zur Welterbestätte.

Das 59 000 Hektar große Ätna-Naturschutzgebiet (Parco dell'Etna) zieht jährlich Tausende von Besuchern an. Es bietet zahlreiche Möglichkeiten für Touren. Besonders beliebt ist die Tour von Zafferana zum Valle del Bove. Die Ausbrüche von 1992 haben die Gestalt des gewaltigen Kraters verändert. Da die austretenden Dämpfe die Orientierung erschweren, ist die Teilnahme an einer geführten Tour ratsam. Aufregend ist eine Ätna-Umrundung von der Sapienza- über die Monte-Scavo-Schutzhütte und von Piano Provenzana zum ehemaligen Rifugio Menza. Sehenswert sind auch die Lavagrotten dieses Gebiets.

↑ *Wanderer bahnen sich ihren Weg durch schwarze Vulkanasche*

Heftige Eruptionen

Der Ätna ist ein relativ junger Vulkan, der erst vor rund zwei Millionen Jahren dem Meer entstiegen ist. Zwei der verheerendsten nachgewiesenen Ausbrüche ereigneten sich 1381 und 1669, als Lavaströme Catania erreichten. Jüngere größere Eruptionen fanden u. a. 2001 und 2002 statt. Die Zeitskala unten listet einige Ausbrüche seit 1928 auf.

↑ *Skitourengeher und Langläufer haben an den Hängen des Ätna viele Optionen*

Chronik

1971

▽ Der Lavastrom an der Ostlanke des Ätna gefährdet einige kleinere Dörfer und zerstört das Observatorium

2001–02

▽ Austretende Lava beschädigt die Schutzhütte Sapienza, verfehlt aber Nicolosi um wenige Kilometer

1928
△ Der aus einer relativ flachen Spalte austretende Lavastrom löscht innerhalb von zwei Tagen das Dorf Mascali aus

1991–93

△ Mächtige Barrieren und kontrollierte Sprengungen verhindern, dass die Lava Zafferana Etnea erreicht

Highlight

Schon gewusst?
Von Catania aus führt eine Eisenbahnstrecke (Circumetnea; 110 km) fast rund um den Vulkan.

↑ *Ausstoß von Lava und Aschewolken – am Gipfel des Ätna kein seltener Anblick*

Einer der Gipfelkrater des Ätna (siehe S. 210f)

Messina

A G2 230 000 FS *i* Piazza Cairoli Cavalcata dei Giganti (Aug) W prolocomessinasud.it

Dank seiner günstigen Lage war Messina schon immer ein Treffpunkt der Völker rund um das Mittelmeer. Vom Meer aus erkennt man recht schnell die Anlage der Stadt, die sich vom Hafen ausgehend entwickelt hat. Besonders markant sind die Wehranlagen des Forte San Salvatore und die Lanterna di Raineri auf der gleichnamigen Halbinsel, die den Hafen im Osten schützt. Via Garibaldi und Via I Settembre bilden die Hauptstraßen. Während die erstere den Hafen säumt, führt letztere vom Meer zum Zentrum im Umkreis der Piazza Duomo. Am Hang oberhalb der Stadt liegen Attraktionen wie der Botanische Garten und das Montalto-Heiligtum.

Schon gewusst?

Die Straße von Messina ist an ihrer schmalsten Stelle rund drei Kilometer breit.

① Santissima Annunziata dei Catalani

- Piazza dei Catalani
- +39 090 668 4111
- tägl. 8:30–10:30

Nach dem katastrophalen Erdbeben von 1908 nutzte man die Chance und baute die normannische Kirche so auf, wie ihr Original im 12./13. Jahrhundert ausgesehen hatte. Byzantinische Einflüsse wurden ebenfalls integriert. Das dreischiffige Langhaus mündet in eine Apsis mit Ziegelkuppel.

② Denkmal für Juan d'Austria

Das Bronzestandbild (1572) auf dem Platz vor der Annunziata-Kirche ist ein Werk von Andrea Calamecca. Es zeigt Juan d'Austria, den siegreichen Admiral der Seeschlacht von Lepanto, mit dem Fuß auf dem Haupt seines osmanischen Gegners Ali Pascha. An der Schlacht nahm auch Miguel Saavedra de Cervantes teil, der Verfasser des Romans *Don Quijote*. In Messina erholte er sich in einem Spital von seinen Verletzungen, der Verstümmelung einer Hand.

③ Hafen

Nach einem Hafenbummel notierte der englische Autor Frances Elliot (1820–1898): »Die Uferstraße von Messina gibt es nur einmal auf der

Das Erdbeben von 1908

Am 28. Dezember 1908 um 5:20 Uhr brachte ein Erdbeben zusammen mit einer Flutwelle rund 90 Prozent der Gebäude zum Einsturz, 60 000 Menschen kamen ums Leben. Man machte sich unverzüglich an den Wiederaufbau der Stadt. Einige Überreste des alten Messina ließen sich in den neuen Stadtplan eingliedern.

Hafen und Zentrum von Messina, eine Stadt zwischen Küste und Bergland

Welt. Sie ist länger und eleganter als die Via Chiaia in Neapel, lebhafter und malerischer als die Promenade von Nizza.« Vor dem verheerenden Erdbeben stand das Teatro Marittimo, im Volksmund auch Palazzata genannt, am Hafen. Es bestand aus einer mehr als einen Kilometer langen Zeile von Gebäuden.

④
Universität
 Piazza Pugliatti

Die Universität an der Piazza Carducci wurde 1548 neu aufgebaut. Folgt man dem Viale Principe Umberto, gelangt man zum Botanischen Garten und zum Montalto-Heiligtum, mit der nach der Seeschlacht von Lepanto geschaffenen *Siegesmadonna*.

⑤
Fontana di Orione

Vor der an der Piazza Duomo mächtig aufragenden Kathedrale bezaubert der Orionbrunnen, der im 15. Jahrhundert geschaffen wurde. Vier seiner Statuen symbolisieren die Flüsse Tiber, Nil, Ebro und Camaro. Letzterer speiste über den ältesten Aquädukt Messinas den Brunnen.

⑥
Galleria Vittorio Emanuele III
 Galleria Vittorio Emanuele III 18

Dieses historische Bauwerk ist eines von vier monumentalen Gebäuden entlang der Piazza Antonello und ein außergewöhnliches Beispiel für die eklektische Jugendstilarchitektur des 20. Jahrhunderts. Der Haupteingang ist von einem monumentalen Bogen überspannt und lädt zu einem Bummel durch die Galerie ein. Der Innenraum verteilt sich auf drei zusammenlaufende Flügel, die von einer beeindruckenden sechseckigen Kuppel und gewölbten Dächern aus Buntglas gekrönt werden. Feine Mosaikböden ergänzen den repräsentativen Eindruck.

Highlight

Restaurant

La Pitoneria

Hier werden von früh bis spät *pitoni messinesi* serviert. Die mit Salat, Tomaten, Käse und Sardellen gefüllten Teigtaschen – eine Spezialität der Stadt – werden in Öl gebraten, bis sie knusprig sind.

🏠 Via Palermo 8/10
📞 +39 090 344 822
🗓 Di
 €€€

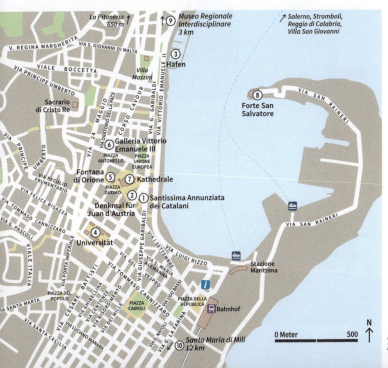

⑦ Ⓜ
Kathedrale
🏠 Piazza Duomo
📞 +39 090 668 41 🕐 tägl. 7:30–12:30, 16–19:30

Die Kathedrale an der zentralen Piazza Duomo wurde 1197 eingeweiht. Obwohl sie zweimal rekonstruiert wurde (nach dem Erdbeben von 1908 und dem Bombenangriff von 1943), wirkt sie mittelalterlich. Die Fassade wurde komplett neu errichtet. Nur das mittlere, mit zwei Löwen und einer Statue der Muttergottes mit Kind verzierte Portal stammt noch aus dem frühen Mittelalter. Apostelstatuen und Reliefs schmücken die Seitenportale. Der 60 Meter hohe *campanile* (Glockenturm) wurde eigens für die größte astronomische Uhr der Welt errichtet. Sie wurde 1933 in Straßburg angefertigt. Mittags setzt sich das figurenreiche, von riesigen Zahnrädern bewegte Glockenspiel in Gang.

Das dreischiffige Innere ist eine sorgfältige Nachbildung des Originals aus der Nachkriegszeit – mit Ausnahme einiger Skulpturen an den Tragbalken in der Mitte des Langhauses, eines Weihwasserbeckens (15. Jh.) und Gaginis Statue Johannes' des Täufers (1525). Besondere Beachtung verdienen die zur Schatzkammer führenden Tore der rechten Vorhalle und das 1195 errichtete Grabmal von Erzbischof Palmieri. Das Querhaus beherbergt eine nach dem Zweiten Weltkrieg gebaute Orgel mit fünf Klaviaturen und 170 Registern. In den Seitenschiffen findet man zahlreiche – zum Großteil rekonstruierte – Kunstwerke, zumeist gotische Grabmale.

⑧
Forte San Salvatore
🏠 Halbinsel San Raineri

Jenseits des geschäftigen Hafenviertels, am äußersten Zipfel der geschwungenen Halbinsel, die den Hafen schützt, bewachte die imposante Festung aus dem 17. Jahrhundert die Hafeneinfahrt. Auf einem ihrer hohen Türme wacht eine goldene Statue der Madonna della Lettera – der Legende nach übersandte die Muttergottes im Jahr 42 n. Chr. Messinas Einwohnern einen Brief *(lettera)* mit Segenswünschen.

Bei der umtriebigen Stazione Marittima an der Via Garibaldi legen die Fähren ab, die Messina und Reggio di Calabria auf dem Festland verbinden.

Brückenschlag über die Straße von Messina

Die Verbindung zum Festland war für Sizilien schon immer wichtig. Seit über 30 Jahren ist der Bau einer Brücke über die Straße von Messina im Gespräch, doch die Ausführung wurde immer wieder verschoben. Eine Vielzahl von Problemen muss noch erörtert und gelöst werden, darunter die ständige Gefahr von Erdbeben und die Umweltzerstörung von Gelände und Tierwelt.

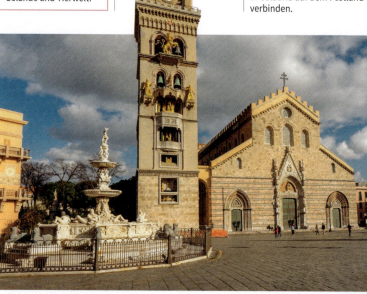

Der 60 Meter hohe Glockenturm der Kathedrale wurde eigens für die größte astronomische Uhr der Welt errichtet. Sie wurde 1933 in Straßburg angefertigt.

⑨ Museo Regionale Interdisciplinare

🏠 Viale della Libertà 465
📞 +39 090 361 292 🕐 Mo – Sa 9 –19 (So, Feiertage bis 13:30)

Das Museum präsentiert zahlreiche Kunstwerke, die das Erdbeben von 1908 überstanden haben. Die meisten davon hat es vom Civico Museo Peloritano im nun zerstörten Georgskloster übernommen. Seine zwölf Säle vermitteln einen sehr guten Überblick über die künstlerische Schaffenskraft im alten Messina. Beim Eingang illustrieren zwölf Bronzetafeln aus dem 18. Jahrhundert die *Legende vom heiligen Brief* (der Madonna della Lettera).

Zu den weiteren Preziosen des Museums zählen: Gemälde aus byzantinischer Zeit und Fragmente der Deckendekors der Kathedrale (Saal 1), Kunstwerke der Gotik (Saal 2) und Renaissance (Saal 3), Antonello da Messinas für das Georgskloster gemaltes *Polyptychon* (Saal 4) sowie im selben Raum Francesco Lauranas Skulptur *Maria mit Kind* und ein Ölgemälde auf Holz aus dem 15. Jahrhundert, die Arbeit eines unbekannten flämischen Meisters. Saal 10 hütet zwei Highlights: die *Auferstehung des Lazarus* und *Anbetung der Hirten*. Caravaggio fertigte beide Bilder 1608/09 bei seinem Aufenthalt in Messina. Auch hier wirkte der Barockmaler schulbildend, wie in Saal 7 Alonso Rodriguez' Gemälde *Begegnung von Paulus und Petrus* und *Der ungläubige Thomas* zeigen.

⑩ Santa Maria di Mili

🏠 Strada Provinciale 38, Mili San Pietro 🕐 tägl. 9 –15
🌐 milisanpietro.it

Zwölf Kilometer südlich von Messina liegen die beschaulichen Dörfer Mili San Marco und – höher in den Peloritani-Bergen – Mili San Pietro. In der Nähe des letzteren Dorfs verbirgt sich in der wildromantischen tiefen Schlucht Forra di Mili die hübsche Kirche Santa Maria di Mili. Sie ist Teil eines Konvents. Roger I. stiftete sie im Jahr 1090 zum Dank dafür, dass er Sizilien von den Arabern zurückerobern konnte. Später wählte er diese Kirche als Grablege für seinen Sohn aus. Auch nach mehrfachen Umbauten zeigt sich die Kirche immer noch im Gewand des 17. Jahrhunderts.

Eine Skulptur der Maria mit Kind krönt das herrliche Marmorportal, das im 16. Jahrhundert entstanden ist. Das dreischiffige Langhaus wird von einer kunstvoll verzierten Holzdecke von 1411 überspannt. Den durch drei Bogen abgegrenzten Apsisbereich krönen kleine Kuppeln, ein typisches Charaktermerkmal normannischer Sakralbauten.

Highlight

Weinbars

Faro di Messina
Der rubinrote, intensive und fruchtige Faro di Messina wird aus einer Mischung einheimischer Rebsorten produziert, darunter Nerello Mascalese, Nerello Cappuccio, Nocera und Nero d'Avola. Die Reben wachsen traditionell in und um die Dörfer Faro und Faro Superiore. Probieren Sie den edlen Tropfen in einer dieser Weinkellereien.

Le Casematte
🏠 Contrada Corso
🌐 lecasematte.it

Tenuta Rasocolmo
🏠 Strada Statale 113
🌐 tenutarasocolmo.com

← *Messinas Kathedrale, an deren Glockenturm eine astronomische Uhr angebracht ist* (Detail)

Äolische (Liparische) Inseln

🅰 EF1–2 🚢 Milazzo 🚢 Siremar: ganzjährig ab Milazzo, im Sommer ab Neapel (www.siremar.it); Liberty Lines: ganzjährig ab Milazzo und Neapel, im Sommer ab Messina und Palermo (www.libertylines.it) ℹ️ Corso Vittorio Emanuele 66, Lipari (+39 090 988 0306)

Vulkanklippen von ungewöhnlicher Schönheit mit teils tiefen Buchten säumen die Äolischen Inseln (Isole Eolie), die auch als Liparische Inseln (Isole Lipari) bekannt sind. Die Felsformationen und Vulkane, aber auch die Geschichte machen die Besonderheit des Archipels aus. Die Abhängigkeit vom Meer offenbart sich vor allem im Winter, wenn Zugvögel auf sturmumtosten Klippen nisten. Dann kommt hier das Gefühl der Isolation auf – weitab der Zivilisation.

Abendstimmung im Hafen von Marina Corta auf der Hauptinsel Lipari

Trotz der Besucherscharen, die regelmäßig im Sommer zum Baden und Tauchen, zum Segeln und Wandern auf den Archipel kommen, hat jede der Inseln ihren ganz eigenen Charakter und ihre Individualität bewahrt.

Als Ausgangspunkt für die Erkundung der Inselgruppe, die seit 1997 zum UNESCO-Welterbe zählt, empfiehlt sich Lipari. Diese größte und mit rund 12 000 Einwohnern bevölkerungsreichste Insel bietet gute Schiffsverbindungen. Hier lässt sich planen, ob man naturgeschichtliche Expeditionen, wie sie auf Vulcano und Stromboli möglich sind, Panareas exklusives Villen- und Yachtenambiente oder die fast schon zeitlose Ruhe auf Alicudi und Filicudi genießen möchte.

> **Fotomotiv**
> **Filmkulisse**
>
> Nach dem Abendessen im winzigen Dorf Pollara auf Salina schlendern Sie zur Piazza und erinnern sich dabei an den beliebten Film *Il Postino – Der Postmann*, der auf der Insel gedreht wurde.

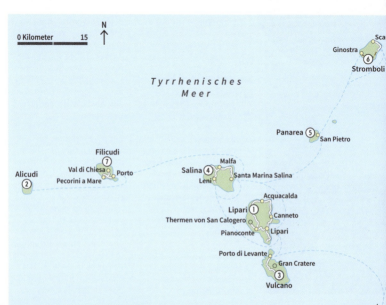

Highlight

① Lipari

Groß ist die Hauptinsel des Archipels nicht: kaum zehn Kilometer lang und fünf Kilometer breit. Höchste Erhebung ist der Monte Chirica (602 m). Von früherer Vulkantätigkeit künden heiße Quellen und Fumarolen (Austrittsstellen von Dampf). Der Ort Lipari besitzt zwei Anlegeplätze: Sottomonastero für Fähren und Marina Lunga für Tragflächenboote. Deshalb ist es kaum überraschend, dass dieser Uferstreifen der belebteste ist.

Die Kathedrale (11. Jh.) mit normannischem Kreuzgang wurde wieder aufgebaut, nachdem osmanische Piraten 1544 die Stadt dem Erdboden gleichgemacht hatten. Um die Piratenüberfälle künftig abzuwehren, errichteten die Spanier unter Einbeziehung älterer Türme und Mauern die alte Burg. In Teilen der Festung ist das **Museo Archeologico Eoliano** untergebracht. Eine große Abteilung ist voller Relikte der klassischen Antike, die zum Teil von Meeresarchäologen geborgen wurden. Die vulkanologische Sektion erläutert die Geologie jeder Insel des Archipels. Weitere Attraktionen sind der Aussichtspunkt Belvedere Quattrocchi, die Thermen von San Calogero und der Acquacalda-Strand. Die besten Fortbewegungsmittel auf der Insel sind Motorroller und Fahrrad – beide kann man im Ort Lipari mieten.

Museo Archeologico Eoliano
⊛ Via Castello 2 +39 090 988 0174 Mo – Sa 9 – 19:30 (So bis 13:30)

② Alicudi

Die zweitkleinste Insel wurde im Mittelalter verlassen und erst in spanischer Zeit wieder besiedelt. Da es auf der Insel keine Fahrzeuge gibt, sind Treppen und Wege ausschließlich zu Fuß zurückzulegen. Für Übernachtungen stehen Privatunterkünfte zur Verfügung. Es gibt kein Nachtleben, somit ist die Insel ein idealer Ort, um einen ruhigen, erholsamen Urlaub zu verbringen.

Hotels

Hotel Tritone
Luxuriöses Hotel mit großem Spabereich.

Via Mendolita, Lipari
tritonelipari.it
€€€

La Sirena
Zimmer mit Blick auf den Strand und auf Fischerboote.

Via Pecorini a mare, Filicudi
lasirenafilicudi.com
€€€

La Salina Borgo di Mare
Die einzelnen Gebäude liegen wunderschön an einer Lagune.

Via Manzoni 4, Lingua, 12 km südöstl. von Salina lasalinahotel.com
€€€

Restaurants

Da Filippino
Renommiertes Restaurant am Rathausplatz. Das Speisenangebot basiert auf dem Fang des Tages und wird durch andere regionale Gerichte ergänzt.

 Piazza Giuseppe Mazzini, Lipari
Nov – Jan
filippino.it
€€€

Da Adelina
Gemütliches Restaurant mit Dachterrasse und einer Auswahl saisonaler Gerichte wie *moscardini* — Tintenfisch mit Tomaten, Kapern, Fenchel und Chili.

 Via Comunale Mare, Panarea
Nov – Feb
+39 334 113 2496
€€€

La Lampara
Hier speist man unter einer Pergola aus Kletterpflanzen zwischen riesigen Pflanzentöpfen.

 Via V. Emanuele 27, Stromboli
mittags; Nov – Ostern
lalamparastromboli.com
€€€

E Pulera
Ganz in der Tradition des Urgroßvaters des heutigen Besitzers kommt der Fisch hier frisch aus dem Meer.

 Via Isabella Vainicher Conti, Lipari
Nov – März
epulera.it
€€€

Vulcano

Laut Homer war diese nach Vulcanus, dem römischen Gott des Feuers und der Schmiedekunst, benannte Insel Heimstatt des Äolus (Aiolos), des Gottes der Winde. Vom einzigen Hafen, dem Porto di Levante, führt eine befestigte Straße zum Faro Nuovo (»Neuer Leuchtturm«). In der Nähe steht die Ruine des Faro Vecchio (»Alter Leuchtturm«).

Die Insel besteht aus drei alten Vulkankegeln. Der erste erhebt sich im Süden zwischen Monte Aria und Monte Saraceno. Er ist seit Jahrhunderten erloschen – im Gegensatz zum noch tätigen Gran Cratere, der letztmals im Jahr 1888 ausbrach.

Der Vulcanello entstand vor knapp 2000 Jahren – geologisch gesehen kaum mehr als ein Wimpernschlag der Geschichte – und bildete ein Kap am Nordostzipfel der Insel. Der Marsch auf den Gran Cratere dauert keine Stunde. Beim Krater bietet sich der Abstieg zum Piano delle Fumarole an. In der Nähe von Porto di Levante kann man ganzjährig in Schwefelschlammquellen baden. Heiße Quellen erwärmen sogar das Meer am Fuß des Felsens Faraglione.

④
Salina

Auf der zweitgrößten Insel des Archipels gibt es drei Dörfer: Santa Marina Salina, Leni und Malfa. Zwischen Santa Marina, das nahe beim Strand liegt, und den anderen Dörfern pendeln Minibusse. Die erloschenen Vulkane Monte dei Porri und Fossa delle Felci stehen unter Naturschutz.

Als Ausgangspunkt für Touren eignet sich die Wallfahrtskirche Madonna del Terzito, ein Ziel von Prozessionen. Auf der Insel, bevorzugt an den Felsflanken des Pizzo di Corvo, nisten Eleonorenfalken, die jedes Jahr aus Madagaskar eintreffen.

Salinas kulinarische Spezialität ist der Malvasier-Wein, der, sofern er von besserer Qualität ist, keineswegs süß schmeckt.

Panarea

Diese kleinste, von Klippen umringte Äolische Insel hat drei Dörfer: San Pietro mit kleinem Hafen, Drautto und Ditella. In der Cala Junco beim Capo Milazzese, einem der hübschesten Flecken des Archipels, haben Archäologen die Reste einer neolithi-

Wanderer am Rand des Gran Cratere auf der Insel Vulcano ↑

schen Siedlung freigelegt. Im örtlichen Museum sind mykenische Keramiken, Werkzeuge und andere Fundstücke zu sehen.

Von San Pietro erreicht man das Ausgrabungsgelände über Drautto und den Strand Spiaggia degli Zimmari zu Fuß in einer halben Stunde. Luxuriöse Ferieneinrichtungen machen die Insel zu einem attraktiven Urlaubsziel.

⑥ Stromboli

Über den aktiven Stromboli berichten Reisende seit über 2000 Jahren. Die tiefen Gewässer ziehen Schwimmer und Taucher an. Von Piscità aus führt der Weg vorbei am alten Vulkanologischen Observatorium zum Krater. Besonders stimmungsvoll sind abendliche Aufstiege, da die Eruptionen bei Dunkelheit am stärksten beeindrucken. Der Vulkan ist gefährlich und die Besteigung nicht immer möglich. Am besten ist es, sich kundigen Führern anzuvertrauen sowie sich mit festen Schuhen und wetterfester Kleidung auszustatten. Es werden auch abendliche Bootstouren zur Sciara del Fuoco angeboten, einer Abflussrinne, durch die sich Lava ins Meer ergießt. Schiffe laufen Scari und Ginostra an, die übrigen Dörfer heißen San Vincenzo, Ficogrande und Piscità.

Highlight

↑ *Blick von Panarea auf die Insel Stromboli mit ihrem mächtigen Vulkan*

Schon gewusst?

Der Stromboli ist seit mehr als 20 000 Jahren ständig aktiv.

⑦ Filicudi

Auf der zwischen Salina und Alicudi gelegenen Insel Filicudi geht es meistens sehr ruhig zu. Man kann hier gut schwimmen, schnorcheln und tauchen sowie die Dörfer Porto, Pecorini a Mare und Val di Chiesa und auch das Hinterland besichtigen. Eine schöne, erlebnisreiche Bootsfahrt führt zum Basaltfelsen Faraglione della Canna, zur Punta del Perciato, zur Grotta del Bue Marino und zum Capo Graziano.

SEHENSWÜRDIGKEITEN

❻
Adrano
F4 · 35 000 · Ferrovia Circumetnea · Pro Loco, Via Roma 56 (+39 339 624 6520) · Diavolata (Ostern)

Auf einem Lavaplateau mit Blick auf das Simeto-Tal, in dem *cirnecos* als Jagdhunde abgerichtet wurden, stand einst ein Heiligtum für die örtliche Schutzgottheit. Adranos Gründer, Dionysios I., wählte diesen natürlichen Logenplatz als Standort für einen Militärposten aus.

In der Stadtmitte, an der Piazza Umberto I, steht die Normannenburg aus dem 11. Jahrhundert. In dem Anwesen ist heute das Museo Archeologico untergebracht. Es präsentiert jungsteinzeitliche Töpferarbeiten sowie griechische Amphoren und Mühlsteine. Eine Steintreppe aus der Stauferzeit führt zu den oberen Stockwerken. Zwei von ihnen zeigen eine Sammlung archäologischer Exponate, im dritten ist die Kunstgalerie untergebracht.

Ebenfalls an der Piazza Umberto I steht die einst normannische, im 17. Jahrhundert wiederaufgebaute Chiesa Madre.

> **Expertentipp**
> **Lago Pozzillo**
>
> Packen Sie einen Picknickkorb, und fahren Sie zum Ufer des rund 28 Kilometer östlich von Adrano gelegenen Lago Pozzillo: Vom größten Stausee der Insel genießt man einen herrlichen Blick auf den Ätna.

❼
Motta Sant'Anastasia
F4 · 8000 · Ferrovia Circumetnea · Pro Loco, Via Castello 4 (+39 336 830 2534)

Der hoch aufragende Turm einer normannischen Burg aus dem 12. Jahrhundert überragt Motta Sant'Anastasia.

Die spektakuläre Kulisse des Dorfs bildet der Ätna. Der Vulkan ist im Winter von einer Schneekappe bedeckt, im Frühling und Sommer hingegen zeigt er ein dunkleres Gewand. Ebenfalls aus normannischer Zeit stammt die Chiesa Madre nahe der Burg. Das Dorf liegt an einer wichtigen Durchgangsstraße im Einzugsgebiet von Catania. Das Leben spielt sich unterhalb des alten Ortskerns ab, bei den *pasticcerie* (Konditoreien) und Barockkirchen.

→
Abenddämmerung: Agira vor der spektakulären Kulisse des schneebedeckten Ätna

→
Aus normannischer Zeit erhaltene Burg im Zentrum von Adrano

8
Agira
▲ E4 ▲ 9000 🚌 ab Catania
ℹ️ Pro Loco, Piazza F. Crispi 1 (+39 093 596 1239)

Durch ihre Höhenlage ist die Stadt Agira mit dem Ätna im Hintergrund von Weitem sichtbar. Im Jahr 339 v. Chr. besiedelten Griechen den alten sikelischen Ort. Ihr Geschichtsschreiber Diodor Siculus kam in Agyron, so der griechische Name von Agira, zur Welt.

Die arabische Anlage, die Normannenkirchen und die Patrizierhäuser mit den arabisch inspirierten Toren machen den besonderen Reiz des Orts aus. Die Kirche Sant'Antonio an der Piazza Garibaldi besitzt eine Holzskulptur des heiligen Silvester (16. Jh.) und das Marmorgemälde *Anbetung der drei Weisen aus dem Morgenland*, ihre nahe Schwester Santa Maria del Gesù ein Kruzifix von Fra' Umile da Petralia. Zierde der Piazza Roma sind die Fassade (16. Jh.) und der Majolika-Glockenturm von San Salvatore.

9
Paternò
▲ F4 ▲ 46 000 🚆 Ferrovia Circumetnea ℹ️ Piazza Umberto (+39 095 0512)
🎭 Karneval

Die Stadt schmiegt sich inmitten von Zitrusbaumhainen an den Fuß einer Burg, die Blicke auf den Ätna und das Simeto-Tal freigibt. Die Festung wurde 1073 unter Roger I. errichtet, im 14. Jahrhundert neu aufgebaut und im 20. Jahrhundert restauriert. Am Weg zur Burg, an der Via Matrice, steht die Santa Maria dell'Alto geweihte Chiesa Madre. Die Kirche wurde 1342 umgestaltet.

10
Regalbuto
▲ E4 ▲ 8000 🚌 ab Catania
ℹ️ Via G.F. Ingrassia 114 (+39 093 591 0514)

Regalbuto wurde 1261 von Bewohnern Centuripes zerstört und von König Manfredi wiederaufgebaut. Sehenswert sind sein Kern, die bunt gepflasterte Piazza della Repubblica mit der Kirche San Rocco, sowie die Kirchen San Basilio und Santa Maria del Carmine. In der Nähe liegen der Pozzillo-Staudamm, Siziliens größter Stausee, und ein Soldatenfriedhof mit 490 im Jahr 1943 gefallenen Kanadiern.

Ferrovia Circumetnea

Die Waggons der privaten Ferrovia Circumetnea umkreisen die Hänge des Ätna auf ihrer Schmalspur, mal fahren sie durch üppig grüne, dann wieder durch kahle schwarze Lavalandschaft. Die 114 Kilometer lange Fahrt von Catania zum Endbahnhof Giarre Riposto dauert etwa drei Stunden, 30 Minuten werden für die Rückreise nach Catania mit der staatlichen Eisenbahn Trenitalia benötigt. Spektakuläre Ausblicke auf Weinberge und auf den Vulkan lohnen den Zeitaufwand.

Badespaß an der Riviera dei Ciclopi in der Nähe von Aci Castello

⓫ Aci Castello
🅰 F4 🏔 18 000 🚌 AST
ℹ️ Lungomare dei Ciclopi 137 (+39 351 707 6263) 🎉 Festa di San Mauro (15. Jan)

Der Name des Fischerdorfs verweist auf die normannische Burg auf einer Klippe über dem Meer. Die 1076 aus schwarzem Lavagestein erbaute Festung diente 1299 dem Rebellen Roger von Lauria als Hauptquartier. Nach langer Belagerung wurde sie von Friedrich II. von Aragón zerstört. Das Museo Civico hat archäologische und naturgeschichtliche Sammlungen. Der Botanische Garten bietet sich für einen Spaziergang an.

Gerade Straßen und niedrige Häuser kennzeichnen den Ort, bei dem die Riviera dei Ciclopi (»Kyklopenküste«) beginnt: Nach der griechischen Mythologie lebten die Kyklopen, unter ihnen Polyphem, der Odysseus und seine Männer gefangen hielt, auf dem Ätna.

⓬ Mascalucia
🅰 F4 🏔 24 000 🚌 AST ab Catania ℹ️ Pro Loco, Via Etnea 162 (+39 095 754 2601)

Mascalucia liegt am Osthang des Ätna oberhalb von Catania, mit dem es durch einige Dörfer und Weiler verwachsen ist. Stattliche Häuser und Villen prägen das Ortsbild. Einen Besuch lohnt der **Giardino Lavico** des Bauernhofs Azienda Agricola Trinità. Der »Lavagarten«, eine grüne Oase inmitten von Neubauten, besteht aus einem biodynamisch kultivierten Zitrushain mit arabisch inspirierten Bewässerungskanälen, einem Haus aus dem 17. Jahrhundert und einem Garten voller Sukkulenten. Für Hubschrauberflüge über den Ätna fragen Sie bei der Azienda nach.

Giardino Lavico
🕐 🏠 Azienda Agricola Trinità, Via Trinità 34
📞 +39 095 727 5259
🕐 nur nach Vereinbarung

⓭ Centuripe
🅰 F4 🏔 7000 🚌 ab Catania oder Enna ℹ️ Piazza Lanuvio 🚫 Mo

Centuripe wurde wegen seiner weiten Ausblicke »Siziliens Balkon« genannt. Im Februar und März ist es besonders reizvoll. Dann trägt der Ätna noch Schnee, während bereits Orangen- und Mandelbäume blühen. Die unter den Griechen und Römern bedeutende Stadt wurde von Friedrich II. zerstört und im 16. Jahrhundert wiederaufgebaut. Eine Allee

> Im Februar und März ist Centuripe besonders reizvoll. Dann trägt der Ätna noch Schnee, während bereits Orangen- und Mandelbäume blühen.

> **»I Malavoglia«**
>
> Der Roman *I Malavoglia* (1881) von Giovanni Verga ist ein Meisterwerk des *verismo* genannten italienischen Realismus. Die Handlung spielt in Aci Trezza an der Riviera dei Ciclopi und schildert das harte Leben der Fischer und ihren ständigen Kampf mit dem Meer. Die Familie, »I Malavoglia«, heißt es darin, bestehe – im Gegensatz zu ihrem Spitznamen (*malavoglia* bedeutet böswillig) – aus guten Menschen. 1948 drehte Visconti in Anlehnung an den Roman *La terra trema* (»Die Erde bebt«).

führt zur Aussichtsterrasse Castello di Corradino mit der Ruine eines römischen Mausoleums.

14

Acireale

🅰 F4 🅜 53 000 🚉 Catania Stazione Centrale, Piazza San Giovanni XXIII 🚌 Messina – Catania ℹ Via San Francesco di Paola 3 (+39 340 145 4318) 🎉 San Sebastiano (Jan); Karneval; Karfreitagsprozession; Santa Venera (Juli)

Acireale, das wegen seiner schwefelhaltigen Quellen bereits zur Römerzeit ein Heilbad war, liegt auf einem Lavaplateau. Der Stadtname bezieht sich auf die Mythologie – auf Akis, der wegen seiner Liebe zur Nereide Galateia vom Kyklopen Polyphem mit einem Felsen des Ätna erschlagen wird. Wiederholt hatte die größte Stadt an der Ostflanke des Ätna unter Eruptionen und Erdbeben zu leiden. Seit dem Wiederaufbau nach dem Beben von 1693 ist sie ein Juwel des Sizilianischen Barock, dessen Bauten die Piazza Duomo mit ihren Cafés und Eisdielen und der Kathedrale (Ende 16. Jh.) säumen. Sie besitzt zwei spitze, bunte Glockentürme. Hinter dem Portal empfängt ein Innenraum mit freskenverzierten Gewölben. Der Stadtpatronin ist die Cappella di Santa Venera im rechten Querhaus geweiht. Den Meridian auf dem Boden des Querhauses hat 1843 ein dänischer Astronom abgesteckt. Ebenfalls an der Piazza Duomo stehen der Palazzo Comunale mit gotischem Tor und die Kirche Santi Pietro e Paolo (17. Jh.).

In der Nähe befindet sich das Teatro dei Pupi, das für seine Puppenspiele bekannt ist. Die Pinacoteca dell'Academia Zelantea stellt den Maler Pietro Vasta vor, dessen Bilder auch Acireales Kirchen schmücken.

Fresken zieren Wände und Decke von San Sebastiano in Acireale ↓

Der Corso Vittorio Emanuele, die Hauptstraße, kreuzt u. a. die Piazza Vigo, an der sich der Palazzo Pennisi di Floristella und die Kirche San Sebastiano erheben.

15

Aci Trezza

🅰 F4 ℹ Lungomare dei Ciclopi 137 (+39 351 707 6263) 🎉 San Giovanni Battista (24. Juni)

In dem Dorf spielt Giovanni Vergas Roman *I Malavoglia*, den Luchino Visconti hier unter dem Titel *La terra trema* (»Die Erde bebt«) verfilmte. Die vor dem Hafen aufragenden Isole dei Ciclopi, Felssäulen aus Basalt, stehen unter Naturschutz. Angeblich sind die »Kyklopeninseln« die Steine, die Polyphem Odysseus nachschleuderte, nachdem dieser ihn geblendet hatte. Die größte beherbergt eine ozeanografische Station.

> **Schon gewusst?**
> Zwei Prozent der weltweit geernteten Pistazien stammen aus Bronte und Umgebung.

⓰ Bronte

🅰 F4 🏔 19 000 🚆 Ferrovia Circumetnea 🛈 Pro Loco, Via Laenza 1 (+39 095 774 7244) 🎉 Pistazienfest (Okt) 🌐 prolocobronte.it

Bronte liegt auf einem terrassierten Lavahang und wurde von Karl V. gegründet. 1799 wurde Admiral Horatio Nelson zum Dank für die Niederschlagung der Aufstände in Neapel von Ferdinand IV. von Bourbon mit Bronte belehnt. 1860, nach dem Triumph Garibaldis, rebellierten Brontes Bauern und forderten die Aufteilung von Nelsons Land. Ihr Aufruhr wurde von Garibaldis Leuten erstickt.

Das Zentrum hat sich sein altes, von Steinhäusern und steilen Gassen geprägtes Aussehen bewahrt. Durch ein Sandsteinportal betritt man die Kirche Annunziata (16. Jh.), die eine Antonello Gagini zugeschriebene *Mariä Verkündigung* (1541) und mehrere Gemälde (17. Jh.) vorweist. Im Dorf Piana Cuntarati zeigt das ethnografische Museum im Bauernhof Masseria Lombardo u. a. eine arabische Papiermühle aus dem Jahr 1000.

Umgebung: Zwölf Kilometer entfernt liegt das Castello di Maniace, auch bekannt als Castello di Nelson. Es wurde 1174 von Margarete von Navarra, der Mutter Wilhelms II., als Benediktinerkloster gestiftet, 1693 vom Erdbeben beschädigt und schließlich Eigentum von Admiral Nelson. Die Burg wirkt wie ein befestigter Bauernhof und beherbergt ein Museum zu historischen Ereignissen des Gebietes.

In der Nähe steht die mittelalterliche Kirche Santa Maria, deren skulptierte Säulenkapitelle die Schöpfungsgeschichte illustrieren.

⓱ Zafferana Etnea

🅰 F4 🏔 8000 🚌 AST ab Catania 🛈 Pro Loco, Via Garibaldi 317 (+39 095 702 825)

Die für ihren Honig bekannte Stadt am Osthang des Ätna zählt zu den häufig von Lavaströmen bedrohten Orten. Besonders gefährlich waren die Ausbrüche im Jahr 1852, als heiße Lava den Stadtrand erreichte, und im Jahr 1992.

Im Zentrum umgeben Bäume den Hauptplatz mit der barocken Chiesa Madre. Auf dem Platz bietet eine ständige Landwirtschaftsschau Gelegenheit, Weine und Lebensmittel der Region zu probieren und zu erstehen sowie alte bäuerliche Gerätschaften zu bestaunen.

Umgebung: An der Straße nach Linguaglossa liegt Sant'Alfio. Wahrzeichen des Städtchens ist die ungefähr 2000 Jahre alte »Kastanie der hundert Pferde« (Castagno dei cento cavalli). Der Sage zufolge schützten die Blätter dieses Baums Königin Johanna von Anjou und ihre 100 Ritter.

⓲ Randazzo

🅰 F3 🏔 12 000 🚆 Ferrovia Circumetnea 🛈 Pro Loco, Piazza Municipio 17 (+39 328 452 6965) 🎉 Osterwoche; Processione della Vara (15. Aug); Mittelalterfestival (Juli / Aug)

Obwohl es den Ätna-Kratern am nächsten liegt, wurde dieses Städtchen nie von

→ *Randazzo: Kein Ort liegt den Kratern des Vulkans Ätna näher*

↑ *Fassade des Benediktinerklosters Castello di Maniace in Bronte*

einem Lavastrom erfasst. Im Mittelalter umschloss eine drei Kilometer lange Stadtmauer den Ort. Teile der Mauer sind noch erhalten, ebenso die Porta Aragonese, das Stadttor an der alten Straße nach Messina. Randazzos Wahrzeichen ist die Basilika Santa Maria (1217–39). Normannisch sind nur noch ihre beturmten Apsiden mit der typischen Ornamentik, katalanisch-gotisch dagegen ihre zweiteiligen Lanzettfenster und Portale. Im Langhaus kontrastieren Säulen aus schwarzem Lavagestein mit Altären aus Marmor. Das marmorne Weihwasserbecken ist ein Werk der Gagini-Schule.

Die Hauptstraße, der Corso Umberto, führt zur Piazza San Francesco d'Assisi, wo das Minoritenkloster – der Kreuzgang mit Zisterne ist sehenswert – nun als Palazzo Comunale dient. Die Nebenstraßen, speziell die mit schwarzer Lava gepflasterte Via degli Archi, muten mittelalterlich an.

An der Piazza San Nicolò zieht die gleichnamige Kirche den Blick auf sich. Ihre Fassade aus der Spätrenaissance besteht aus Lavagestein. Innen bezaubert Antonello Gaginis Statue des San Nicolò aus Bari (1523). Der Glockenturm stürzte 1783 erdbebenbedingt ein. Seine rekonstruierte Version besitzt einen schmiedeeisernen Balkon. Nach einem Linksschwenk kreuzt der Corso Umberto einen Platz mit der Kirche San Martino. Lanzettfenster und ein eckiger Turmhelm zieren den Glockenturm. In der Burg gegenüber, die im 16. Jahrhundert als Gefängnis diente, befindet sich das Museo Archeologico Vagliasindi. Es zeigt griechische Fundstücke aus Tissa, u. a. eine Vase, auf der die Strafe der Harpyien (geflügelte Mischwesen der Mythologie) dargestellt ist.

Linguaglossa

🅰 F3 🏠 6000 🚆 Ferrovia Circumetnea ℹ️ Pro Loco, Piazza Annunziata 8 (+39 095 643 094) 🎭 Ätna-Festival (letzter So im Aug)

Das größte Dorf am Nordosthang des Ätna eignet sich hervorragend als Ausgangsort für Gipfelbesteigungen und Skitouren, die beeindruckende Ausblicke auf das Ionische Meer versprechen.

Die schmalen Straßen des Orts sind mit schwarzer Lava gepflastert, die Häuser mit schmiedeeisernen Balkonen geschmückt. Die Santa Maria delle Grazie geweihte Chiesa Madre lohnt wegen des schönen Barockdekors und der herrlichen Kassettendecke einen Besuch. Das **Museo Etnografico** erläutert die Geologie und die Naturgeschichte der Gegend sowie das Alltagsleben und das traditionelle Handwerk.

Museo Etnografico
🚫 🏠 Piazza Annunziata 8
📞 +39 095 643 094 🕐 Mo–Sa 9–13, 15–19

Honigläden

An den Hängen des Ätna bietet sich die Möglichkeit, ungewöhnliche Honigsorten zu probieren und zu kaufen. Hier zwei Tipps:

Etna Honey
🅰 F4 🏠 Via Continella 7, Zafferana Etnea
🕐 nur nach Vereinbarung 🌐 etnahoney.it

Oro d'Etna - Azienda Agricola Costa l'Apicoltura
🅰 F4 🏠 Via S. Giacomo 135, Zafferana Etnea
🕐 tägl. 8:30–17:30
🌐 orodetna.it

⓴ Castiglione di Sicilia
🅐 F3 🏘 4000 🚆 Ferrovia Circumetnea 🚌 Giardini-Naxos ℹ️ Via Regina Margherita 77 (+39 094 298 0348)

Das von den Griechen gegründete Dorf überragt auf einem Felsen das Alcantara-Tal. Unter den Normannen und Staufern war es Königsstadt. Ende des 13. Jahrhunderts wurde es ein Lehnsgut von Roger von Lauria. Die schmalen Straßen des mittelalterlichen Orts münden in die Piazza Lauria. Spaziert man bergauf, stößt man auf zahlreiche Kirchen, zunächst auf die Chiesa Madre (San Pietro) mit normannischer Apsis. Ihr folgen die Chiesa delle Benedettine (17. Jh.), die barocke Kirche Sant'Antonio und die Chiesa della Catena. Am höchsten Punkt des Orts erbauten die Normannen über arabischen Befestigungen das Castel Leone, von dem aus man die mittelalterliche Brücke über den Alcantara sieht.

Umgebung: Die spektakuläre Alcantara-Schlucht sollte man sich unbedingt ansehen. Im Parco Fluviale dell'Alcantara hat sich der schäumende Fluss 20 Meter tief in den schwarzen Basalt gefräst und teils bizzare Formen geschaffen. Bei gutem Wetter kann man sich etwa 150 Meter in die Schlucht hineinwagen – falls man sich in Badekleidung der Nässe aussetzen will. Vom Parkplatz führt eine lange Treppe zum Eingang der Schlucht. Weniger mühevoll gelangt man mit dem Aufzug dorthin.

↑ *Objekt im Museo Archeologico in Giardini-Naxos*

㉑ Giardini-Naxos
🅐 G3 🏘 9000 ✈ Catania-Fontanarossa (66 km) 🚌 Autolinee SAIS ℹ️ Via Umberto I 119–121 (+39 333 903 5564)

Der Badeort zwischen Capo Taormina und Capo Schisò gilt als älteste griechische Kolonie Siziliens. Laut Thukydides gründeten Griechen aus Chalkis Naxos im Jahr 735 v. Chr. Ihr Führer Thukles war der erste Grieche, der sizilianischen Boden betrat.

403 v. Chr. zerstörte Dionysios I., Tyrann von Siracusa, diesen Ausgangsort der griechischen Kolonisierung Siziliens. Auf dem Capo Schisò, inmitten von Zitronenbäu-

←
Der Alcantara bahnt sich nahe Castiglione di Sicilia seinen Weg durch Basaltfelsen

㉒ Capo d'Orlando
F3 11 000
Via Andrea Doria 15 (+39 350 002 0045)

Die waldreichen Monti Nebrodi sind ein bekanntes Anbaugebiet von Zitrusfrüchten. Hier und da springt der Höhenzug zum Meer vor, etwa am felsigen Capo d'Orlando. Der Ort liegt am Fuß einer Klippe namens Rupe del Semaforo.

Vom Ort führt ein Aufstieg von rund 100 Metern auf die Klippe. Oben befindet sich ein weites, offenes Gelände mit einer verfallenen Festung (14. Jh.) und der Kirche Maria Santissima, die Ende des 16. Jahrhunderts erbaut wurde und nun eine Gemäldesammlung besitzt. Lohn für den Aufstieg ist jedoch der fantastische Blick aufs Meer und auf das Treiben der Fischerboote im hübschen Hafen. Hauptattraktion des Orts ist der rund zwei Kilometer lange Strand. Gleich dahinter erstreckt sich eine palmengesäumte Promenade – ideal für einen Abendspaziergang oder zum Radfahren. Hier findet man auch mehrere Restaurants, die sich auf Fisch und regionale Produkte spezialisiert haben.

㉓ Giarre
F4 27 000 Ferrovia Circumetnea ab Catania
Piazza Monsignor Alessi 8 (+39 095 970 4257) prolocogiarre.it

Giarre, das für seine feinen Kunstschmiedearbeiten überregional bekannt ist, liegt inmitten von Zitrushainen, die bis hinab ans Meer reichen. An der Piazza Duomo, dem Herz der Stadt, beeindruckt insbesondere der Sant'Isidoro Agricola geweihte Duomo (1794). Dem klassizistischen Sakralbau sind zwei viereckige Glockentürme mit von Fenstern durchbrochenem Tambour vorgeblendet.

men und Feigenkakteen, ist das **Museo Archeologico** mit regionalen Artefakten zu besichtigen. Die Funde aus dem 6. und 5. Jahrhundert v. Chr. sind Relikte der Stadtmauer, Häuserfundamente und Reste eines vermutlich der Aphrodite geweihten Tempels. Die Ruinen liegen in einem archäologischen Park.

Im strandnahen Dorf Giardini stehen in den alten Straßen schöne Villen. Giardini-Naxos' Uferpromenade Lungomare ist ein beliebter Ort für die abendliche *passeggiata* der Einheimischen. Rund vier Kilometer lang führt der an der Via Calcide Eubea beginnende, in der Nähe des Bahnhofs Taormina-Giardini endende Spaziergang rund um die Bucht. Unterwegs bieten sich spektakuläre Ausblicke auf die ionische Küste und das Meer.

Museo Archeologico
 +39 0942 51001
 tägl. 9–19 parconaxostaormina.com

Monti Peloritani
Die Monti Peloritani zwischen Tyrrhenischem und Ionischem Meer gipfeln im Monte Poverello (1279 m), im Pizzo di Vernà (1286 m) und in der Montagna Grande (1374 m). Besonders auffällig ist auch die Rocca di Novara mit ihren Felsformationen. Wälder und herrliche Ausblicke auf den Ätna und das Meer machen die Berge zu einem idealen Ausflugsgebiet. Einige Bergdörfer sind kulturhistorisch interessant: Forza d'Agrò mit seiner Burg (16. Jh.), Casalvecchio Siculo mit der arabisch-normannischen Basilica dei Santi Pietro e Paolo, Savoca mit seinen Katakomben und Ali mit seinem arabischen Einfluss.

↑ *Ruinenstätte des noch heute imposanten Griechischen Theaters in Tyndaris*

㉔ Tyndaris

🅰 F3 🚌 ab Messina 🕐 tägl. 9–19 ℹ️ Via Monsignor Pullano 54 (+39 331 577 1469) 🎉 Pilgerfahrt zur Madonna Nera (8. Sep)

Das antike Tyndaris (Tindari) wurde als Tochterstadt von Siracusa 396 v. Chr. gegründet. Damit ist es eine der letzten griechischen Kolonien auf Sizilien. Auch unter den Römern blieb es eine florierende Stadt. In frühchristlicher Zeit wurde es Bischofssitz, dann von den Arabern zerstört.

Nahe dem Haupttor der alten Stadtmauer hütet die **Wallfahrtskirche Madonna di Tindari** die byzantinische *Madonna Nera*. Am 8. September strömen die Pilger zur »Schwarzen Muttergottes«. Das Griechische Theater liegt an einem Hang oberhalb des Meers. Im Umkreis des Theaters liegen die Ruinen einer römischen Villa und Badeanlage.

Nahe dem Theater zeigt das Museo Archeologico ein Modell der Theaterbühne, griechische Statuen und Vasen, einen kolossalen Kopf von Kaiser Augustus sowie prähistorische Funde.

Beeindruckend ist der Blick auf die auch schon vom Lyriker Salvatore Quasimodo gerühmte Laguna di Oliveri am Kap von Tindari mit ihren feinen Sandbänken.

Wallfahrtskirche Madonna di Tindari
🏠 Via Monsignor Pullano 12 🕐 tägl. 6:45–12:45, 14:30–20 🌐 santuariotindari.it

㉕ Milazzo

🅰 G2 👥 30 000 🚆 ab Messina und Palermo ℹ️ STR Piazza Duilio Caio 10 (+39 090 922 2790)

Milazzo schrieb sich im Jahr 716 v. Chr., als Griechen Mylai besiedelten, in die Geschichte ein. Die Normannen machten es zu ihrem Hauptstützpunkt an der Küste, Friedrich II. ließ es 1219 nach eigenen Entwürfen mit einer Burg befestigen. Im Mittelalter waren drei Stadtteile auszumachen: die ummauerte Stadt, der Borgo (Vorstadt) und die Unterstadt. Im 18. Jahrhundert wurde das Stadtgebiet erweitert. Die Salita Castello führt in die

> ### TOP 5 Siziliens Tierwelt
>
> **Schwarzes Schwein der Nebrodi**
> Kleine Population in den Monti Nebrodi.
>
> **Girgentana-Ziege**
> Die Ziegenrasse wird speziell für die Milchproduktion gezüchtet.
>
> **Meeresschildkröten**
> Diese seltenen Tiere vergraben ihre Eier im Sand der Küstenstreifen der Pelagischen Inseln.
>
> **Sanfratellano-Pferd**
> In den Monti Nebrodi heimische, robuste Pferderasse.
>
> **Cirneco dell'Etna**
> Als Jagdhund in der Region um den Ätna dienende Hunderasse.

→ *Von Milazzos Hafenpromenade blickt man auf die Burg und das Meer*

ummauerte Stadt. Dort stößt man auf den Eingang zur Burg Friedrichs II., die von einer Mauer mit fünf Rundtürmen umfasst wird, und zur Sala del Parlamento (Parlamentshalle). Auf dem Felsen steht auch der Duomo (17. Jh.). Zu empfehlen ist ein Ausflug zum Capo Milazzo mit seinen Türmen und Villen – und einem herrlichen Blick vom Fuß des Leuchtturms (18. Jh.) auf die Äolischen Inseln.

26 Patti
A F3 13 000 ab Messina und Palermo Pizza Mario Sciacca

Patti liegt an einem Küstenstreifen hinter Capo Calavà. Die Stadt war einst ein Lehen Rogers I. Während der Kämpfe gegen das Haus Anjou (1282) wurde sie zerstört und dann von Piraten aus Nordafrika geplündert.

Die Kathedrale ersetzte im 18. Jahrhundert eine normannische Vorgängerin. Sie beherbergt den Sarkophag der Königin Adelasia (Adelheid von Savona). Die Gemahlin Rogers I. starb 1118 in Patti.

An der Straße zur Marina di Patti steht die Ruine einer **Römischen Villa**. Auf dem Gelände sind Reste einer Säulenhalle, eines apsisähnlichen Raums und eines Thermalbads sowie gut erhaltene Mosaiken zu sehen.

Römische Villa
 Via Papa Giovanni XXIII, Marina di Patti
 +39 094 136 1593
 Di – So 9 –19

27 Monti Nebrodi
A EF3

Die Araber, die jahrhundertelang diesen Höhenzug besetzt hielten, bezeichneten ihn als »Insel auf einer Insel«. Nebrodi geht zurück auf das griechische *nebros*, was »Ricke« (weibliches Reh) bedeutet und auf den Wildreichtum dieses dicht bewaldeten Höhenzugs verweist. Der **Parco Regionale dei Monti Nebrodi** ist als Naturschutzgebiet ausgewiesen.

Der See Biviere di Cesarò im Zentrum des Parks ist Rastplatz vieler Zugvögel und bietet der Griechischen Landschildkröte *(Testudo hermanni)* einen geeigneten Lebensraum. Die höchste Erhebung des Gebirges ist mit 1847 Metern der Monte Soro.

Parco Regionale dei Monti Nebrodi
 parcodeinebrodi.it

Hotels

Locanda del Bagatto
Zimmer in minimalistischem Design, Bar und Restaurant. Das Hotel liegt nah am Hafen.

A G2 Via Massimiliano Regis 7, Milazzo locandadelbagatto.com
€€€

Hotel Park Philip Club
Gemütliches Hotel am Meer nahe am Golf von Patti, mit Privatstrand und weiteren Annehmlichkeiten wie einem Pool in Olympiagröße.

A F3 Via Zuccarello 55, Patti parkphiliphotel.it
€€€

Federico Secondo
Schlichtes, zentral gelegenes Hotel in restauriertem Palazzo (13. Jh.).

A F3 Via Maggiore Baracca 2, Castiglione di Sicilia hotelfedericosecondo.com
€€€

REISE-INFOS

Mit dem Auto unterwegs in Savoca

Reiseplanung **234**

Auf Sizilien unterwegs **236**

Praktische Hinweise **240**

SIZILIEN
REISEPLANUNG

Mit etwas Planung sind die Vorbereitungen für die Reise schnell zu erledigen. Die folgenden Seiten bieten Ihnen Tipps und Hinweise für Anreise und Aufenthalt auf Sizilien.

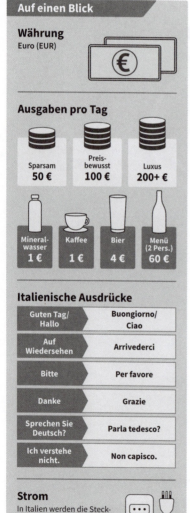

Auf einen Blick

Währung
Euro (EUR)

Ausgaben pro Tag

Sparsam	Preisbewusst	Luxus
50 €	100 €	200+ €

Mineralwasser	Kaffee	Bier	Menü (2 Pers.)
1 €	1 €	4 €	60 €

Italienische Ausdrücke

Guten Tag/Hallo	Buongiorno/Ciao
Auf Wiedersehen	Arrivederci
Bitte	Per favore
Danke	Grazie
Sprechen Sie Deutsch?	Parla tedesco?
Ich verstehe nicht.	Non capisco.

Strom
In Italien werden die Steckdosen Typ F »Schukostecker« (unten) und L (für dreipolige Stecker; oben) verwendet. Netzspannung: 230 Volt bei einer Frequenz von 50 Hertz.

Einreise
Für Bürger aus Mitgliedsstaaten der EU und der Schweiz gibt es bei der Ein- und Ausreise keinerlei Grenzkontrollen. Für Ihren Aufenthalt ist jedoch ein gültiger Personalausweis bzw. Reisepass erforderlich, um sich jederzeit ausweisen zu können. Auch Kinder jeden Alters benötigen einen eigenen Ausweis.

Sicherheitshinweise
Aufgrund unvorhersehbarer Entwicklungen kann es zu Änderungen und Einschränkungen kommen. Aktuelle Hinweise zur Einreise sowie Sicherheitshinweise finden Sie beim deutschen **Auswärtigen Amt**, beim österreichischen **Bundesministerium für europäische und internationale Angelegenheiten** oder beim **Eidgenössischen Departement für auswärtige Angelegenheiten** der Schweiz.
W auswaertiges-amt.de
W bmeia.gv.at
W eda.admin.ch

Zoll
Italien wendet das Schengen-Abkommen an. Bürger aus EU-Staaten dürfen alle Waren für den persönlichen Gebrauch zollfrei ein- oder ausführen. Grenzwerte:
Tabakwaren: 800 Zigaretten, 400 Zigarillos, 200 Zigarren oder ein Kilogramm Tabak.
Alkohol: 10 Liter Spirituosen über 22 Prozent Alkohol, 90 Liter Wein oder 110 Liter Bier.
Bargeld: Bei der Ein- und Ausreise nach und von Italien muss eine Bargeldmenge, die den Betrag von 10 000 Euro übersteigt, deklariert werden. Weitere Infos erhalten Sie auf der Website des Auswärtigen Amts oder der Italienischen Zentrale für Tourismus (**ENIT**).
ENIT
W enit.de

Versicherungen
Da man bestimmte medizinische Leistungen selbst bezahlen muss, ist möglicherweise der Abschluss einer Auslandskrankenversicherung zu erwägen, die auch einen Krankenrücktransport oder teure Zahnarztkosten miteinschließt *(siehe S. 240)*. Auch der Ab-

schluss einer Reiseversicherung (u. a. gegen Diebstahl) kann sinnvoll sein. Manche Haftpflichtpolicen gelten auch im Ausland – aber nicht alle. Für das Auto besorgt man sich vor Reiseantritt die bewährte »Grüne Karte«, die in allen europäischen Ländern gilt.

Hotels
Sizilien verfügt über ein riesiges Angebot an Unterkünften aller Preiskategorien – von Luxushotels über Strandresorts, Pensionen, Apartments und Bauernhöfe *(agriturismi)* bis zu Hostels. In der Hauptsaison (Ostern – Okt) müssen Sie mit teils deutlich höheren Preisen rechnen. Auch wegen der großen Nachfrage ist dann eine frühzeitige Reservierung zu empfehlen. In einigen Städten wie Palermo und Catania wird zusätzlich zum Zimmerpreis eine Tourismusabgabe erhoben (ca. 3 € pro Person und Nacht). Das Frühstück muss oft extra bezahlt werden, in einigen Hotels werden auch der Parkplatz und die Benutzung der Klimaanlage extra berechnet.

Bezahlen
Die allermeisten Hotels und Restaurants sowie immer mehr Läden akzeptieren die gängigen Kredit- und Debitkarten. Auch kontaktloses Bezahlen wird weitgehend akzeptiert. Trotzdem sollten Sie auch immer etwas Bargeld für Kleinigkeiten dabeihaben. Auf Wochenmärkten und in kleineren Familienbetrieben ist immer noch Barzahlung Usus.

Bei Verlust Ihrer Kredit- oder Debitkarte lassen Sie diese sofort sperren.
Allgemeine Notrufnummer
☎ +49 116 116

Reisende mit besonderen Bedürfnissen
Für behinderte Reisende ist Sizilien kein ideales Ziel, die Situation bessert sich jedoch. Rampen, Aufzüge und behindertengerechte Toiletten findet man an immer mehr Orten. Mittlerweile gibt es viele Restaurants, die für Rollstuhlfahrer zugänglich sind, der Weg zu den Toiletten ist aber meist nach wie vor problematisch. Am besten rufen Sie vor der Besichtigung die jeweilige Einrichtung an, um sich über die Situation zu erkundigen. Behinderte Reisende ohne Begleitung sind mit einer speziell organisierten Pauschalreise gut beraten. Sie sollten vor einer Reise nach Sizilien auch eine der Behindertenorganisationen kontaktieren. Zugreisende wenden sich rechtzeitig vor Fahrtantritt an die Sala Blu der RFI im Bahnhof in Messina oder an **Trenitalia**.
RFI
🌐 rfi.it
Trenitalia
🌐 trenitalia.it

Sprache
Die meisten Mitarbeiter in den Touristeninformationen und bei vielen wichtigen Sehenswürdigkeiten sprechen Englisch. Deutsch ist weniger verbreitet. Eine gute Basis für alltägliche Situationen vermittelt der Sprachführer in diesem Reiseführer *(siehe S. 251 – 253)*.

Öffnungszeiten
Montag Einige Museen und andere Sehenswürdigkeiten sind geschlossen.
Sonntag Viele Läden sind nur vormittags geöffnet oder ganztägig geschlossen. Öffentliche Verkehrsmittel fahren in größeren Zeitabständen als an Werktagen.
Feiertage Läden, Kirchen und Museen schließen früher oder bleiben den ganzen Tag zu. Der Nahverkehr läuft wie an Sonntagen.
Winter In ländlichen Gebieten haben einige Hotels und andere touristische Einrichtungen von November bis Ostern geschlossen.

Feiertage

1. Jan	Capodanno (Neujahr)
6. Jan	Epifania (Dreikönig)
März/Apr	Domenica di Pasqua (Ostersonntag)
März/Apr	Lunedi di Pasqua (Ostermontag)
25. Apr	Anniversario della Liberazione (Befreiungstag)
1. Mai	Festa del lavoro (Tag der Arbeit)
2. Juni	Festa della Repubblica (Tag der Republik)
15. Aug	Ferragosto (Mariä Himmelfahrt)
1. Nov	Ognissanti (Allerheiligen)
8. Dez	Immacolata Concezione (Unbefleckte Empfängnis)
25. Dez	Natale (Weihnachten)
26. Dez	Santo Stefano

AUF SIZILIEN UNTERWEGS

Ob für Strand- oder Wanderurlaub, Kulturreise oder Inselhopping – hier erhalten Sie Informationen zur Anreise nach Sizilien und zu den Transportmöglichkeiten auf der Insel.

Auf einen Blick

Ticketpreise

Catania
2 €
Tagesticket

Palermo
3,50 €
Tagesticket

Messina
4 €
Tagesticket

Tipp:
Vergessen Sie nicht, Ihr Ticket vor bzw. bei Antritt der Fahrt zu entwerten.

Tempolimits

Autobahn 130 km/h
Schnellstraße 110 km/h
Landstraße 90 km/h
Stadtgebiet 50 km/h

Anreise mit dem Flugzeug

Die beiden wichtigsten Flughäfen auf Sizilien sind Palermo Falcone e Borsellino (Palermo-Punta Raisi) und Catania-Fontanarossa. Vor allem im Sommer fliegen Chartermaschinen von vielen mitteleuropäischen Flughäfen nonstop auf die Insel.

Darüber hinaus gibt es einige kleinere Flughäfen. Trapani-Birgi bietet Verbindungen von und nach Palermo sowie zu den vorgelagerten Inseln Pantelleria und Lampedusa. Der 2013 eröffnete Flughafen in Comiso bindet die Region Ragusa – Siracusa an das allgemeine Flugnetz an.

Verkehrsmittel, Fahrzeiten und Preise für die Fahrt von den beiden Hauptflughäfen ins Zentrum von Palermo bzw. Catania finden Sie im Kasten gegenüber.

Anreise mit dem Zug
Internationale Züge

Bei der Anreise mit dem Zug von Deutschland, Österreich oder aus der Schweiz müssen Sie zunächst die gesamte italienische Halbinsel durchqueren, was mehr als zwölf Stunden dauert. Reservieren Sie beim Kauf Ihres Tickets vor allem in der Hauptsaison einen Sitzplatz (oder ein Schlafabteil), da die Züge sehr voll werden können.

In Villa San Giovanni wird der Zug auf die Fähre verlagert, der Preis für das Übersetzen mit der Fähre nach Messina (ca. 40 Min.) ist im Preis für das Zugticket enthalten.

Tickets und Zugpässe für mehrfache internationale Zugfahrten erhält man bei **Eurail** oder **Interrail**. Es können trotzdem noch Kosten für Reservierungen anfallen. Überprüfen Sie immer vorab, ob Ihr Pass auch in dem Zug gültig ist, den Sie nutzen wollen.
Eurail
W eurail.com
Interrail
W interrail.eu

Regional- und Lokalzüge

Vor allem entlang der Küste ist das Netz an Bahnhöfen dicht. Die beiden Hauptverbindungen verlaufen von Messina über Catania nach Siracusa sowie von Messina nach Palermo. Eine wichtige Route durch die Insel verbindet Termini Imerese an der Nordküste mit Agrigento im Südwesten. Einige Gebiete im gebirgigen Inselinneren sind nicht mit Zügen zu erreichen.

Die meisten Zugverbindungen werden von **Trenitalia** betrieben. Tickets können online oder über die App gekauft werden. Tickets sind vor Antritt der Fahrt an den Automaten am Eingang der Bahnsteige zu entwerten, es sei denn, Sie haben ein E-Ticket mit einem Buchungscode.

Die private **Ferrovia Circumetnea** betreibt eine für Besucher interessante Schmalspurbahn, die den Ätna fast umrundet.
Ferrovia Circumetnea
W circumetnea.it
Trenitalia
W trenitalia.com

Von den Flughäfen in die Stadt

Flughafen	Entfernung	Taxigebühr	Verkehrsmittel	Fahrzeit
Palermo	33 km	45 €	Trinacria Express	1 Std.
			Prestia e Comandè	30 Min.
Catania	10 km	25 €	Alibus	45 Min.

Straßenverbindungen

Die Karte zeigt Verbindungen zwischen einigen der größten Städte bzw. beliebtesten Reiseziele Siziliens. Die unten angegebenen Fahrzeiten beziehen sich auf die jeweils schnellste Verbindung (vom Festland inkl. Fähre).

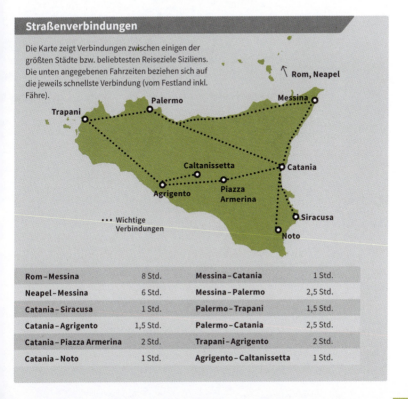

Rom–Messina	8 Std.	**Messina–Catania**	1 Std.
Neapel–Messina	6 Std.	**Messina–Palermo**	2,5 Std.
Catania–Siracusa	1 Std.	**Palermo–Trapani**	1,5 Std.
Catania–Agrigento	1,5 Std.	**Palermo–Catania**	2,5 Std.
Catania–Piazza Armerina	2 Std.	**Trapani–Agrigento**	2 Std.
Catania–Noto	1 Std.	**Agrigento–Caltanissetta**	1 Std.

Anreise mit dem Bus
Eine Busreise nach Sizilien ist verhältnismäßig preiswert, doch angesichts der langen Fahrzeiten für viele Urlauber nicht die bevorzugte Option. **Flixbus** bietet diverse Routen von mitteleuropäischen Busbahnhöfen an. Eine Fahrt von München nach Messina etwa dauert je nach Tageszeit und Verkehrslage mindestens 24 Stunden.

Auf Sizilien kommt man mit Bussen gut vorwärts, die Busse der Betreiber **SAIS**, **AST** und **Etna Trasporti** decken die gesamte Insel ab und befahren auch Strecken, auf denen keine Eisenbahn verkehrt.

Die Busbahnhöfe liegen in der Regel in der Nähe der Bahnhöfe oder am Hauptplatz eines Orts. In abgelegeneren Gebieten ist es ratsam, sich bei den Busunternehmen über Streckennetze und Fahrpläne zu informieren. Versuchen Sie, möglichst schon einige Zeit vor Abfahrt an der Haltestelle zu sein.

AST
W astsicilia.it
Etna Trasporti
W etnatrasporti.it
Flixbus
W flixbus.de
SAIS
W saisautolinee.it

ÖPNV
Auch innerhalb der Städte decken Busse einen großen Teil des öffentlichen Nahverkehrs ab. In Palermo fahren die Busse von **AMAT**, in Catania sind Busse von **AMT**, in Messina von **ATM** im Einsatz.

Tickets bekommt man in Tabakläden *(tabaccherie)*, an Zeitungskiosken *(giornalai)* oder bei den Verkaufsstellen, die auch Pläne des Streckennetzes der jeweiligen Stadt haben. Die Tickets sind je nach Stadt 90 bis 120 Minuten lang gültig, man entwertet sie an Bord. Für mehrere Fahrten am Tag lohnt sich der Kauf eines Tagestickets *(siehe S. 236)*.

AMAT (Palermo)
W amat.pa.it
AMT (Catania)
W amt.ct.it
ATM (Messina)
W atmmessinaspa.it

Taxis
Taxistände befinden sich am Bahnhof, am Hauptplatz und in der Nähe von wichtigen Sehenswürdigkeiten. Natürlich können Sie auch jederzeit ein Taxi telefonisch oder per App bestellen. Taxis werden nicht auf der Straße angehalten.

Für Taxifahrten sollten Sie ausschließlich offizielle Taxis benutzen – nicht nur aus Sicherheitsgründen, sondern auch, um Irritationen bei der Abrechnung zu vermeiden. Solche lizenzierten Taxis sind mit Taxameter ausgestattet. Für jedes Gepäckstück, für Fahrten zwischen 22 und 7 Uhr, an Sonn- und Feiertagen sowie für Fahrten von und zum Flughafen fallen zusätzliche Gebühren an. Eine Auswahl an Anbietern:

Radio Taxi Trinacria Palermo
C +39 091 6878
Radio Taxi Catania
C +39 095 8833
Radio Taxi Jolli Messina
C +39 090 6505

Anreise mit dem Auto
Fast alle Autobahnen in Italien sind mautpflichtig. Lange Wartezeiten an den Mautstellen erspart man sich mit einem Videomaut-Ticket, das man etwa bei Automobilclubs (z. B. **ADAC**) erhält, in Österreich bei einigen Stellen, die das »Pickerl« für österreichische Autobahnen verkaufen, und an deutschen Tankstellen Richtung Österreich.

ADAC
W adac.de
C +49 89 22 22 22

Autovermietung
Wer in Italien ein Auto mieten will, muss mindestens 21 Jahre alt sein (bei manchen Firmen auch 25 Jahre) und ein Jahr den Führerschein besitzen. Ihr nationaler Führerschein wird akzeptiert. Eine Kaution bzw. die Angabe Ihrer Kreditkartennummer wird verlangt. Autovermietungen findet man an den Flughäfen und in den Zentren größerer Städte.

Auto fahren auf Sizilien
Für die Erkundung des Inselinneren und für das Erreichen abgelegener Orte ist man mit dem Auto am flexibelsten. Durch einige überaus reizvolle Landschaften führen herrliche Panoramastraßen. Beachten Sie allerdings: Je tiefer man ins Hinterland vordringt, desto steiler und kurvenreicher werden die Straßen. Eine auf der Karte oder im Navigationssystem kurz erscheinende Strecke kann viel Zeit in Anspruch nehmen.

Auch in den Städten ist Auto fahren eine Herausforderung. Staus und mühsame Parkplatzsuche kosten viel Zeit, das Netz von Einbahnstraßen kann verwirren. Mopeds und Vespas fahren in Einbahnstraßen häufig wie selbstverständlich in die entgegengesetzte Richtung. Darüber hinaus sind in einigen Großstädten wie Palermo und Catania umfangreiche **Verkehrsbeschränkungen** zu beachten. So dürfen ausländische Fahrer zu bestimmten Zeiten nicht in eine ZTL *(Zona a Traffico Limitato)* fahren. Wer unautorisiert in den so gekennzeichneten Bereich fährt, erhält eine entsprechende Strafe.

Angesichts der ZTL-Regulierungen und wenn Sie nicht an chaotischen Stadtverkehr gewöhnt sind, sollten Sie die Zentren dieser Städte meiden. Stellen Sie Ihren Wagen lieber auf einem bewachten Parkplatz außerhalb ab und nehmen Sie öffentliche Verkehrsmittel.
Verkehrsbeschränkungen und ZTL
W de.urbanaccessregulations.eu

Verkehrsregeln
Außerhalb von geschlossenen Ortschaften muss das Abblendlicht auch tagsüber eingeschaltet sein. Auch in Italien ist es Pflicht, eine reflektierende Warnweste mitzuführen. Für alle Insassen (auch auf der Rückbank) besteht Anschnallpflicht. Die Benutzung von Mobiltelefonen am Steuer sowie Geschwindigkeitsübertretungen *(siehe S. 236)* und Überschreitungen der erlaubten Alkoholgrenze von 0,5 Promille werden mit recht hohen Geldbußen belegt. Beachten Sie: In Italien ausgestellte Strafzettel werden auch in Deutschland nachverfolgt.

Bei einem Unfall oder einer Panne wenden Sie sich am besten an einen Automobilclub wie den ADAC *(siehe S. 238)* oder den **ACI**. Sollte medizinische Hilfe erforderlich sein, rufen Sie umgehend einen Krankenwagen (Tel. 112 oder 118).
ACI
C +39 803 116

Rad fahren
Im Vergleich zu den meisten Routen entlang der Küste herrscht auf vielen Straßen im Hinterland wenig Verkehr. Es gibt malerische Routen entlang der Küste und durchaus anspruchsvolle Strecken rund um den Ätna.

Beachten Sie, dass sizilianische Autofahrer nur wenig auf Radfahrer eingestellt sind, fahren Sie dementsprechend vorsichtig. Radfahrer sollten nie ohne Helm unterwegs sein und möglichst auffällige Kleidung tragen.

Karten mit den Radwegen und viele Hinweise für Radtouren auf der Insel bietet die Website des Anbieters **Sicily Cycling**, bei dem man auch Fahrräder mieten kann.
Sicily Cycling
W sicilycycling.com

Fahrradverleih
Social Bike Palermo vermietet Touren- und Stadträder in Siziliens Hauptstadt, **Etna Bike Tours** in Catania bietet einen Fahrradverleih, Tagesausflüge und mehrtägige Radtouren an.
Etna Bike Tours
W www.etnabiketours.com
Social Bike Palermo
W socialbikepalermo.com

Fahrradtouren
Einige Agenturen veranstalten geführte Radtouren – zum Teil samt Beförderung des Gepäcks im Begleitfahrzeug. Zu den renommiertesten gehören **Ciclofree**, **Sicily Biking Tours** und **Ciclabili Siciliane**.
Ciclabili Siciliane
W ciclabilisiciliane.com
Ciclofree
W ciclofree.it
Sicily Biking Tours
W sicilybikingtours.com

Boote und Fähren
Vom italienischen Festland verkehren regelmäßig Fähren nach Sizilien (u. a. nach Messina, Catania und Palermo). **Caronte & Tourist** etwa verbindet Villa San Giovanni und Messina. **Tirrenia** bietet Verbindungen zwischen Genua bzw. Neapel und Palermo, im Sommer auch zwischen Neapel und Messina.

Zwischen Sizilien und den vorgelagerten Inseln bedienen **Liberty Lines** und **SNAV** diverse Routen. Die Fähren *(traghetti)* und Tragflügelboote *(aliscafi)* sind im Sommer oft früh ausgebucht. Die Betriebszeiten sind wetterabhängig und können sich kurzfristig ändern.
Caronte & Tourist
W carontetourist.it
Liberty Lines
W libertylines.it
SNAV
W snav.it
Tirrenia
W tirrenia.it

Mit dem Boot reisen
Eine Segeltour um die Äolischen und Ägadischen Inseln und ein Besuch der Häfen Siziliens ist eine fantastische Möglichkeit, die atemberaubenden Landschaften und sogar ausbrechende Vulkane zu sehen.

Wer sich den traumhaft schönen Inseln rund um Sizilien auf eigene Faust nähern möchte, kann dies mit Segelbooten, die z. B. **Sailing Sicily** und **Pasqualo** vermieten – auf Wunsch auch mit Skipper.
Pasqualo
W strombolidamare.it
Sailing Sicily
W sailingsicily.com

Wandern
Ob auf einen Vulkan, durch ein Naturreservat oder entlang der Küste – auf Sizilien hat man viele Optionen für reizvolle Wanderungen. **Outdoor Active** stellt Touren vor und bietet Tipps für Wanderungen. Nehmen Sie immer genügend Proviant und Wasser mit.
Outdoor Active
W outdooractive.com

PRAKTISCHE HINWEISE

Sizilien ist nicht nur ein traumhaftes, sondern auch ein unkompliziertes Reiseziel. Trotzdem können ein paar Hinweise zu den Gepflogenheiten vor Ort nicht schaden.

Auf einen Blick

Notrufnummern

Europäische Notrufnummer	Polizei
112	**113**

Feuerwehr	Ambulanz
115	**118**

Zeit
MEZ (Mitteleuropäische Zeit); von Ende März bis Ende Oktober MESZ (Mitteleuropäische Sommerzeit)

Leitungswasser
Falls nicht anders angegeben, ist Leitungswasser auf Sizilien trinkbar. Trinken Sie nicht aus Brunnen.

Website und Apps
- **enit.it**
  Offizielle Website von ENIT, der Italienischen Zentrale für Tourismus
- **siciliaoutdoor.org**
  Nützliche Website zur Planung von Ausflügen, Wanderungen und Trekkingtouren
- **viamichelin.com**
  Website mit Karten und Routen zur Reiseplanung
- **Sicily History**
  Android-App mit interaktiver Karte und vielfältigen Informationen zu kulturhistorischen Attraktionen auf Sizilien

Information
Hilfreiche Informationsquellen sind **ENIT – Ente Nazionale Italiano per il Turismo** *(siehe Kasten S. 241)* und die Tourist-Infos vor Ort.

Persönliche Sicherheit
Sizilien ist ein recht sicheres Reiseziel, dennoch sollten Besucher nicht zu sorglos sein. Lassen Sie keine Wertsachen im Auto. Seien Sie besonders auf belebten Plätzen und Straßen auf der Hut vor Taschendieben. Handtaschenräuber auf Mopeds oder Motorrollern entreißen Passanten gern im Vorbeifahren Taschen und Schmuck. Meiden Sie nachts die Bahnhofsviertel. Wird Ihnen trotz aller Vorsichtsmaßnahmen etwas gestohlen, melden Sie dies unverzüglich auf dem nächsten Polizeirevier. Für Ihre Versicherung brauchen Sie unbedingt ein Polizeiprotokoll *(denuncia)*.

Beim Verlust von Pass oder Personalausweis oder wenn Sie anderweitig in größere Schwierigkeiten geraten, wenden Sie sich an das Konsulat Ihres Heimatlandes.

Deutsches Honorarkonsulat
Via Principe di Villafranca 33, 90141 Palermo +39 091 982 0808

Österreichisches Honorarkonsulat
Piazza Acquasanta 12, 90142 Palermo +39 091 549 338

Schweizerisches Konsulat
Via Morgioni 41, 95027 Catania +39 095 386 919

Gesundheit
Bei kleineren gesundheitlichen Problemen erhalten Sie in einer Apotheke *(farmacia)* die benötigten Medikamente. Einige sind rund um die Uhr geöffnet. Einen Hinweis auf die nächstgelegene Apotheke mit Nachtdienst finden Sie an den Türen der Apotheken.

Gesetzlich versicherte Reisende aus EU-Staaten und der Schweiz haben in Italien Anspruch auf medizinische Versorgung. Hierfür benötigen Sie die Europäische Versicherungskarte (EHIC). Es kann vorkommen, dass Sie spezielle Leistungen selbst bezahlen müssen. Daher lohnt sich zusätzlich eine private Reisekrankenversicherung *(siehe S. 234)*.

Schützen Sie sich vor der Sonne durch Verwendung von Sonnenschutzmitteln mit hohem Lichtschutzfaktor. Verwenden Sie beim Schwimmen im Meer ein Quallenschutzmittel. Bei einem Stich spülen Sie die betroffene Haut mit Essig oder Meerwasser und entfernen die Tentakel mit einer Pinzette.

Rauchen, Alkohol und Drogen
In geschlossenen öffentlichen Räumen ist das Rauchen verboten, der Besitz illegaler Drogen kann mit einer Gefängnisstrafe geahndet werden. In Italien gilt für Fahrer ein strenger Grenzwert von 0,5 Promille. Für Fahranfänger beträgt die Grenze 0 Promille.

LGBTQ+
Arcigay, der wichtigste Verband für LGBTQ+ in Italien, wurde 1980 in Palermo gegründet. Ein weiterer Hotspot der Community ist Catania. Zu den Höhepunkten im Veranstaltungskalender gehören Palermo Pride und Arcigay Catania Gay Pride.

In ländlichen Regionen ist die Einstellung gegenüber Homosexuellen vereinzelt weniger tolerant.

Ausweispflicht
Sie müssen sich in Italien jederzeit mit einem entsprechenden Dokument (Personalausweis oder Reisepass) ausweisen können *(siehe S. 234)*. Es kann nicht schaden, diese (und alle anderen wichtigen) Dokumente einzuscannen oder Kopien davon mit auf die Reise zu nehmen.

Nachhaltiger Tourismus
Die Klimakrise hat große Auswirkungen auf Sizilien und führt zu Hitzewellen und Waldbränden. Lesen Sie die Richtlinien auf der Website des Katastrophenschutzministeriums und leisten Sie Ihren Beitrag, indem Sie Zigarettenkippen und brennbaren Abfall sorgfältig entsorgen. Ein Feuer zu entfachen, auch wenn es aus Versehen geschieht, ist eine Straftat.
Katastrophenschutzabteilung
W protezionecivile.gov.it

Etikette
Der Eintritt zu Kirchen ist im Allgemeinen kostenlos. Für die Besichtigung einzelner Bereiche (u. a. Kapellen, Krypten oder Katakomben) kann vereinzelt eine kleine Gebühr erhoben werden. Spenden werden jederzeit gern gesehen. Während der heiligen Messe kann der Besuch untersagt sein.

Betreten Sie Kirchen nur in angemessener Kleidung: Oberarme, Schultern und Knie sind bedeckt zu halten.

Mobiltelefone und WLAN
Nahezu alle Hotels sowie viele Restaurants, Cafés und Bars bieten ihren Gästen Internet-Zugang (in der Regel WLAN).

Seit Abschaffung der Roaming-Gebühren können EU-Bürger auch in Italien ihr Mobiltelefon ohne zusätzliche Kosten benutzen.

Bei jeder italienischen Nummer muss die Vorwahl mitgewählt werden (einschließlich der 0) – auch innerhalb eines Orts. Mobilfunknummern beginnen mit 3 und benötigen keine Anfangs-0.

Post
Briefmarken *(francobolli)* gibt es in Postämtern, an Kiosken und in *tabaccherie*. Das Porto für einen Standardbrief bis 20 Gramm oder eine Postkarte ins europäische Ausland kostet 1,30 Euro. Sendungen dauern mit *posta prioritaria* etwa drei Tage.

Mehrwertsteuer
Der Mehrwertsteuersatz beträgt in Italien 22 Prozent, der ermäßigte Satz (u. a. für Eintrittskarten und öffentliche Verkehrsmittel) zehn Prozent, der stark ermäßigte Satz (z. B. für Bücher) vier Prozent. Die Preise verstehen sich immer inklusive Mehrwertsteuer.

Nur Bürger eines Lands, das nicht EU-Mitglied ist, können sich die Mehrwertsteuer bei der Ausreise rückerstatten lassen.

Eintrittspreise und Pässe
In manchen Städten kann man für Museen und andere Attraktionen diverse Preisnachlässe in Anspruch nehmen. Dies spart Geld, bei Sehenswürdigkeiten häufig auch längere Wartezeiten. Einige dieser Optionen umfassen auch die kostenlose Nutzung öffentlicher Verkehrsmittel. Zu den attraktivsten Pässen gehört die **PMO Card** in Palermo.
PMO Card
W pmocard.it

REGISTER

Seitenzahlen in **fetter Schrift** beziehen sich auf Haupteinträge.

A

Abenteuerurlaub **48f**
Abstecher (Palermo) 63, **96–105**
    Karte 97
Abteien *siehe* Klöster und Konvente
ACI 239
Aci Castello **224**
Aci Trezza **225**
Acireale **225**
ADAC 238
Adrano **222**
Ägadische Inseln 31, 49, **124f**
    Karte 125
    Restaurants 125
Agira **223**
Agrigento 143, **146–151**
    Hotels 148
    Karte 146
    Restaurants 147
Albanische Kultur 136, 137, 164
Albergheria-Viertel (Palermo) **93**
Alcamo **135**
Alcantara (Fluss) 31, 228
Al Fresco **46f**
Ali 229
Alicudi 37, 218, **219**
Altar Hierons II. (Siracusa) **172**
Ambulanz 240
Anjou, Dynastie 54
Antike Stätten 11, **34f**
    Akrai (Palazzolo Acreide) 192
    Akropolis (Gela) 195
    Akropolis (Selinunte) 126
    Altar Hierons II. (Siracusa) **172**
    Castello Eurialo (Siracusa) **173**
    Castor-und-Pollux-Tempel (Agrigento) 151
    Cava d'Ispica 34f, **197**
    Concordia-Tempel (Agrigento) 34, 151
    Dorischer Tempel (Segesta) 122f
    Eraclea Minoa **163**
    Festungsanlagen Capo Soprano (Gela) 195
    Giardini-Naxos 228f
    Griechische Tempel (Selinunte) **126f**
    Griechisches Theater (Eraclea Minoa) 163
    Griechisches Theater (Segesta) 123
    Griechisches Theater (Siracusa) 46, 169, **174f**
    Griechisches Theater (Taormina) 46, **206**
    Griechisches Theater (Tyndaris) 230
    Hera-Tempel (Agrigento) 151
    Herakles-Tempel (Agrigento) 151
    Megara Hyblaea **192f**
    Morgantina **155**
    Neolithische Siedlung (Panarea) 220f
    Pantalica 34, **193**
    Parco Archeologico della Neapolis (Siracusa) **172**
    Römische Villa (Patti) 231
    Römisches Amphitheater (Siracusa) **172**
    Römisches Mausoleum (Centuripe) 225
    Römisches Theater (Catania) **205**
    Ruinen von Halaesa Arconidea 139
    Segesta 11, **122f**
    Selinunte 34f, **126f**
    Solunto **136**
    Tempel des Apollo (Ortygia) **176f**
    Tempel des Olympischen Zeus (Agrigento) 151
    Tyndaris **230**
    Valle dei Templi (Agrigento) 11, 34, **150f**
    Villa Romana del Casale (nahe Piazza Armerina) 34, **152f**
    siehe auch Katakomben
Anti-Mafia-Bewegung 56f, 135
Äolische (Liparische) Inseln 39, 49, **218–221**
    Erkundungstour 24f
    Hotels 219
    Karte 218
    Restaurants 220
    Tauchen 39
Aperitivi 33
Apotheken 240
Apps 240
Araber und arabische Kultur 35, 52, 53, 81
    Nordwest-Sizilien 109
    Palermo 65
    Südsizilien 169
Aragón, Haus von 54, 65
Archimedes 53, 169
Arcigay 241
Ätna 12, 30, 199, **210–213**
    Eruptionen 56, 210
    Ferrovia Circumetnea (Eisenbahn) 210, **223**
    Mythen 34
    Shopping 227
    Wein 13
Augusta **193**
Ausweispflicht 241
Auto fahren 238f
    Autovermietung 238
    Straßenverbindungen 237
    Verkehrsregeln 238f

B

Badia di Sant'Agata (Catania) **203**
Bagheria 37, **140**
Bargeld 234
Barock
    Catania 202
    Noto **180**
    Ragusa 184–187
    Val di Noto 194
Bars
    Messina 217
    Nordost-Sizilien 217
    Nordwest-Sizilien 134, 139
    Palermo 73, 89, 105
    Südwest-Sizilien 167
Bellini, Vincenzo 203
Besucherpässe 241
Bier 32

Boccaccio, Giovanni 103
Boote und Fähren 239
Borsellino, Paolo 55, 57
Bourbonen, Dynastie 54
Bronte 44, **226**
Bronzezeit 34
Brunnen
   Fontana dell'Amenano (Catania) 203
   Fontana dell'Elefante 202
   Fontana di Orione (Messina) **215**
   Fontana Pretoria (Palermo) **72**
   Fonte Aretusa (Ortygia) **177**
   Teatro Marmoreo (Palermo) 89
Burgen und Festungen 35
   Burg Friedrich II. (Milazzo) 231
   Caltabellotta 164
   Capo Marchiafava (Cefalù) 114
   Castel di Tusa 139
   Castel Leone (Castiglione di Sicilia) 228
   Castello Chiaramonte (Naro) 159
   Castello della Zisa (Palermo) **104**
   Castello di Carini 35
   Castello di Donnafugata 35
   Castello di Falconara (nahe Licata) **154**, 155
   Castello di Lombardia (Enna) 155
   Castello di Montechiaro (Palma di Montechiaro) 158
   Castello di Venere (Erice) 42, **118f**
   Castello Eurialo (Siracusa) **173**
   Castello Manfredonico (Mussomeli) 163
   Castello Ursino (Catania) 35, **204**
   Festungsanlagen Capo Soprano (Gela) 195
   Forte San Salvatore (Messina) **216**
   Kyklopenmauer (Erice) **118**
   La Rocca (Cefalù) **113**
   Normannenburg (Adrano) 222
   Normannenburg (Caccamo) 137
   Normannenburg (Motta Sant'Anastasia) 222
   Piazza Armerina 153
   Torre di Federico II (Enna) 155
Busreisen 238
Byzantiner 35, 55

C

Caccamo **137**
Cafés 10
   Noto 179
   Ragusa 187
   Südsizilien 179, 187
   Südwest-Sizilien 159
Cala Modello 38
Caltabellotta **164**
Caltagirone 41, **188f**
   Karte 189
   Shopping 189
Caltanissetta 143, **156**
Cammarata **162**
Camping 47
Canicattì **158f**
Capo d'Orlando **229**
Capo Milazzo 231
Capo Passero **196**
Cappella Palatina (Palermo) **86f**, 94
Capua-Wrack (Riserva dello Zingaro) 117
Casina Cinese (Palermo) **100**
Castel di Tusa **139**
Castellammare del Golfo 109, **134f**
Castelmola **208f**
Castelvecchio Siculo 229
Castelvetrano **130**
Castiglione di Sicilia **228**
Catania 10, 199, **202–205**, 210
   Karte 203
   Shopping 203
Cava d'Ispica 34f, **197**
Cavagrande del Cassibile (nahe Avola) **181**
Cefalù 37, 42, 43, 109, **112–115**
   Karte 113
   Spaziergang 114f
Centuripe **224f**
Chiaramonte Gulfi 169, **195**
Christentum 53, 54, 151
Cinema Paradiso 37, **164**
Circolo di Conversazione (Ragusa) **186**
Corleone 56, 57, **135**
Corso Ruggero (Cefalù) **112**, 114
Corso Umberto I (Taormina) **207**
Corso Vittorio Emanuele (Erice) **120**
Corso Vittorio Emanuele (Palermo) **88f**
cosa nostra siehe Mafia

D

Dalla Chiesa, Carlo Alberto 57
Debitkarten 235
Denaro, Matteo Messina 57
Denkmal für einen toten Dichter (Festa) 47
Denkmal für Juan d'Austria (Messina) **214**
Digestivi 32
Dörfer 13, **42f**
Duomo *siehe* Kirchen und Kathedralen

E

Einreise 234
Eisenbahn *siehe* Zugreisen
Elektrizität 234
Elymer 52, 123
Enna 143, **154f**
Eraclea Minoa 143, **163**
Erdbeben
   Messina (1908) 55, **214**
   Valle del Belice 135
   von 1693 **54**, 169, 194, 202
Erice 13, 42, 109, **118–121**
   Karte 118
   Restaurants 121
   Shopping 118
Erkundungstouren **20–29**
   2 Tage in Palermo 20f
   2 Wochen Rundreise auf Sizilien 26–29
   5 Tage im Westen Siziliens 22f
   7 Tage auf den Äolischen Inseln 24f

Ermäßigungen 241
Essen und Trinken 11, **44f**
  cannoli 12, 45
  Couscous 135
  Getränke **32f**
  Haselnüsse **137**
  Italienisch-albanische Küche 137
  Kaffee 10
  Orangen aus Ribera **149**
  Pistazien 226
  Pompelmo 205
  Schokolade 41
  siehe auch Bars; Cafés; Restaurants; Wein
Etikette 241
Europäische Union (EU) 57
Events *siehe* Festivals und Events

F

Fähren 239
Falcone, Giovanni 55, 57
Fallschirmspringen 48
Favignana 34, **124**
Feiertage 235
Ferdinand I. (König) 100
Ferrovia Circumetnea **223**
Festa, Tanno, *Denkmal für einen toten Dichter* 47
Festivals und Events 10, **50f**
  Festival di Morgana (Palermo) 71
  Film 36, 46
  Genuss 44, 45, 135
  Karwoche (Settimana Santa) **154**
  Open Air 46
Feuerwehr 240
Filicudi 49, 218, **221**
Film
  Drehorte 36f
  Festivals 36, 46
  Kulissen 37
  Mafia im Film 56
Filmfans **36–37**
Filmfestivals 46
Flagge **173**
Flugreisen 236, 237
Fontana di Orione (Messina) **215**
Fontana Pretoria (Palermo) **72**
Fonte Aretusa (Ortygia) **177**

Foro Italico (Palermo) 100
Forte San Salvatore (Messina) **216**
Forza d'Agrò 229
Friedrich II., Kaiser 54, 55, 89, 231
Friedrich III., König 55
Fuocoammare (Film) 166

G

Galleria d'Arte Moderna Sant'Anna (Palermo) **75**
Galleria Vittorio Emanuele III (Messina) 215
Gangi **137**
Garibaldi, Giuseppe 54, 70, 134, 226
Gela **195**
Geld 235
Genueser 65
Geschichte **52–55**
  Antike **34f**
Gesundheit 240f
Giardini-Naxos **228f**
Giardino Ibleo (Ragusa) **187**
Giardino Pubblico (Caltagirone) **189**
Giarre **229**
Gibellina 47, **135**
Graffiti 40
Griechische Antike 34, **52f**
  siehe auch Antike Stätten
Griechische Tempel (Selinunte) **126f**
Griechisches Theater (Eraclea Minoa) 163
Griechisches Theater (Segesta) 123
Griechisches Theater (Siracusa) 46, 169, **174f**
Griechisches Theater (Taormina) 46, **206**
Griechisches Theater (Tyndaris) 230
siehe auch Antike Stätten

H

Hafen (Messina) **214f**
Handys 241
Heilbäder
  Acireale 225
  Lipari 219
  Sciacca 165
  Vulcano 220

Hieron II. 172, 174
Historische Gebäude
  Camera delle Meraviglie (Palermo) 89
  Lavatoio Medievale (Cefalù) 115
  Mulino ad Acqua Santa Lucia (Palazzolo Arceide) 185
  Portale di San Giorgio (Ragusa) **187**
  Universität (Messina) **215**
  Villa Palagonia (Bagheria) 140
Höhlen 31, 34
  Ägadische Inseln 124, 125
  Grotta del Camino (Riserva dello Zingaro) 117
  Grotta del Museion (Siracusa) 174, 175
  Grotta dell'Acqua Dolce (Baia d'Uzzo) 117
  Lavagrotten am Ätna 210
  Monte San Calogero 165
  Sperlinga (Höhlenbehausungen) 139
  Ustica 141
Hotels 235
  Äolische (Liparische) Inseln 219
  Nordost-Sizilien 219, 231
  Nordwest-Sizilien 128, 140
  Palermo 75
  Südsizilien 181, 197
  Südwest-Sizilien 148, 155, 165
Hubschrauberflug 36

I

I Malavoglia (Verga) **225**
Ibla *siehe* Ragusa
Il commissario Montalbano 37, 186
Il Gattopardo (Der Leopard) (Tomasi di Lampedusa) 158, **159**
Il Postino 218
Information 240
Inseln **39**
Internet 241
Isola Bella (Taormina) 38
Isole Egadi *siehe* Ägadische Inseln

Isole Eolie *siehe* Äolische (Liparische) Inseln
Isole Lipari *siehe* Äolische (Liparische) Inseln
Isole Pelagie *siehe* Pelagische Inseln
Istituto Nazionale del Dramma Antico (INDA) **175**

J

Juan d'Austria 214

K

Kaffee 10
Kalsa (Stadtviertel, Palermo) 65, 78f
Karl III. von Spanien 54
Karten
  Ägadische Inseln 125
  Agrigento 146
  Äolische (Liparische) Inseln 218
  Caltagirone 189
  Catania 203
  Cefalù 113
  Erice 118
  Messina 215
  Nordost-Sizilien 200f
  Noto 179
  Ortygia (Siracusa) 177
  Palermo 60f
  Palermo: Abstecher 97
  Palermo: Ostpalermo 66f
  Palermo: Westpalermo 82f
  Ragusa 185
  Siracusa 173
  Sizilien 14f
  Straßenverbindungen 237
  Südsizilien 170f
  Südwest-Sizilien 144f
  Taormina 207
Karthager 35, 126, 128, 131
Karwoche (Settimana Santa) 154
Katakomben
  Catacombe dei Cappuccini (Palermo) **102**
  Hypogäum der Villa Igea (Valle dei Templi) 151
  Katakomben von San Giovanni Evangelista (Siracusa) **172**

Katalanen 65
Kathedralen *siehe* Kirchen und Kathedralen
Keramik
  Caltagirone 41, 188, 189
  Santo Stefano di Camastra 141
  Sciacca 165
Kinder 38
Kirchen und Kathdralen
  Badia di Sant'Agata (Catania) **203**
  Cappella Palatina (Palermo) **86f**, 94
  Cattedrale di Agrigento **146**
  Cattedrale di Catania **202**
  Cattedrale di Marsala 130
  Cattedrale di Messina **216**
  Cattedrale di Noto **178**, 182
  Cattedrale di Palermo **84f**, 95
  Cattedrale di Piazza Armerina 153
  Cattedrale di Ragusa **184**
  Cattedrale di Taormina **208**
  Cefalù **112**, 114
  Chiesa del Carmine (Palermo) **92**
  Chiesa del Crocefisso (Noto) **181**
  Chiesa del Gesù und Casa Professa (Palermo) **90f**
  Chiesa del Purgatorio (Cefalù) 115
  Chiesa del Purgatorio (Trapani) 129
  Chiesa di San Giovanni Battista (Erice) **121**
  Chiesa di San Pietro (Erice) **121**
  Chiesa Matrice (Erice) **118**
  Duomo (Ortygia) **176**
  Duomo (Ragusa) 43, **186**
  Duomo di Monreale **98f**
  Duomo di San Giuliano (Caltagirone) **188**
  La Gancia (Palermo) **71**, 79

La Martorana (Palermo) **73**
Oratorio del Rosario di San Domenico (Palermo) **77**
Oratorio del Rosario di Santa Cita (Palermo) **77**
Rosalia-Heiligtum (Monte Pellegrino) **100**
San Carlo al Corso (Noto) **180**, 182
San Cataldo (Palermo) **74**
San Domenico (Noto) **181**
San Domenico (Palermo) **76f**
San Francesco all'Immacolata (Noto) **178**, 183
San Francesco d'Assisi (Caltagirone) **188**
San Francesco d'Assisi (Palermo) **72**
San Giovanni degli Eremiti (Palermo) **89**, 94
San Giovanni dei Lebbrosi (Palermo) **104**
San Giuseppe (Ragusa) **186f**
San Giuseppe dei Teatini (Palermo) **90**
San Lorenzo (Agrigento) **147**
San Nicolò all'Arena (Catania) **205**
Santa Caterina d'Alessandria (Palermo) **73**
Santa Chiara (Noto) 183
Santa Lucia alla Badia (Ortygia) **176**
Santa Maria della Catena (Palermo) 78
Santa Maria delle Scale (Ragusa) 43, **185**
Santa Maria dello Spasimo (Palermo) **74f**
Santa Maria di Mili (nahe Messina) **217**
Santissima Annunziata dei Catalani (Messina) **214**
Santo Spirito (Palermo) **102**
Santuario di Gibilmanna (Cefalù) **113**

Santuario di Maria Santissima Annunziata (Trapani) 129
Sant'Orsola (Palermo) **92**
Wallfahrtskirche Madonna di Tindari (Tyndaris) 230
siehe auch Klöster und Konvente
Klettern 49
Klöster und Konvente
  Abbazia di Santo Spirito (Caltanissetta) 156
  Convento di Santo Spirito (Agrigento) **148**
  Salvatore-Kloster (Noto) 183
Kochkurse 45, 184
Königreich beider Sizilien 54
Königreich Neapel 54
Konsulate 240
Kreditkarten 235
Kunst und Kunsthandwerk **40f**, 49
  Streetart 40, 75
  siehe auch Keramik; Weben
Küste 11
Kyklopenmauer (Erice) **118**

L

La Cuba (Palermo) **103**
La Gancia (Palermo) **71**, 79
La Martorana (Palermo) **73**
La Rocca (Cefalù) **113**
La terra trema 225
Lago Pozzillo **222**
Lampedusa 39, 48, **166**
Leggio, Luciano 56
Leitungswasser 240
Lentini **192**
Letojanni **209**
Levanzo 31, **124f**
LGBTQ+ 241
Licata **156f**
Linguaglossa **227**
Linosa 39, **167**
Lipari 46, 218, **219**
Liparische Inseln *siehe* Äolische Inseln
Luciano, Charles »Lucky« 56

M

Madonie-Berge 137, 138
Mafia 55, **56f**, 135
Magna Graecia 52f, 126, 150f
Mare Nostrum (Rettungsaktion) 55
Marettimo **125**
Märkte
  Mercato della Vucciria (Palermo) 40, **76**
  Mercato di Ballarò (Palermo) 81, 93
  Mercato di Piazza Marina (Palermo) **70**
  Pescheria (Catania) **203**
Marsala 13, 109, **130**
Marzamemi 43, 196
Mascalucia **224**
Maxi-Prozesse 56, 57
Mazara del Vallo 109, **131**
Mazzarò **209**
Megara Hyblaea **192f**
Mehrwertsteuer 241
Mercato della Vucciria (Palermo) 40, **76**
Messina 10, 199, **214–217**
  Bars 217
  Karte 215
  Restaurants 215
Migration 39, 55, 166
Milazzo **230f**
Mili San Marco 217
Mili San Pietro 217
Mobiltelefone 241
Modica 42, 169, **194**
  Schokolode 41
Mondello 43, **101**
Monreale, Duomo di **98f**, 100
Montagna Grande 229
Monte Barbaro 123
Monte Etna *siehe* Ätna
Monte Pellegrino (Palermo) 100
Monte Poverello 229
Monte Prizzi 159
Monte San Calogero 165
Monte San Giuliano 119
Monti Nebrodi 47, 229, **231**
Monti Peloritani 217, **229**
Morgantina **155**
Mosaiken
  Cappella Palatina (Palermo) 86f
  Cattedrale di Cefalù 112
  Duomo di Monreale 98f
  Villa Romana del Casale (nahe Piazza Armerina) 152f
Motta Sant'Anastasia **222**
Mozia 31, 109, **131**
Mücken 46
Museen und Galerien
  Casa-Museo di Antonino Uccello (Palazzolo Arceide) 185
  Casa Museo Luigi Pirandello (Agrigento) 149
  Casa Museo Giovanni Verga (Catania) **205**
  Collegio dei Filippini (Agrigento) 147
  Fiumara d'Arte (Messina) 47
  Galleria d'Arte Moderna Sant'Anna (Palermo) **75**
  Galleria Regionale della Sicilia (Palazzo Abatellis, Palermo) 68f
  Galleria Vittorio Emanuele III (Messina) 215
  Laboratorio della Legalità, Il (Corleone) 57, 135
  Mulino ad Acqua Santa Lucia (Palazzolo Arceide) 185
  Museo Agostino Pepoli (Trapani) 128, 129
  Museo Archeologico (Caltanissetta) 156
  Museo Archeologico Eoliano (Lipari) 219
  Museo Archeologico (Giardini-Naxos) 229
  Museo Archeologico (Lentini) 192
  Museo Archeologico (Licata) 157
  Museo Archeologico Regionale (Agrigento) 149
  Museo Archeologico Regionale A. Salinas (Palermo) **75**
  Museo Archeologico Regionale (Gela) 195
  Museo Archeologico
  Museo Archeologico Regionale Paolo Orsi (Siracusa) 34, **173**
  Museo Archeologico (Valle dei Templi) 151

Museo Civico Belgiorno (Modica) 194
Museo Civico (Caltagirone) **188**
Museo Civico d'Arte Contemporanea (Gibellina) 47, 135
Museo Civico (Noto) 179
Museo Civico Santo Spirito (Agrigento) **147**
Museo degli Arazzi Fiamminghi (Marsala) 130
Museo del Costume (Scicli) 185
Museo del Papiro (Siracusa) 40
Museo del Sale (Nubia) 31, 129
Museo del Tempo Contadino (Ragusa) 185
Museo di Preistoria (Trapani) 129
Museo Diocesano (Agrigento) **146**
Museo Etnografico (Linguaglossa) 227
Museo Etnografico Pitrè (Palermo) **101**
Museo Internazionale delle Marionette (Palermo) 41, **71**, 79
Museo Mandralisca (Cefalù) **112f**, 115
Museo Mineralogico Paleontologico e della Zolfara (Caltanissetta) 156
Museo Regionale d'Arte Moderna e Contemporanea Belmonte-Riso (Palermo) **90**
Museo Regionale della Ceramica (Caltagirone) **189**
Museo Regionale Interdisciplinare di Enna 155
Museo Regionale Interdisciplinare (Messina) **217**
Museo Whitaker (Mozia) 131
Palazzo Bellomo: Galleria d'Arte Regionale (Ortygia) **177**
Polo Museale A. Cordici (Erice) **120**
siehe auch Antike Stätten; Burgen und Festungen; Historische Gebäude; Paläste
Musik *siehe* Unterhaltung
Mussomeli **163**
Mythen
  Ätna **34**, 210
  Meer **39**

N

Nachhaltig reisen 31, 241
Naro **159**
Natur **30f**
Naturschutzgebiete 30
  Area marina protetta Isola di Ustica 141
  Baia dei Conigli (Lampedusa) 166
  Cavagrande del Cassibile (nahe Avola) **181**
  Isole dello Stagnone 129
  Monte Cammarata 162
  Parco Regionale dei Monti Nebrodi 47, 231
  Riserva dello Zingaro 30, 47, 48, **116f**
  Riserva naturale orientata Oasi faunistica di Vendicari 30, 39, **196**
Naxos 199, 228
Nelson, Admiral Horatio 226
Nicolosi 210
Nicosia 109, **140f**
Nordost-Sizilien 19, **198–231**
  Bars 217
  Hotels 219, 231
  Karte 200f
  Restaurants 209, 215, 220
  Shopping 203, 227
Nordwest-Sizilien 17, **108–141**
  Bars 134, 139
  Hotels 128, 140
  Karte 110f
  Restaurants 121, 123, 125, 126
  Shopping 118, 130, 139
Normannen 35, 53, **54**, 65
Noto 13, 46, 169, **178–183**
  Cafés 179
  Hotels 181
  Karte 179
  Spaziergang 182f
Notrufnummern 240

O

Öffentliche Verkehrsmittel 238
  Preise 236
Öffnungszeiten 235
Opera dei Pupi 13, 40, **41**, 101
Oratorio del Rosario di San Domenico (Palermo) **77**
Oratorio del Rosario di Santa Cita (Palermo) **77**
Orlando, Leoluca 57
Orto Botanico (Palermo) **77**
Ortygia (Ortigia) 36, **176f**
  Karte 177
  Restaurants 177
Osterprozessionen **154**
Österreichische Herrschaft 54
Ostpalermo 62, **64–79**
  Karte 66f
Outdoor-Aktivitäten 12, 30, **48f**

P

Pachino **196**
Paläste
  Casina Cinese (Palermo) **100**
  Castello della Zisa (Palermo) **104**
  La Cuba (Palermo) **103**
  Palazzo Abatellis (Palermo) **68f**, 79
  Palazzo Adriano 37, **164f**
  Palazzo Bellomo (Ortygia) **177**
  Palazzo Biscari (Catania) **202f**
  Palazzo Butera (Palermo) **74**
  Palazzo Chiaramonte-Steri (Palermo) 79
  Palazzo Corvaja (Taormina) **206**
  Palazzo dei Duchi di Santo Stefano (Taormina) **208**

Palazzo dei Normanni (Palermo) **88**, 94
Palazzo delle Aquile (Palermo) **72**
Palazzo Ducezio (Noto) **178**, 182
Palazzo Landolina (Noto) **180f**, 182
Palazzo Mirto (Palermo) **70f**
Palazzo Nicolaci Villadorata (Noto) **180**
Palazzo Sclafani (Palermo) 95
Palazzo Trigona (Noto) **179**, 183
Palazzolo Acreide 185, **192**
Palermo 10, 16, **58–105**
  Abstecher 63, **96–105**
  Bars 73, 89, 105
  Erkundungstour 20f
  Hotels 75
  Karte 60f
  Ostpalermo 62, **64–79**
  Restaurants 76, 93, 101
  Shopping 70, 91, 103
  Spaziergänge 78f, 94f
  Westpalermo 63, **80–95**
Palma di Montechiaro **158**
Panarea 39, 218, **220f**
Pantalica 34, **193**
Pantelleria **167**
Paragliding 58
Parco Archaeologico della Neapolis (Siracusa) **172**
Parks und Gärten
  Giardino Garibaldi (Palermo) 70
  Giardino Ibleo (Ragusa) **187**
  Giardino Lavico (Mascalucia) 224
  Giardino Pubblico (Caltagirone) **189**
  Monreale-Kreuzgang 100
  Orto Botanico (Palermo) **77**
  Parco della Favorita (Palermo) **100**
  Parco Piersanti Mattarella (Palermo) 100
  Villa Bonanno (Palermo) 95

Villa Comunale (Taormina) **207**
Villa Giulia (Palermo) **74**
siehe auch Regionalparks
Pate, der 36, 37, 56
Paternò **223**
Patti **231**
Pelagische Inseln 39, **166f**
Pescheria (Catania) **203**
Petralia Soprana 109, **138**
Petralia Sottana 109, **138**
Phönizier 52, 81, 109, 131
Piana degli Albanesi **136f**
Piazza Armerina 143, **153**
Piazza del Duomo (Ortygia) **176**
Piazza della Vittoria (Palermo) **89**, 94f
Piazza Duomo (Catania) **202**
Piazza Duomo (Cefalù) **112**
Piazza Marina (Palermo) **70**, 78f
Piazza Municipio (Caltagirone) **188**
Piazza Vittorio Emanuele (Agrigento) **148f**
Pirandello, Luigi 143
  Casa Museo Luigi Pirandello (Agrigento) 149
Pisaner 65
Pizzo di Vernà 229
Polizei 240
Polizzi Generosa **137**
Pollara (Salina) 218
Polo Museale A. Cordici (Erice) **120**
Ponte dell'Ammiraglio (Palermo) **104f**
Porta Felice (Palermo) 79
Porta Nuova (Palermo) 94
Porta Pescara (Cefalù) 115
Portale di San Giorgio (Ragusa) **187**
Post 241
Preise 234
Prizzi **159**
Provenzano, Bernardo 57
Puppen 13, 40, 41, 101

Museo Internazionale delle Marionette (Palermo) 41, **71**
Puppenfestival 71

Q

Quattro Canti (Palermo) **91**

R

Racalmuto **162**
Rad fahren 48, 39, 239
Ragusa 43, 169, **184–187**
  Cafés 187
  Karte 185
  Restaurants 187
Randazzo 42, **226f**
Rauchen 241
Regalbuto **223**
Regionalparks
  Parco dell'Etna 210
  Parco Regionale dei Monti Nebrodi 47, 231
Reiseinformationen auf Sizilien unterwegs **236–239**
  Reisende mit besonderen Bedürfnissen 235
Restaurants 44
  Äolische (Liparische) Inseln 220
  Erice 121
  in Dörfern 43
  Messina 215
  Nordost-Sizilien 209, 215, 220
  Nordwest-Sizilien 121, 123, 125, 126, 139
  Palermo 76, 93, 101
  Ragusa 187
  Südsizilien 177, 187, 195
  Südwest-Sizilien 147
  Taormina 209
  siehe auch Bars; Cafés
Riina, Salvatore 57
Riserva dello Zingaro 30, 49, 48, **116f**, 134
Risorgimento 56
Roger I. 53, 131, 217, 231
Roger II. 89
Roger von Lauria 224, 228
Rosi, Gianfranco 166
Römische Antike 34, 35, 52, **53**
  siehe auch Antike Stätten
Römisches Amphitheater (Siracusa) **172**

Römisches Theater (Catania) **205**
Rosalia-Heiligtum (Monte Pellegrino) **100**
Rossellini, Roberto 37

S

Salemi **134**
Salina 39, 218, **220**
Salzsümpfe (Salinen) 31, **129**
Sampieri 38
San Carlo al Corso (Noto) **180**, 182
San Cataldo (Palermo) **74**
San Domenico (Noto) **181**
San Domenico (Palermo) **76f**
San Francesco all'Immacolata (Noto) **178**, 183
San Francesco d'Assisi (Caltagirone) **188**
San Francesco d'Assisi (Palermo) **72**
San Giovanni degli Eremiti (Palermo) **89**, 94
San Giovanni dei Lebbrosi (Palermo) **104**
San Giuseppe (Ragusa) **186f**
San Giuseppe dei Teatini (Palermo) **90**
San Leone (Agrigento) 38, 147
San Lorenzo (Agrigento) **147**
San Nicolò all'Arena (Catania) **205**
San Vito Lo Capo 49, **134**
Sant'Orsola (Palermo) **92**
Santa Caterina d'Alessandria (Palermo) **73**
Santa Lucia alla Badia (Ortygia) **176**
Santa Maria delle Scale (Ragusa) 43, **185**
Santa Maria dello Spasimo (Palermo) **74f**
Santa Maria di Mili (nahe Messina) **217**
Santa Rosalia 85, 100, 101
Santissima Annunziata dei Catalani (Messina) **214**
Santo Spirito (Palermo) **102**
Santo Stefano di Camastra **141**
Santuario di Gibilmanna (Cefalù) **113**

Satiro Danzante **131**
Savoca 229
Savoyen 54
Scala dei Turchi 149
Scala Santa Maria del Monte (Caltagirone) 188, **189**
Schlammquellen 220
Sciacca 143, **165**
Scicli 43, 169, 185, **197**
Segeln 49, 239
Segesta 11, **122f**
Selinunte 34f, **126f**
Shopping
  Caltagirone 189
  Catania 203
  Erice 118
  Kunsthandwerk 40
  Nordost-Sizilien 203, 227
  Nordwest-Sizilien 118, 130, 139
  Öffnungszeiten 235
  Palermo 70, 91, 103
  Südsizilien 189
Sicherheit 234, 240
Siculiana **166**
Sikaner 52
Sikeler 54, 184, 192, 194, 206, 223
Siracusa 53, **172–175**
  Karte 173
  Restaurants 177
  Shopping 189
Sizilianische Vesper 102, 118
Skifahren 210
Slow Food Sicilia 44
Soluntu 109, **136**
Sortino 34, 193
Spanische Herrschaft 56
Spaziergänge
  Cefalù 114f
  Noto 182f
  Piazza della Vittoria (Palermo) 94f
  Piazza Marina (Palermo) 78f
  siehe auch Wandern
Sperlinga 109, **139**
Sport **48f**
Sprache 235
  Italienische Ausdrücke 234
  Sprachführer 251–253
Stagnone 129
Steinzeit 52
Steuer 241
Strände **38f**
  Cefalù 112

Riserva dello Zingaro 116, 117
Straße von Messina 214–217
  Brückenprojekt **216**
Straßenverbindungen 237
Streetart 40, 75
Strom 234
Stromboli 12, 30, 37, 218, **221**
Südsizilien 18, **168–197**
  Cafés 179
  Hotels 181, 197
  Karte 170f
  Restaurants 177, 195
Südwest-Sizilien 17, **142–167**
  Bars 167
  Cafés 159
  Hotels 148, 155, 165
  Karte 144f
  Restaurants 147
  Weinkeller 157
Syrakus *siehe* Siracusa

T

Tabakwaren 234
Taormina 199, **206–209**
  Karte 207
  Restaurants 209
  Strände 38, 209
Taormina Arte 206
Tauchen 39
  Riserva dello Zingaro 48, **117**
  Ustica **141**
Taxis 238
Teatro Bellini (Catania) **203**
Teatro Massimo (Palermo) **92f**
Teatro Pirandello (Agrigento) **147**
Teatro Politeama Garibaldi (Palermo) **103**
Telefonieren 241
Tempel *siehe* Antike Monumente
Tempolimits 236
Theater *siehe* Unterhaltung
Thunfisch 43, 124, 128, 196
Tiere 30, **230**
  siehe auch Naturschutzgebiete
Tindari *siehe* Tyndaris
Tomasi di Lampedusa, Giuseppe 143, 158, **159**

Tornatore, Giuseppe 37, 164
Tragflügelboote 24, 25, 39, 239
Trapani **128f**
Trinkgeld 240
Trinkwasser 240
Triumph des Todes (Fresko) 68
TV-Drehorte 36f
Tyndaris **230**

U

Universität (Messina) **215**
Unterhaltung
  Griechisches Theater (Siracusa) 46, 169, **174f**
  Griechisches Theater (Taormina) 46, **206**
  Opera dei Pupi 13, 40, **41**
  San Leone (Agrigento) 147
  Taormina Arte 206
  Teatro Bellini (Catania) **203**
  Teatro Massimo (Palermo) **92**
  Teatro Pirandello (Agrigento) **147**
  Teatro Politeama Garibaldi (Palermo) **103**
Ustica **141**

V

Val di Noto 43, 169
Vallata Santa Domenica (Ragusa) **184f**
Valle dei Templi (Agrigento) 11, 34, **150f**
Valle del Belice 109, 135
Valle del Bove 210
Vendicari (Naturreservat) 30, 39, **196**
Verga, Giuseppe 205, 225
Verkehrsregeln 239
Versicherungen 234, 240
Via Crociferi (Catania) **204f**
Via Etnea (Catania) **204**
Via Generale Salerno (Erice) **120**
Via Vittorio Emanuele (Cefalù) **113**
Villa Comunale (Taormina) **207**
Villa Giulia (Palermo) **74**
Villa Romana del Casale (nahe Piazza Armerina) 34, **152f**
Villa San Giovanni 236, 238, 239
Visconti, Luchino 225
Vittoria **195**
Vizzini **195**
Vulcano 34, 218, **220**
Vulkane 12, 30, 141, 199, 220f
  siehe auch Ätna; Stromboli; Vulcano

W

Währung 234
Wandbilder 40, 75
Wandern 30, 49, 239
  Alcantara-Schlucht 31, 228
  Ätna 210
  Cavagrande del Cassibile (nahe Avola) 181
  Riserva dello Zingaro 116f
  Stromboli 221
  Vendicari (Naturreservat) 196
  Vulcano 220
  siehe auch Spaziergänge
Weben 40, 118
Websites 240
Wein 13, **32f**
  Malvasier 220
  Marsala 130
  Monte Sant'Oliva 157
  Westsizilien 23
Westpalermo 63, **80–95**
  Karte 82f
White Lotus, The 36
Wilhelm I. 98
Wilhelm II. 98, 103
Windmühlen 31, 129
WLAN 241

Z

Zafferana Etnea 210, **226**
Zeitzone 240
Zingaro, Riserva dello 30, 47, 48, **116f**
Zoll 234
Zugreisen 236f
  Ferrovia Circumetnea **223**, 237
Zweiter Weltkrieg 57, 157, 196, 223

SPRACHFÜHRER

Notfälle

Hilfe!	Aiuto!	[ai'u:to]
Halt!	Alt!	[alt]
Rufen Sie einen Arzt!	Chiami un medico!	['kia:mi un 'mɛ:diko]
Rufen Sie einen Krankenwagen!	Chiami un ambulanza!	['kia:mi un ambu'lantsa]
Rufen Sie die Polizei!	Chiami la polizia!	['kia:mi la poli'tsi:a]
Rufen Sie die Feuerwehr!	Chiami i pompieri!	['kia:mi i pompi'ɛ:ri]
Wo ist das Telefon?	Dov'è il telefono?	['do:vɛ il te'lɛ:fono]
Wo ist das Krankenhaus?	Dov'è l'ospedale?	['do:vɛ lospe'da:le]

Grundwortschatz

Deutsch	Italienisch	Aussprache
Ja/Nein	Sì/No	[si/nɔ]
Bitte	Per favore	[per fa'vo:re]
Danke	Grazie	['gra:tsie]
Entschuldigung!	Mi scusi!	[mi 'sku:zi]
Guten Tag	Buon giorno	[bu'ɔn 'dʒorno]
Auf Wiedersehen	Arrivederci	[arrive'dertʃi]
Guten Abend	Buona sera	['buɔ:na 'se:ra]
Morgen	la mattina	[mat'ti:na]
Vormittag	la mattinata	[matti'na:ta]
Nachmittag	il pomeriggio	[pome'riddʒo]
Abend	la sera	['se:ra]
gestern	ieri	[i'ɛ:ri]
heute	oggi	['ɔddʒi]
morgen	domani	[do'ma:ni]
hier	qui	[ku'i]
dort	là	[la]
Welche ...?	Quale ...?	[ku'a:le]
Was?	Che cosa?	[ke 'kɔ:za]
Wann?	Quando?	[ku'ando]
Warum?	Perché?	[per'ke]
Wo?	Dove?	['do:ve]

Nützliche Redewendungen

Wie geht es Ihnen?	Come sta?	['ko:me sta]
Sehr gut, danke.	Molto bene, grazie.	['molto 'bɛ:ne, 'gra:tsie]
Freut mich, Sie kennenzulernen.	Piacere di conoscerla.	[pia'tʃɛ:re di ko'noʃʃerla]
Bis bald.	A più tardi	[a pi'u 'tardi]
In Ordnung.	Va bene.	[va 'bɛ:ne]
Wo ist/Wo sind ...?	Dov'è/ Dove sono ...?	['do:vɛ/ 'do:ve 'so:no]
Sprechen Sie Deutsch?	Parla tedesco?	['parla te'desko]
Ich verstehe nicht.	Non capisco.	[non ka'pisko]
Wie lange braucht man bis nach ...?	Quanto tempo ci vuole per andare a ...?	[ku'anto 'tɛmpo tʃi vu'ɔle per an'da:re a]
Wie komme ich nach ...?	Come faccio per arrivare a ...?	['ko:me 'fattʃo per arri'va:re a]
Tut mir leid!	Mi dispiace!	[mi dis'piatʃe]

Nützliche Wörter

groß	grande	['grande]
klein	piccolo	['pikkolo]
heiß/warm	caldo	['kaldo]
kalt	freddo	['freddo]
gut (Adjektiv)	buono	['buɔ:no]
schlecht	cattivo	[kat'ti:vo]
genug	basta	['basta]
gut (Adverb)	bene	['bɛ:ne]
offen	aperto	[a'pɛrto]
geschlossen	chiuso	[ki'u:so]
links	a sinistra	[a si'nistra]
rechts	a destra	[a 'dɛstra]
geradeaus	sempre diritto	['sɛmpre di'ritto]
nah	vicino	[vi'tʃi:no]
fern	lontano	[lon'ta:no]
auf	su	[su]
über	giù	[dʒu]
früh	presto	['prɛsto]
spät	tardi	['tardi]
Eingang	l'entrata	[en'trata]
Ausgang	l'uscita	[u'ʃi:ta]
Toilette	il gabinetto	[gabi'netto]
frei	libero	['li:bero]
gratis	gratuito	[gra'tu:ito]

Telefonieren

Deutsch	Italienisch	Aussprache
Ich möchte ein Ortsgespräch führen.	Vorrei fare una telefonata urbana.	[vor'rɛi 'fa:re 'u:na telefo'na:ta ur'ba:na]
Ferngespräch	telefonata interurbana	[telefo'na:ta interur'ba:na]
R-Gespräch	chiamata a carico del destinatario	[kia'ma:ta a 'ka:riko del destina'ta:rio]
Kann ich eine Nachricht hinterlassen?	Posso lasciare un messaggio?	['pɔsso laʃ'ʃa:re un mes'saddʒo]
Einen Moment, bitte.	Un attimo, per favore	['un 'attimo, per fa'vo:re]

Shopping

Deutsch	Italienisch	Aussprache
Wie viel kostet das?	Quanto costa?	[ku'anto 'kɔsta]
Ich hätte gerne ...	Vorrei ...	[vor'rɛi]
Haben Sie ...?	Avete ...?	[a've:te]
Ich möchte mich nur umsehen.	Voglio solo dare un'occhiata.	['vɔʎʎo 'so:lo 'da:re unokki'a:ta]
Akzeptieren Sie Kreditkarten?	Accetate carte di credito?	[attʃet'ta:te 'karte di 'krɛ:dito]
Wann öffnen/ schließen Sie?	A che ora apre/chiude?	[a ke 'o:ra 'apre/ki'u:de]
das hier	questo	[ku'esto]
das da	quello	[ku'ello]
preiswert	a buon prezzo	[a bu'ɔn 'prɛttso]
teuer	caro	['ka:ro]
Kleidergröße	la taglia	['taʎʎa]
Schuhgröße	il numero	['nu:mero]
weiß	bianco	[bi'aŋko]
schwarz	nero	['nɛ:ro]
rot	rosso	['rosso]
gelb	giallo	['dʒallo]
grün	verde	['verde]
blau	blu	[blu]

Läden

Deutsch	Italienisch	Aussprache
Antiquitätenladen	l'antiquariato	[antikuari'a:to]
Apotheke	la farmacia	[farma'tʃi:a]
Bäckerei	la panetteria	[panette'ri:a]
Bank	la banca	[la 'baŋka]
Blumenhändler	il fioraio	[fio'ra:io]
Buchhandlung	la libreria	[libre'ri:a]

251

Deutsch	Italienisch	Aussprache
Delikatessen	la salumeria	[salume'ri:a]
Eisdiele	la gelateria	[dʒelate'ri:a]
Fischgeschäft	la pescheria	[peske'ri:a]
Friseur	il parrucchiere	[parrukki'ɛ:re]
Kaufhaus	il grande magazzino	['grande maga-'ddzi:no]
Konditorei	la pasticceria	[pastittʃe'ri:a]
Lebensmittelladen	il negozio di alimentari	[ne'gɔ:tsio di alimen'ta:ri]
Markt	il mercato	[mer'ka:to]
Metzgerei	la macelleria	[matʃelle'ri:a]
Obst-/Gemüsehändler	il fruttivendolo	[frutti'vendolo]
Postamt	l'ufficio postale	[uf'fi:tʃo pos'ta:le]
Reisebüro	l'agenzia di viaggi	[adʒen'tsi:a di vi'addʒi]
Schuhgeschäft	il negozio di calzature	[ne'gɔ:tsio di kaltsa'tu:re]
Supermarkt	il supermercato	[supermer'ka:to]
Tabakladen	la tabaccheria	[tabakke'ri:a]
Zeitungsstand	l'edicola	[e'di:kola]

Sightseeing

Deutsch	Italienisch	Aussprache
Informationsbüro	l'ufficio turistico	[uf'fi:tʃo tu'ristiko]
Bahnhof	la stazione	[statsi'o:ne]
Bibliothek	la biblioteca	[biblio'tɛ:ka]
Bushaltestelle	la fermata dell'autobus	[fer'ma:ta delauto'bus]
Garten	il giardino	[dʒar'di:no]
Kirche	la chiesa, la basilica	[ki'ɛ:za, ba'zi:lika]
Kunstgalerie	la pinacoteca	[pinako'tɛ:ka]
Museum	il museo	[mu'zɛ:o]
Wegen Feiertag geschlossen.	Chiuso per la festa.	[ki'u:so per la 'fɛsta]

Im Hotel

Deutsch	Italienisch	Aussprache
Haben Sie Zimmer frei?	Avete camere libere?	[a've:te 'ka:mere 'li:bere]
Einzelzimmer	una camera singola	['ka:mera 'siŋgola]
Doppelzimmer	una camera doppia	['ka:mera 'doppia]
Bad/Dusche	il bagno/la doccia	['baɲo/'dottʃa]
Gepäckträger	il facchino	[fak'ki:no]
Schlüssel	la chiave	[ki'a:ve]
Reservierung	la prenotazione	[prenotatsi'o:ne]

Im Restaurant

Deutsch	Italienisch	Aussprache
Haben Sie einen Tisch für …?	Avete un tavolo per …?	[a've:te un 'ta:volo per]
Ich möchte einen Tisch reservieren.	Vorrei riservare un tavolo.	[vor'rɛi riser'va:re un 'ta:volo]
Frühstück	la colazione	[kolatsi'o:ne]
Mittagessen	il pranzo	['prandzo]
Abendessen	la cena	['tʃe:na]
Rechnung	il conto	['konto]
Veganer	il vegano	[vɛganɔ]
Vegetarier	il vegetariano	[vedʒetari'a:no]
Kellner	il cameriere	[kameri'ɛ:re]
Festpreismenü	il menù a prezzo fisso	[me'nu a 'prɛttso 'fisso]
Tagesgericht	il piatto del giorno	[pi'atto del 'dʒorno]
Vorspeise	l'antipasto	[anti'pasto]
Erster Gang	il primo	['pri:mo]
Hauptgang	il secondo	[se'kondo]
Beilagen	il contorno	[kon'torno]
Dessert	il dolce	['doltʃe]
Gedeck	il coperto	[ko'pɛrto]
Weinkarte	la lista dei vini	['lista dei 'vi:ni]
blutig	al sangue	[al 'saŋgue]
halb durch(gebraten)	a puntino	[a pun'ti:no]
durch(gebraten)	ben cotto	[bɛn 'kɔtto]
Glas	il bicchiere	[bikki'ɛ:re]
Flasche	la bottiglia	[bot'ti:ʎa]
Teller	il piatto	[pi'atto]
Serviette	la tovaglia	[to'va:ʎa]
Besteck	le posate	[po'za:te]
Messer	il coltello	[kol'tɛllo]
Gabel	la forchetta	[for'ketta]
Löffel	il cucchiaio	[kukki'a:io]

Speisekarte

l'acqua minerale gassata/naturale	['akkua mine'ra:le gas'sa:ta/natu'ra:le]	Mineralwasser mit/ohne Kohlensäure
l'aglio	['a:ʎo]	Knoblauch
l'agnello	[a'ɲɛllo]	Lamm
al forno	[al 'forno]	gebacken
alla griglia	['alla 'gri:ʎa]	gegrillt
l'anatra	['a:natra]	Ente
l'antipasto	[anti'pasto]	Vorspeise
l'aragosta	[ara'gosta]	Languste
l'arancia	[a'rantʃa]	Orange
arrosto	[ar'rɔsto]	gebraten
il baccalà	[bakka'la]	Stockfisch
la birra	['birra]	Bier
la bistecca	[bis'tekka]	Steak
il branzino	[bran'zi:no]	Seebarsch
il brasato	[bra'sa:to]	Schmorbraten
il brodo	['brɔ:do]	klare Brühe
il burro	['burro]	Butter
il caffè	[kaf'fɛ]	Kaffee, Espresso
il carciofo	[kar'tʃɔ:fo]	Artischocke
la carne	['karne]	Fleisch
carne di maiale	['karne di ma'ia:le]	Schwein
il cinghiale	[tʃiŋgi'a:le]	Wildschwein
la cipolla	[tʃi'polla]	Zwiebel
il coniglio	[ko'ni:ʎo]	Kaninchen
la cozza	['kɔttsa]	Miesmuschel
i fagioli	[fa'dʒɔ:li]	Bohnen
il filetto	[fi'letto]	Filet
il formaggio	[for'maddʒo]	Käse
le fragole	['fra:gole]	Erdbeeren
la frittata	[frit'ta:ta]	Omelett
la frutta fresca	['frutta 'freska]	frisches Obst
i frutti di mare	['frutti di 'ma:re]	Meeresfrüchte
i funghi	['fuŋgi]	Pilze
il gamberetto	[gambe'retto]	Garnele
i gamberi	['gamberi]	Krebse
il gelato	[dʒe'la:to]	Eiscreme
l'insalata	[insa'la:ta]	Salat
il latte	['latte]	Milch
la lattuga	[lat'tu:ga]	Kopfsalat
i legumi	[le'gu:mi]	Hülsenfrüchte
la lepre	['le:pre]	Hase
lesso	['lesso]	gekocht
il manzo	['mandzo]	Rind
la mela	['me:la]	Apfel
la melanzana	[melan'dza:na]	Aubergine
la menta	['menta]	Minze
la minestra	[mi'nɛstra]	Suppe
la nocciola	[not'tʃɔ:la]	Haselnuss
la noce	['no:tʃe]	(Wal-)Nuss
la noce moscata	['no:tʃe mos'ka:ta]	Muskatnuss
l'olio	['ɔ:lio]	Öl

l'orata	[o'ra:ta]	Goldbrasse	
l'ostrica	['ɔstrika]	Auster	
il pane	['pa:ne]	Brot	
il panino	[pa'ni:no]	Brötchen	
la panna	['panna]	Sahne	
il parmigiano	[parmi'dʒa:no]	Parmesankäse	
le patate	[pa'ta:te]	Kartoffeln	
patatine fritte	[pata'ti:ne 'fritte]	Pommes frites	
il pecorino	[peko'ri:no]	harter Schafskäse	
il pepe	['pe:pe]	Pfeffer	
la pesca	['pɛ:ska]	Pfirsich	
il pesce	['peʃʃe]	Fisch	
i piselli	[pi'sɛlli]	Erbsen	
il pollo	['pollo]	Huhn	
il pomodoro	[pomo'dɔ:ro]	Tomate	
il prosciutto	[proʃ'ʃutto]	Schinken	
il ragù	[ra'gu]	Hackfleischsauce	
ripieno	[ripi'ɛ:no]	gefüllt	
il riso	['ri:zo]	Reis	
il sale	['sa:le]	Salz	
la salsiccia	[sal'sittʃa]	Wurst	
la salvia	['salvia]	Salbei	
la scaloppina	[skalop'pi:na]	Kalbsschnitzel	
la selvaggina	[selvad'dʒi:na]	Wild	
la senape	['sɛ:nape]	Senf	
la spremuta	[spre'mu:ta]	frisch gepresster Saft	
il succo	['sukko]	Saft	
il tè	[tɛ]	Tee	
il tonno	['tonno]	Thunfisch	
la torta	['tɔrta]	Torte, Kuchen	
la triglia	['tri:ʎa]	Meerbarbe	
la trota	['trɔ:ta]	Forelle	
l'uovo	[u'ɔ:vo]	Ei	
l'uva	['u:va]	Traube	
la verdura	[ver'du:ra]	Gemüse	
il vino	['vi:no]	Wein	
il vitello	[vi'tɛllo]	Kalb	
la vongola	['voŋgola]	Venusmuschel	
lo zafferano	[dzaffe'ra:no]	Safran	
la zucca	['tsukka]	Kürbis	
lo zucchero	['tsukkero]	Zucker	
la zuppa	['tsuppa]	Suppe	

Zahlen

1	uno/una	['u:no/'u:na]	
2	due	['du:e]	
3	tre	[tre]	
4	quattro	[ku'attro]	
5	cinque	['tʃiŋkue]	
6	sei	[sɛ:i]	
7	sette	['sɛtte]	
8	otto	['ɔtto]	
9	nove	['nɔ:ve]	
10	dieci	[di'ɛ:tʃi]	
11	undici	['unditʃi]	
12	dodici	['do:ditʃi]	
13	tredici	['tre:ditʃi]	
14	quattordici	[kuat'torditʃi]	
15	quindici	[ku'inditʃi]	
16	sedici	['se:ditʃi]	
17	diciassette	[ditʃas'sɛtte]	
18	diciotto	[di'tʃɔtto]	
19	diciannove	[ditʃan'nɔ:ve]	
20	venti	['venti]	
30	trenta	['trenta]	
40	quaranta	[kua'ranta]	
50	cinquanta	[tʃiŋku'anta]	
60	sessanta	[ses'santa]	
70	settanta	[set'tanta]	
80	ottanta	[ot'tanta]	
90	novanta	[no'vanta]	
100	cento	['tʃɛnto]	
1000	mille	['mille]	
2000	duemila	[due'mi:la]	
1 000 000	un milione	[mili'o:ne]	

Zeit

Minute	un minuto	[mi'nu:to]	
Stunde	un'ora	['o:ra]	
halbe Stunde	mezz'ora	[med'dzo:ra]	
Tag	un giorno	['dʒorno]	
Woche	una settimana	[setti'ma:na]	
Monat	un mese	['me:ze]	
Jahr	un anno	['anno]	
Montag	il lunedì	[lune'di]	
Dienstag	il martedì	[marte'di]	
Mittwoch	il mercoledì	[merkole'di]	
Donnerstag	il giovedì	[dʒove'di]	
Freitag	il venerdì	[vener'di]	
Samstag	il sabato	['sa:bato]	
Sonntag	la domenica	[do'me:nika]	
Januar	gennaio	[dʒen'na:io]	
Februar	febbraio	[feb'bra:io]	
März	marzo	['martso]	
April	aprile	[a'pri:le]	
Mai	maggio	['maddʒo]	
Juni	giugno	['dʒuɲo]	
Juli	luglio	['lu:ʎo]	
August	agosto	[a'gosto]	
September	settembre	[set'tɛmbre]	
Oktober	ottobre	[ot'to:bre]	
November	novembre	[no'vɛmbre]	
Dezember	dicembre	[di'tʃɛmbre]	
Frühling	primavera	[prima've:ra]	
Sommer	estate	[es'ta:te]	
Herbst	autunno	[au'tunno]	
Winter	inverno	[in'vɛrno]	
Ostern	Pasqua	['paskua]	
Pfingsten	Pentecoste	[pente'kɔste]	
Weihnachten	Natale	[na'ta:le]	
Neujahr	Capodanno	[kapo'danno]	

Unterwegs

Bahnhof	la stazione	[statsi'o:ne]	
Bus	l'autobus	[auto'bus]	
Bushaltestelle	la fermata dell'autobus	[fer'ma:ta delauto'bus]	
Eisenbahn	la ferrovia	[ferro'vi:a]	
Fahrkarte	il biglietto	[bi'ʎetto]	
Fahrkartenschalter	la biglietteria	[biʎette'ri:a]	
Fahrplan	l'orario	[o'ra:rio]	
Flug	il volo	['vo:lo]	
Flughafen	l'aeroporto	[aero'pɔrto]	
Gepäck	i bagagli	[ba'ga:ʎi]	
Gleis	il binario	[bi'na:rio]	
Hin- und Rückfahrt	andata e ritorno	[an'da:ta e ri'torno]	
Preis/Tarif	la tariffa	[ta'riffa]	
Reservierung	la prenotazione	[prenotatsi'o:ne]	
Schlafwagen	il vagone letto	[va'go:ne 'lɛtto]	
Sitzplatz	il posto	['posto]	
Taxi	il tassì	[tas'si]	
Zug	il treno	['trɛ:no]	

DANKSAGUNG

DK möchte sich bei den folgenden Personen für ihre Mitarbeit an den vorausgehenden Auflagen bedanken: Sophie Basilevitch, Oriana Bianchetti, Rajesh Chhibber, Simonetta Giori, Mohammad Hassan, Daniel Mosseri, Helen Peters.

BILDNACHWEIS

l = links; r = rechts; o = oben; u = unten; m = Mitte; d = Detail.

Dorling Kindersley hat sich bemüht, alle Copyright-Inhaber zu ermitteln. Sollte das in einigen Fällen nicht gelungen sein, bitten wir, dies zu entschuldigen. In der nächsten Auflage werden wir Versäumtes gern nachholen.

Dorling Kindersley dankt folgenden Personen, Institutionen, Unternehmen und Bildarchiven für die Erlaubnis, ihre Fotos zu reproduzieren:

123RF.com: Yulia Grogoryeva 33ol; maudis60 159or; Andreas Zerndl 105ur.

4Corners: Antonino Bartuccio 6 – 7, 99ol, 136o, 190 – 191, 209ur, 218 – 219o; Massimo Borchi 94ul, / *Stella* (Skulptur) von Pietro Consagra © DACS 2019 135or; Claudio Cassaro 124 – 125o; Stefano Cellai 129mr; Gabriele Croppi 68 – 69; Giorgio Filippini 166 – 167o; Paolo Giocoso 140u; Alessandro Saffo 2 – 3, 19, 74o, 120ol, 138 – 139o, 160 – 161, 184 – 185o, 192 – 193o, 197ur, 198 – 199, 224 – 225o.

akg-images: Eric Vandeville 13mr, 41or.

Alamy Stock Photo: age fotostock / Hanneke Wetzer 72ul; AGF Srl / Giuseppe Masci 28mlo; Per Andersen 26mro; Michael Brooks 39or, 42ur; Roman Babakin 37mru; Blue Planet Archive FBA 141om; Paul Brown 22mr; Michele Castellani 217mlu; Cavan / Paolo Sartori 49mo; ClassicStock / Charles Phelps Cushing 55ul; Mark Davidson 149um; Marius Dobilas 146 – 147o; Peter Eastland / Sgraffito mit Darstellung Marlon Brandos als *Der Pate* von Christian Guémy (C215) © ADAGP; Paris und DACS; London 2019 40 – 41u; EmmePi Stock Images 46ol; EmmePi Travel 50mr; Giulio Ercolani 90ol, 204mro; Rudolf Ernst 104 – 105o; F1online digitale Bildagentur GmbH / F. Bilger Photodesign 188u; Faraway Photos 22ml; Gacro74 79ol; GRANGER - Historical Picture Archive 53um; Grant Rooney Premium 32ol; Tim Graham 20mru; Joan Gravell 226ul; Giulio Di Gregorio 24ol; hemis.fr / Jean-Pierre Degas 24or / Patrick Frilet 163u / Franck Guiziou 8ml, 43ml, 153ol, 180ul, / Alessio Mamo 99or; Heritage Image Partnership Ltd / Index / Mithra 54mu; Stephen Hughes 196o; imageBROKER / Bahnmueller 230ol, / Martin Jung 153ur, / Olaf Krüger 192mr, / Martin Moxter 208mr, / Karl F. Schöfmann 71ur, 92 – 93u; INTERFOTO / Personalities 53ul; Michael Juno 76ol; Gunter Kirsch 154o; Yadid Levy 75ur; Landmark Media 36 – 37u; Melvyn Longhurst 175mlo; MARKA / Martino Motti 167ur, / Federico Tovoli 70u; Angus McComiskey 35mlo, 228 – 229o; Antonio Melita 53mru; Sandro Messina 47or; Gianni Muratore 51ol, 100um; NAPA 214o; Ville Palonen 41ur; Paramount Pictures / Photo 12 37mro; Mario Pedone 89ul; Chuck Pefley 10mlu; PhotoStock-Israel / Ilan Rosen 210mro; Massimo Piacentino 26ol, 131o; Domenico Piccione 50mru; The Picture Art Collection 53mro, 159ur; Giacomo Lo Presti 156u; The Protected Art Archive 52o; M Ramírez 87o; Alex Ramsay 187ol; Realy Easy Star / Rosario Patanè 229ur, / Luca Scamporlino 78mr, / Toni Spagone 183ol, 208 – 209o, 228um; REDA &CO srl / Michele Bella 48ul, Michele Ponzio 46 – 47u / Riccardo Lombardo 22ur, 50mlo, / Federico Meneghetti 221or; Frederic Reglain 68mro, 68ul, 102ol; REDA &CO srl / Riccardo Lombardo 51mro; robertharding / Stuart Black 154um, robertharding / Yadid Levy 62m, 64 – 65 / Antonio Busiello 36ur, 49u, / Martin Child 12ml, / Matthew Williams-Ellis 20mr, 38 – 39o, 85or, / Oliver Wintzen 84; Carol J Saunders 206or; Peter Scholey 151mro; Science History Images / Photo Researchers 52mru, 54 – 55o; Neil Setchfield 192ul; Keith J. Smith 216 – 217u; Stefano Valeri

122; Antonio Violi 27or; Westend61 GmbH 220 – 221u, / Martin Moxter 130u; Jan Wlodarczyk 26 – 27o, 43ur, 179mlo; John Zada 25or.

AWL Images: Giacomo Augugliaro 22o; Hemis 20ul; Stefano Termanini 17o, 108 – 109, 132 – 133; Catherinia Unger 55or.

Bye Bye Blues: 44ur.

Depositphotos Inc: Alesinya 119o; Romas_ph 102 – 103u.
Dreamstime.com: Barmalini 33ur; Sergiy Beketov 120 – 121u; Sergio Bertino 172o; Blitzkoenig 151mru; Marco Ciannarella 42 – 43o; Andras Csontos 39mlo; Digitalalessio 195or; Dorinmarius 134 – 135u; Tatiana Dyuvbanova 116 – 117o; Eddygaleotti 175o, 177ul; Ellesi 54ol, 73o; Emicristea 137ur; Erix2005 31m, 123ml; Tamas Gabor 93mu; Stefano Gervasio 10 – 11u; Giuseppemasci 40ol; Gunold 53mlu; Javarman 16m, 53or, 58 – 59; Laszlo Konya 89or; Krivinis 164 – 165u, 176o; Sebastiano Leggio 50ml; Anna Lurye 150 – 151u; Marsana 163mru; Olgacov 202o; Ollirg 47ml, 222u; Michelangelo Oprandi 210mr; Perseomedusa 27mlo; Photogolfer 225ur; Petr Pohudka 48 – 49o; Romasph 115o, 205u; Scaliger 53mru; Siculodoc 28 – 29o, 173mer; Alfredo Steccanella 8mlo; Thevirex 194u; Aleksandar Todorovic 101u; T. W. van Urk 212 – 213; Stefano Valeri 30 – 31o, 72 – 73o, 86ul, 88ur, 106 – 107, 117mlu; 129o, 182ul; Worldfoto 18, 168 – 169; Andreas Zerndl 162 – 163o; Zoom-zoom 95ur.

Getty Images: 500px / StixLU 4; 500Px Plus / Luca Maccarrone 31mo; 500px Prime / Marco Calandra 211; AFP / Gabriel Bouys 210ur, / Ludovic Marin 38ul; Corbis Documentary / Atlantide Phototravel 34 – 35u, 116mlu, / Martyn Goddard 232 – 233; Corbis Historical / Vittoriano Rastelli 210mru; Corbis News / Stefano Montesi 56 – 57u, 57or; De Agostini / DEA / G. Cappellani 53ol, / A. Dagli Orti 157ol, / G. Dagli Orti 52ul, 53mr, / L. Romano 71ol; DigitalVision / Gary Yeowell 10mo, 20o; EyeEm / Andrea Gurrieri 28 – 29mo, / Jerry Hoekstra 151ur, / Giuseppe Lombardo 13ur; Gamma-Keystone / Keystone-France 210um; Gamma-Rapho / Henri-Alain SEGALEN 29or; Hulton Fine Art Collection / Mondadori Portfolio / Electa / Vincenzo Negro 204um; The Image Bank / Atlantide Phototravel / Massimo Borchi 90 – 91u, / Walter Bibikow 63ol, 80 – 81, / Stefano Scata 17ul, 142 – 143, / Art Wolfe 12 – 13u; Claudio Lavenia 52mro; LightRocket / Pacific Press / Antonio Melita 50mlu, 55mru; Lonely Planet Images / Olivier Cirendini 11ur, / Holger Leue 148 – 149o; Moment / Giacomo Augugliaro 28ol; Moment Open / Ellen van Bodegom 13o, / Gina Pricope 76mru, / Marcos Radicella 227o; Mondadori Portfolio 210mlu; NurPhoto / Francesco Militello Mirto 51mlo; Franco Origlia 127mru; Paris Match Archive / Photodisc / Buena Vista Images 25ol; Photolibrary / Atlantide Phototravel 100ol, / Maremagnum 11mr; Universal Images Group / REDA&CO / Gimmi 51or, / Riccardo Lombardo 35mru, 47mru, 158u, 173ol, / Domenico Piccione 148ur, 222 – 223o, / Renato Valterza 45mru; Daniele Venturelli 36 – 37o; Fabrizio Villa 44 – 45o; Harald Wenzel-Orf 139ul; Westend61 34 – 35o; 76 – 77u.

Getty Images/iStock: argalis / *Der gefallene Ikarus* von Igor Mitoraj © ADAGP, Paris und DACS, London 2019 151mlo; Arghman 33mlu; Francesco Cantone 112 – 113u; E+ / alle12 45mlo, / argalis 12o, / kajakiki 32ur, / spooh 39mru, 39mru, / Flavio Vallenari 24 – 25mo, / wsfurlan 63mu, 96; helovi 30ul; holgs 114ul, 230 – 231; isogood 204ol, Leamus 180 – 181o, oriredmouse 186 – 187u, Paolo Paradiso 74ul, poludziber 11o, 93or, 165or; Starcevic 8 – 9; trabantos 178 – 179o9t; VanSky 206 – 207u.

Unsplash: Jacek Dylag / @dylu 8mlu.

Umschlag
Vorderseite und Buchrücken:
4Corners: Antonino Bartuccio
Rückseite:
Getty Images/iStock: spooh or;
Alamy Stock Photo: Antonio Violi ml;
Dreamstime.com: Worldfoto m.

Alle anderen Bilder © Dorling Kindersley
Weitere Informationen:
www.dkimages.com

www.dk-verlag.de

DK London (aktualisierte Neuauflage)

Mitwirkender Toni de Bella

Lektorat Georgina Dee, Mark Silas, Dipika Dasgupta, Alison McGill, Sarah Allen, Anuroop Sanwalia, Abhidha Lakhera, Helen Peters, Simona Velikova, Shikha Kulkarni, Beverly Smart, Hollie Teague

Gestaltung und Bildredaktion Maxine Pedliham, Stuti Tiwar, Bineet Kaur, Vagisha Pushp, Taiyaba Khatoon, Tanveer Zaidi, Priyanka Thakur

Herstellung Jason Little, Kariss Ainsworth

Kartografie Suresh Kumar, Subhashree Bharati

Illustrationen Giorgia Boli, Silvana Ghioni, Alberto Ipsilanti, Nadia Viganò

© 1999, 2023 Dorling Kindersley Ltd., London
A Penguin Random House Company

Zuerst erschienen 1999 in Großbritannien bei Dorling Kindersley Ltd., London

Für die deutsche Ausgabe © 2000, 2024
Dorling Kindersley Verlag GmbH, München
Ein Unternehmen der
Penguin Random House Group

Aktualisierte Neuauflage 2025 / 2026

Alle Rechte vorbehalten. Reproduktion, Speicherung in Datenverarbeitungsanlagen, Wiedergabe auf elektronischen, fotomechanischen oder ähnlichen Wegen, Funk und Vortrag – auch auszugsweise – nur mit schriftlicher Genehmigung des Copyright-Inhabers.

Verlagsleitung Monika Schlitzer
Programmleitung Heike Faßbender
Redaktionsleitung Stefanie Franz
Projektbetreuung Theresa Fleichaus
Herstellungskoordination Antonia Wiesmeier

Übersetzung Barbara Rusch, München; Gerhard Bruschke, München
Redaktion Ute Berretz, München
Schlussredaktion Svenja Conrad, Bremen
Umschlaggestaltung Ute Berretz, München
Satz und Produktion DK Verlag, München
Druck Leo Paper Products Ltd., China

ISBN 978-3-7342-0822-5

17 18 19 20   27 26 25 24

MIX
Papier | Fördert gute Waldnutzung
FSC® C018179
www.fsc.org

Dieser Reiseführer wird regelmäßig aktualisiert. Angaben wie Telefonnummern, Öffnungszeiten, Adressen, Preise und Fahrpläne können sich jedoch ändern. Der Verlag kann für fehlerhafte oder veraltete Angaben nicht haftbar gemacht werden. Für Hinweise, Verbesserungsvorschläge und Korrekturen ist der Verlag dankbar.
Bitte richten Sie Ihr Schreiben an:

Dorling Kindersley Verlag GmbH
Redaktion Reiseführer
Arnulfstraße 124 • 80636 München
reise@dk.com

Nordamerika
Kanada
Florida
Hawaii
Kalifornien
Neuengland
New York
San Francisco
USA Südwesten & Nationalparks
Washington, DC

Mittelamerika und Karibik
Costa Rica
Karibik
Kuba
Mexiko

Südamerika
Chile & Osterinsel
Peru

Westeuropa
Irland
Großbritannien
London
Schottland
Südengland
Niederlande
Amsterdam
Brüssel
Frankreich
Bretagne
Loire-Tal
Paris
Provence & Côte d'Azur
Südwestfrankreich

Südeuropa
Italien
Florenz & Toskana
Gardasee
Ligurien, Genua & Cinque Terre
Mailand
Neapel, Pompeji & Amalfi-Küste
Rom
Sardinien
Sizilien
Südtirol
Umbrien
Venedig & Veneto
Spanien
Barcelona & Katalonien
Madrid
Mallorca
Nordspanien
Sevilla & Andalusien
Portugal
Lissabon

Nordeuropa
Dänemark
Kopenhagen
Schweden
Norwegen

Mitteleuropa
Deutschland
Berlin
Bodensee
Dresden
Hamburg
Österreich
Wien
Schweiz
Slowenien
Kroatien
Prag
Polen
Krakau
Budapest (Ungarn)

Südosteuropa und östliches Mittelmeer
Griechenland Athen & Festland
Kreta
Türkei
Istanbul
Zypern
Jerusalem (Israel)

Afrika
Ägypten
Marokko
Südafrika

Süd- und Südostasien
Sri Lanka
Bali & Lombok
Kambodscha & Laos
Malaysia & Singapur
Thailand
Vietnam & Angkor

Ostasien
Japan
Tokyo

Australasien
Australien
Neuseeland

Noch mehr von Vis-à-Vis

#dkvisavis